CUSTOMER RELATIONSHIP MANAGEMENT

제2판

성공을 부르는

고객관계경영

김계수 저

도서출판 청람

▪ 제2판 머리말 ▪

'비즈니스는 총알없는 전쟁이다'라는 말이 있다. 그야말로 한치 앞을 내다보기 힘든 격변의 시대다. 우리는 새로운 변화에 따라 새롭게 정의되는 기준, 즉 뉴노멀(new normal)이 끊임없이 등장하는 시대에 살고 있다. 사물인터넷(IoT), 인공지능(AI) 등 기술의 혁명적인 변화부터 급변하는 정치, 상상조차 못할 사회적 현상에 이르기까지 불확실성으로 가득 찬 사업환경을 헤쳐 나가기 위해 그 어느 때보다도 전략적 사고가 절실한 요즈음이다.

고객가치의 기본을 확실히 하고 편견과 선입관에서 벗어난 열린 마음으로 혁신을 추구하면서, 복잡한 변수들로 얽혀 있는 환경을 큰 맥락에서 균형감 있게 이해하는 사고방식이야말로 개인이나 조직이 성공에 이르는 길이다.

우리는 눈을 뜨고 나면 사람들과 관계를 맺으면서 살아간다. 서비스 경제시대에서는 고객과 관계를 맺으면서 살아갈 수밖에 없다. 다양한 고객들과 상대하면서 고객에게 끊임없이 가치를 제공하지 못하는 기업의 미래는 자명하다. 비즈니스에서 성공은 고객에게 가치를 창출하는 것이다. 고객에게 의미있는 가치를 지속적으로 창출해 줄 수 있는 기업이 영속할 수 있는 것이다.

정보혁명과 자동화, 고객요구 다양화로 인해서 고객들은 제품이나 서비스 생산과정에 직접 참여하는 공동생산자(co-producer)이자 기업의 파트너가 되었다. 고객은 기업의 운명을 결정한다. 고객이 기업의 존재이유, 비전, 전략에 강력한 영향을 미치고 있는 것이 현재 상황이다.

오늘도 고객은 대형 프랜차이즈 레스토랑 샐러드 바에서 직접 음식을 담고 공항에서 탑승수속을 밟고 극장에서는 줄을 서고 기다릴 것이다. 프로야구를 관람하기 위해서 인터넷 예매와 인터넷 쇼핑 · 인터넷 뱅킹을 이용하고 있을 것이다. 고객은 극장이나 항공기의 좌석 배치표를 직접 고를 수도 있다. 이때 자율성과 만족감을 얻을 수 있다. 반면에 무료로 자신의 시간을 바치는 상황을 맞이하는 것이다. 이를 소위 '그림자 노동'이라 부른다.

인간은 자신이 좀 더 나은 인간으로 성장하는 게 목적이다. 개인이 목표나 사명을 위해 자신을 희생하면 희생할수록 더 열성적이 되는 것처럼, 어떤 조직이든 이 사업을 통해 우리가 해야 할 일은 무엇인가를 끊임없이 되물어야 한다. 기업경영에서 이윤은 사명을 얼마나 수행했는지를 측정하는 양적 지표 중 하나일 뿐이다. 기업의 사업목적은 고객들의 삶의 질을 향상시키는 것이고 이를 통해 우리는 더 나은 존재로 살아갈 수 있게 된다. 그것이 비즈니스의 숭고함이며 진정성이다. 고객을 진정으로 응대하는 기업만이 영속할 수 있다.

『성공을 부르는 고객관계경영』 1판의 출시 이후에 경영상황은 급변하였다. 특히, 책 속에 삽입한 사례도 시대상황과 맞지 않아 고객들과 출판사의 개정요구 사항이 있었던 것이 사실이다. 그간 게으름을 핑계로 미뤄오던 일을 더 이상 미룰 수가 없음을 깨닫고 개정판을 준비하게 되었다.

개정판을 준비하면서 "고객은 제1의 제품이다(The customer is No.1 Product)"라는 어휘가 더욱 중요함을 깨닫게 되었다. 제품과 서비스화 과정에 고객이 참여하는 빈도와 정도가 날로 높아지고 있다. 소위 고객의 참여와 경험이 중요한 영역으로 떠오르고 있는 것이다. 예를 들어, 교육을 교육 서비스라 부르지 않는다. 교육을 변환 비즈니스(transformation business)라고 부른다. 교육에서 학생들을 더 나은 인간으로 변환시켜야 하기 때문이다. 학생을 변화시키는 것이 진정한 교육이라고 할 수 있다.

본서에서는 고객에 대한 정의를 명확히 하고 고객들과의 관계설정을 통해서 만족도와 충성도를 높이는 방법을 자세히 알아볼 것이다. 이 책은 고객만족을 넘어 고객감동, 그리고 고객과 관계를 지속하는 방법에 대하여 고객관계경영 기본과 전체를 생각하면서 집필하였다. 제1부에서는 고객과 경영환경, 제2부에서는 기업이 사랑받기 위한 조건, 제3부에서는 고객관계경영전략, 그리고 제4부에서는 고객경험과 고객관계경영을 위한 개인과 조직의 열정에 대하여 다루었다. 각 장에는 기본개념과 다양한 사례를 삽입하여 고객관계경영 전반을 이해하는 데 도움을 주도록 하였다.

경영은 아는 것이 아니라 실천 행위이다. 올바른 생각과 말을 행동으로 실천하여 고객의 삶에 변화와 도움을 주면 되는 것이다. 이것저것 재는 진정성 없는 서비스와 경영활동을 고객은 바로 알아차린다.

이 책을 통해서 개인과 기업이 단순한 품질 성숙단계인 천격(賤格)을 넘어 품격(品格)조직으로 업그레이드되기를 기원한다. 급속한 기술발전으로 일하고 살아가는 환경이 끊임없이 바뀌는 상황에서의 대비책은 개인과 조직구성원들이 스스로 의식적으로 배우고 노력하는 것이다. 인생과 사업은 예측할 수 없다. 희망과 절망이 교차하는 것이 인생과 사업이다. 그래도 사업과 경영은 계속되어야 한다. 끊임없는 학습과 지속적인 혁신이 고객과의 관계를 유지하는 지름길이다.

개정판을 준비하는 데 많은 도움을 주신 도서출판 청람의 이수영 사장님과 관계자 여러분께 진심으로 감사드린다. 저자는 앞으로도 『성공을 부르는 고객관계경영』 관련 내용을 지속적으로 업데이트할 것을 약속한다.

2017년 1월

김계수 드림

▪ 차례 ▪

Chapter 01 고객은 누구인가?

Chapter 02 경영환경

Chapter 03 품질경영

Chapter 04 서비스이익 사슬관리

Chapter 05
사랑받는 기업의 조건

Chapter 06
고객 리더십

Chapter 07
서비스 회복전략

Chapter 08
혁신전략

Chapter 09
고객관계경영

Chapter 10
지식경영과 창조경영

Chapter 01 고객은 누구인가?

1. 고객의 정의
2. 고객의 종류
3. 고객관계경영학의 틀
4. 고객관계경영 플랫폼

CRM 톡톡

고객은 사업방향을 제시해준다.

Chapter 01

고객은 누구인가?

읽을거리

고객

나는 정말 좋은 고객입니다.

나는 어떤 종류의 서비스를 받더라도 불평하는 법이 없습니다.

음식점에 갈 때에는 들어가 조용히 앉아서 종업원들의 주문을 받기를 기다리며 그 사이에 절대로 종업원들에게 주문받으라고 요구하지 않습니다.

종종 나보다 늦게 들어온 사람들이 나보다 먼저 주문을 받더라도 나는 불평하지 않습니다.

나는 기다리기만 할 뿐입니다.

그리고, 내가 무엇인가를 사기 위해 상점에 가는 경우 나는 고객의 권력을 휘두르려고 하지 않습니다.

대신 다른 사람들에 대하여 사려 깊게 행동하려고 노력합니다. 만약 무엇을 살 것인지를 결정하지 못해 여러 물건을 놓고 고심하고 있을 때, 옆에 서 있는 판매원이 귀찮다는 듯이 행동하더라도 나는 최대한 예의 바르게 행동합니다. 언젠가 내가 주유소에 들른 적이 있는데 종업원은 거의 5분이 지난 후에야 나를 발견하고는 기름을 넣어주고 자동차 유리를 닦고 수선을 떨었습니다.

그러나, 내가 누구입니까?

나는 서비스가 늦은 것에 대하여 일언반구도 하지 않고 그 주유소를 떠났습니다.

나는 절대로 흠잡거나 잔소리를 한다든가 또 비난을 하지 않습니다.

그리고 나는 사람들이 종종 하듯이 시끄럽게 불평을 늘어놓지도 않습니다.
나는 그런 행동들이 쓸데없다는 것을 알고 있기 때문입니다.
솔직히 나는 멋진 고객입니다.
여러분, 내가 누구인지 궁금하십니까?
나는 바로 '다시는 돌아오지 않는 고객'입니다.

출처: 이유재, 서비스 마케팅, 학현사, 1999.

1. 고객의 정의

3월 햇살이 밝게 비추는 대학 개강의 첫날이었다. 학생들은 이미 강의실에 삼삼오오 모여서 담소를 나누고 있었다. 강의실에 들어서자 마자, 학생들과 그간의 안부 인사를 나눈 다음 강의를 시작하였다. 강의 제목은 '고객관계관리론'이었다.

저자가 칠판에 '고객은'이란 단어를 적었다. 그리고 학생들에게 고객이 어떠한 존재인지 문장을 완성시켜 보라고 했다. 다음은 학생들이 생각하는 고객(customer, 顧客) 관련 정의이다.

- 고객은 동반자다.
- 고객은 아이디어의 원천이다.
- 고객은 기업의 비전수립, 전략의 원천이다.
- 고객은 왕이다.
- 고객은 스승이다.
- 고객은 기업을 이끈다.
- 고객은 생존을 가능케 한다.
- 고객은 무서운 존재다.
- 고객은 진정성으로 대우해야 하는 존재이다.

이외에도 다양한 의견이 나왔다. 결국, 저자가 강의시간 내내 이야기할 내용을 학생들이 말해 버린 셈이다. 저자는 학생들의 이야기에 다음의 내용을 추가하였다. "고객은 나의 밥 문제를 해결해 주기도 하고 사회적 가치를 가져다 주기도 한다."

강의가 끝난 다음 중국 유학생 2명이 저자의 연구실을 방문하였다. 중국 학생 2명은 다음과 같이 이야기한다. "교수님, 중국에도 고객의 정의가 다양합니다. '고객은 하늘이고 신이다'라는 표현이 있고 최근 중국에서도 고객을 무척 중요시 합니다." 중국은 이미 생산공장 아닌 혁신공장으로 변신하였다. 고객중시경영에 혁신을 가미한 중국의 성장세가 두렵다.

일찍이 현대 경영학의 아버지라고 불리는 피터 드러커는 기업 관련 컨설팅이나 자문을 할 때 항상 다섯 가지 질문을 하였다고 한다(Drucker, 1954).

- 우리의 사업은 무엇인가(What is our business)?
- 우리의 고객은 누구인가(Who is our customer)?
- 고객이 무엇을 가치있는 것으로 생각하는가(What does the customer consider value)?
- 우리의 사업은 어떻게 될 것인가?(What are our results)?
- 우리의 사업은 어떻게 되어야만 하는가(What is our plan)?

이 질문에 명쾌하게 답변할 수 있는 기업이나 개인은 사업의 방향을 제대로 인식하고 고객에 대하여 제대로 된 정의를 내린다고 피터 드러커는 평가했다. 날로 복잡성이 커지고 있는 상황에서 피터 드러커가 던지는 질문에 제대로 답변할 수 있는 기업만이 기업의 현재위치를 제대로 파악하고 앞으로 나갈 수 있는 토대를 마련하는 것과 같다. 고객에 대한 올바른 정의와 이해가 전략수립의 기초이다.

특히, 피터 드러커는 기업의 목적 정의는 고객과 더불어 외부관점에서 시작할 것을 권장하였다. 기업이 무엇인지, 기업이 무엇을 생산하는지 그리고 기업이 번영할 것인지 결정하는 사람은 오직 '고객'임을 강조하였다. 피터 드러커는 저서 『경영의 실제(The practice of management)』에서 "경영을 하는 목적은 고객창출이기 때문에 모든 기업은 반드시 두 가지 기본적인 기능을 수행해야 한다. 바로 마케팅과 혁신이다"라고 강조하였다.

세계적인 마케팅 학자인 필립 코틀러 노스웨스턴 석좌교수는 "진취적인 기업은 회사의 전 조직을 '고객중심적'으로 만들려고 노력한다"고 강조한 바 있다. 코틀러 교수의 수많은 저서에는 고객의 중요성을 강조하는 내용과 사례가 많이 등장한다. 고객에 대해 진정성을 갖고 대하는 조직은 지속적인 성장을 할 수밖에 없다.

헤르만 지몬 교수는 『히든 챔피언』이라는 책에서 히든 챔피언의 공통점으로 일곱 가지 공통점을 지적한다. 히든 챔피언은 매출액 40억 달러(30억 유로) 이하 기업, 세계 3위 이내 또는 대륙 1위 시장점유율 기업, 일반인들이 잘 모르는 기업 등을 말한다. 히든 챔피언들의 7가지 특징은 다음과 같다.

- 글로벌 마켓 리더십에 대한 원대한 목표
- 작은 시장에 대한 집중
- 세계화 의지
- 지속적인 혁신
- 고객과의 친밀감
- 제품의 질과 서비스에 대한 명백한 경쟁우위
- 강하고 장기 근속하는 리더

히든 챔피언 기업들의 특징을 살펴보면 리더십 요인과 고객만족요인으로 분류할 수 있다. 우리는 특히 고객만족요인이 작지만 강한 글로벌기업의 조건임을 확인할 수 있다.

『칭찬은 고래도 춤추게 한다』의 저자 캔 블랜차드(2005)는 고객의 중요성을 다음과 같이 이야기했다. "내가 아는 이익에 대한 가장 훌륭한 정의는 '고객을 만족시키고 직원들의 근무환경을 개선함으로써 받는 찬사'이다. 당신이 돈을 버는 것에만 집중하고 직원들과 고객을 등한시 한다면, 결국 돈을 버는 데도 실패하고 말 것이다."

영국의 유명한 문화경영컨설팅 기업 모리스 매킨타이어의 앤드루 매킨타이어 대표는 지난 10년 동안 영국에서는 '마케팅'이라는 단어를 쓰지 않았다고 한다. 대신 '고객개발'이라는 말을 사용하고 고객의 마음과 기분을 이해하는 데 주력하고 있다고 한다.

일명 '애플빠'라고 불리는 애플의 마니아들은 신제품이 나오면 해당 제품을 구입하기 위해 매장 앞에서 밤새도록 줄을 선다. 그리고 제품을 받으면 개인 계정의 소셜네트워크서비스(SNS)를 통해 애플 제품을 홍보하고, 다른 제품과 비교하며 장점을 철저하게 분석한다. 이들은 누가 시켜서 하는 것이 아니라 스스로 즐기는 것이 특징이다. 이렇듯 기업의 제품이나 서비스에 높은 신뢰를 보이며, 주변 사람에게 적극적으로 알리고 추천하는 고객을 '충성고객'이라고 부른다. 충성고객은 별도의 설명이 없어도 기업의 성질을 이해하고, 이미 긍정적인 경험을 했을 가능성이 높아 기업으로서는 반드시 잡아야 하는 고객이기도 하다.

하지만 안타깝게도 시장이 점차 커지고 세분화되는 등 경쟁이 심해지면서 충성고객도 언젠가 등을 돌릴 수 있는 것이 현실이다. 이에 기업에서는 항상 고객이 원하는 것이 무엇인지 그리고 고객이 우리 기업에서 어떤 것을 충족하고자 하는지 등을 파악해 고객에게 세심한 이해와 배려를 보여줄 필요가 있다.

실제 고객의 의견에 따라 신제품 출시나 프로모션을 해 성공한 기업도 있다. 만우절에 SNS에서 오가던 농담을 제품으로 출시해 이슈가 되면서 높은 매출을 기록한 기업도 있고, 반복적으로 접수되는 불만 요소를 개선해 기존과는 전혀 다른 새로운 서비스로 업그레이드해 고객의 호평을 받은 경우도 있다. 제대로 고객의 목소리를 듣는 것이 중요하다. 단순히 고객의 이야기를 듣는 것만이 능사가 아니라 고객의 메시지 뒤에 숨겨진 의도를 빠르게 파악하고 피드백하는 것이 중요하다.

정리하면, 고객은 개인이나 조직의 동반자이다. 현실적으로 보면, 개인이나 조직이 대하는 고객은 '최근(recency)에 방문 빈도수(frequency)가 많고 지출금액(monetary)이 많은 사람들'이라고 정의할 수 있다. 고객은 우리의 제품과 서비스를 정기적이면서 지속적으로 구매해 주는 고마운 은인이다. 고객은 조직구성원의 밥(食) 문제를 해결해주고 보다 나은 삶의 질을 결정해주는 중요한 이해관계자들이다. 어찌보면 고객은 나 이외의 모든 사람들이라고 할 수 있다. 고객은 조직의 사업방향과 전략을 결정하고, 고객은 우리를 안내한다. 아니라고 부정하는 사람도 있겠지만 현대를 사는 우리는 부인할 수 없이 고객을 매일 마주할 것이다. 주중에 사찰이나 교회에 고객인 신자가 없다면, 학교에 학생이 없다면 이 기관들의 미래는 어떻게 될까?

기업의 미래 자산은 고객이다. 대체로 고객만족도가 높은 기업은 경영성과가 높은 것으로 나타났기 때문에 고객만족이 시장점유율보다도 중요하다. 다음에서는 구체적으로 고객의 종류를 알아보기로 한다.

2. 고객의 종류

2.1 내부고객과 외부고객

고객은 개인과 조직의 운명을 결정하는 중요한 요체이다. 프로세스 관점에서 보면 고객은 크게 1차고객(내부고객)과 2차고객(외부고객)으로 나눌 수 있다. 고객의 종류를 그림으로 나타내면 다음과 같다.

그림 1-1 고객의 종류

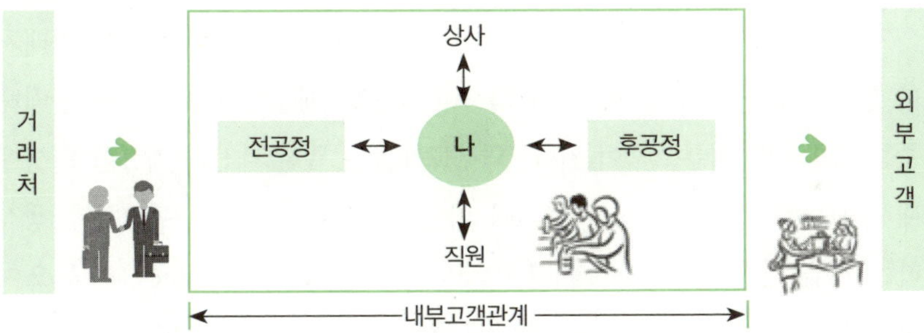

나를 기준으로 프로세스상에서 전공정과 후공정에 위치한 사람은 1차고객이다. 1차고객을 내부고객이라고 할 수 있다. 나를 기준으로 전공정과 후공정에 있는 사람은 내부고객이다. 내가 만약에 중간관리자라면 상사와 나와 같이 일하는 직원은 나의 내부고객이 되는 것이다. 회사의 CEO의 입장에서 보면 조직내부 구성원들은 모두 내부고객이다.

한 집안의 가장을 기준으로 보면, 가족구성원인 아내, 아들, 딸은 모두 내부고객이다. 집안의 가장이 집안을 지키기 위해서 외도하지 않고 올바른 방법으로 최선을 다하는 집안은 외풍없이 위대한 집안으로 성장한다. 집안의 가장이 외도를 하고 가족구성원들이 올바른 방향으로 정렬(alignment) 하지 않고 각자 플레이를 하면 집안은 풍비박산이 날 것이다. 가족구성원이 서로 중요한 고객이라는 생각과 행동은 사회로 전이되고 사회를 보다 건강하게 만드는 원천이 될 수 있다. 가족은 사회구성의 못자리이기 때문이다.

자식들의 관점에서 보면 부모님, 형제, 자매는 모두 내부고객이다. 자식이 기본 도리로 말썽을 피우지 않고 본인이 할 도리를 제대로 하는 것을 예전에는 효(孝)를 실천한다고 말할 수 있다. 이를 고객만족관점에서 판단해 보면 내부고객만족을 제대로 실천하는 것이다.

기업경영에서 외부고객은 조직이나 회사에 원자재를 납품해주는 거래처나 협력업체가 된다. 또한 우리 회사가 생산한 제품이나 서비스를 구매해주는 사람들이 외부고객이 된다. 외부고객들은 특히 자신이 지불한 희생에 대하여 높은 가치(value)를 얻기를 바란다. 가치란 고객이 귀중하게 생각하는 것을 말한다. 기업은 최근(recency)에 빈도수(frequency)가 높으며 지출금액(monetary)이 큰 이들을 고객으로 여긴다. 이를 저자는 'RFM'이라고 축약해서 부른다. 고객은 'RFM'이다.

공공부문에 해당하는 정부가 고객인 국민들의 기대를 저버릴 경우, 국민들로부터 사랑과 존경을 받을 수 없다. 국민의 삶의 질을 높이기 위해 노력하는 지자체, 공공조직은 국민들로부터 사랑을 받을 수 있지만 시민들의 혈세만 낭비하는 공공조직은 원망과 지탄의 대상이 된다.

이제 소비자, 종업원, 공급업체, 대리점 및 판매처, 주주 등 1차적 이해관계자 외에 경쟁업체, 비정부기구(NGO), 언론, 정부 등 2차적 이해관계자까지 고려해 경영의사결정을 내리지 않는다면 조직은 큰 재앙을 맞을 수 있다. 이제 단순히 내 물건을 사주는 사람만을 고객으로 보는 협소한 관점에서 벗어나, 기업을 둘러싼 이해관계자를 광의의 고객으로 여기고 그들의 필요를 고려하는 인식전환이 필요한 시점이다.

기업에 대한 이해관계자들의 영향이 커짐에 따라 최근에는 개인, 중소기업, 대기업들도 충분한 이해관계자 분석을 바탕으로 중요한 경영의사결정을 내리고 있다. 불미스러운 사건이 터지고 난 뒤 뒷수습하기 위해 동분서주하는 것보다는, 처음부터 다양한 이해관계자의 입장을 존중하는 시각과 배려하는 마음을 가진 경영진을 포함한 사내 모든 직원이 공유하고 실천할 때 지속가능한 성장이 가능하다.

조직의 핵심경쟁력은 경영진이 이해관계자 중에서도 가장 중요한 고객인 내부고객, 즉 직원을 아끼고 배려하는 것이다. 부모의 사랑을 받지 못한 자녀가 다른 사람에게 사랑을 주는 것이 힘든 것처럼, 경영진의 존중과 배려를 받지 못하는 직원이 고객을 비롯한 기업 이해관계자들에게 진심에서 우러나는 존중과 배려를 보여주기는 어렵다. 또 경영진이 외부 이해관계자를 잘 대하는 것처럼 비쳐지더라도 정작 자사 직원은 막 대한다는 사실이 알려지면 사람들은 그 경영진의 진정성을 의심하게 될 것이다.

고객과의 지속적인 관계 유지가 기업 영속의 전제조건이라고 할 때, 성공을 부르기 위해서 기업은 어떻게 해야 할 것인가? 고객의 시선을 끌고 지속적인 관계를 맺기 위해서는 최초이거나, 유일하거나, 더 빠르거나, 더 낫거나, 더 저렴한 제품과 서비스여야 한다. 저자가 『성공을 부르는 고객관계경영』이라고 책 제목을 붙인 이유가 여기에 있다.

촉수를 가진 곤충이 항상 주변환경을 감지하듯이 나의 밥 문제를 해결해주는 고객이 어떠한 것에 관심이 있는지 무엇을 바라는지 고민하는 생활습관은 경제인으로서의 기본자세이다. 이러한 자세는 나의 밥 문제를 해결해주는 외부고객(시민)을 만족시키려는 태도로 확장하게 된다.

2.2 SPICE고객

기업과 관련을 맺고 있는 당사자들을 이해관계자(stakeholder)라고 부른다. 기업의 이해관계자에는 소비자, 종업원, 공급업체, 대리점 및 판매처, 주주 등 1차적 이해관계자와 경쟁업체, 비정부기구(NGO), 언론, 정부 등 2차적 이해관계자가 있다. 이해관계자 이론(stakeholder theory)의 대가인 에드워드 프리먼 미국 버지니아대 다든 경영대학원 교수에 따르면 이해관계자의 영향력이 커짐에 따라 오늘날의 기업은 이익극대화나 주주가치극대화 같은 기존의 목표에 집착하는 대신 이해관계자들의 복리증진을 위해 노력할 필요가 있다.

기업이 매일 마주하는 이해관계자들은 소비자, 종업원, 공급업체 등 그룹별로 입장이 많이 다르다. 따라서 특정 경영의사결정이 미칠 수 있는 긍정적 영향과 부정적 영향을 이해관계자 그룹별로 분석하고 대응방안을 검토해야 한다.

개인이나 조직에서 사랑받는 존재만이 불확실한 삶에서 지속적인 생존을 영위할 수 있고 성장을 이룰 수 있다. 라젠드라 시소디어는 『위대한 기업을 넘어 사랑받는 기업으로』라는 책에서 사랑받는 기업이 되기 위해서는 이해관계자로부터 사랑과 존경을 받아야 한다고 주장하였다. 기업의 이해관계자는 지역사회(society), 파트너(partner), 투자자(investor), 고객(customer), 종업원(employee) 등이 해당된다. 이를 소위 SPICE라고 부른다. 이를 [그림 1-2]와 [표 1-1]로 나타낼 수 있다.

그림 1-2 SPICE

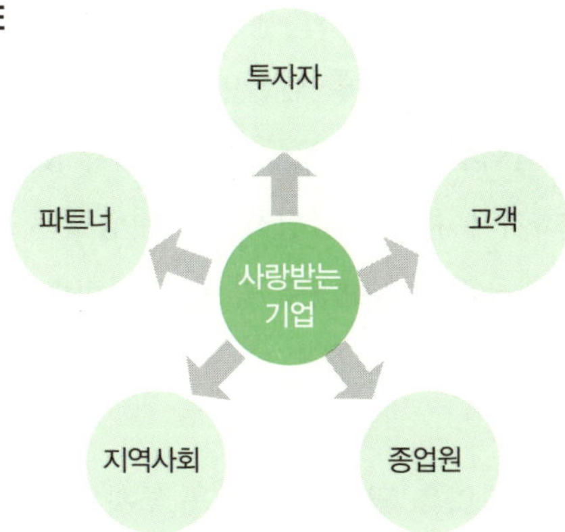

| 표 1-1 | 이해당사자 요약

이해당사자	정의
지역사회	정부와 사회단체뿐 아니라 지역이나 그보다 더 넓은 의미의 지역사회, 특히 비정부기구(NGOs)
파트너	공급업체 등 상위의 파트너, 수평적 파트너, 소매업체 등 하위 파트너
투자자	개인이나 기관투자자, 대출기관
고객	개인고객, 기업고객, 현재 · 미래 · 과거의 고객
종업원	현재 · 미래 · 과거의 직원과 그 가족

지역사회 사회는 기업을 둘러싼 이해관계자이다. 특히, 지역사회는 기업이 사업장을 마련하여 이해관계를 같이 하는 곳이다. 기업이 지역사회와 공존하는 것은 기본사항이다. 지역사회의 발전, 일자리 창출, 경제발전을 위해서 노력하는 모습에서 지역사회 주민이나 지역단체는 기업에 적극 협조한다.

파트너 성공적인 파트너십은 기업을 성공하게 하는 요인이다. 파트너십은 네트워크의 각 주체들이 소유한 지식과 경쟁력을 서로 인정하고 활용하여 더 큰 시너지(synergy) 가치를 만들어내는 것을 말한다. 기업과 관련 있는 조직구성원들, 협력업체 등은 모두 인격체로서 중요하다.

원자재를 납품하거나 유통을 담당하는 협력업체는 기업의 고객이다. 기업이 협력업체와 적극적인 정보공유를 통한 신뢰확보는 기업경쟁력의 버팀목이다.

투자자 투자자는 기업을 믿고 자본금을 투자한 주주이다. 기업은 주주를 위해서 가치를 창출해야 한다. 가치창출을 통한 뛰어난 수익성을 유지하며 장기간 생존하는 기업은 주주로부터 지속적인 존경과 사랑을 받는다. 초우량기업들은 지속적인 혁신을 통해 탁월한 성과를 거둔다.

거짓이나 허황된 꿈으로 투자자를 유인할 수 없다. 투자자들은 오직 품질경쟁력과 고객지향적인 장기적 성장과 발전을 위해 노력하는 진정성을 높이 평가하게 된다.

읽을거리

주주가치 극대화 경영은 잘못이었다

'주주(株主)가치의 극대화'라는 미국 기업 경영문화를 창시했던 잭 웰치(Welch) 전 GE 최고경영자(CEO)가 주주의 가치를 올리겠다고 분기 실적과 주가에 집착하는 것은 "세상에서 가장 멍청한 아이디어"라고 '자기비판'을 했다.

지난 20여 년간 회사 경영의 금과옥조(金科玉條)로 여겼던 '주주가치 극대화' 시대를 열었던 경영의 대가가 스스로 방향을 '교정'한 것이다. 잭 웰치는 GE를 맡은 직후인 1981년 뉴욕의 한 호텔에서 연설을 통해 "경제의 평균 성장속도를 웃도는 경영을 할 것"을 주창했다. 실적이 떨어지는 사업분야는 팔고 냉혹한 구조조정을 통해, 세계경제 성장속도보다 더 빨리 이윤을 만들어내는 게 잭 웰치의 경영술이었다. 이 과정에서 그는 건물은 놔두고 인명만 살상한다는 중성자

탄(neutron bomb)에 빗댄, '뉴트론 잭'이란 별명도 얻었다.

웰치의 GE는 고속성장을 하면서, 두둑한 배당금과 가파른 주가상승으로 주주들의 찬사를 받았다. 이후 경영목표는 주주가치 극대화라는 공식이 생겨났고 증권사 애널리스트들은 분기별 기업실적을 추적해 주식을 추천하고 경영자들은 주가가 오르면 막대한 보상을 받는 경영문화가 자리 잡았다.

이 시기 웰치는 "GE는 국민총생산(GNP)을 끌어 올리는 기관차가 될 것이며 후미에 따라 붙는 승무원차가 되지 않을 것"이라고 자신만만했다.

하지만 거품이 꺼지고 자본주의의 지각변동이 생긴 시점에서, 웰치는 파이낸셜타임즈(FT) 인터뷰에서 자신의 애초 뜻이 잘못된 방향으로 전개됐다고 주장했다. 주주의 가치 극대화를 강조했던 1981년 연설을 한지 28년 만이었다. 그는 FT에 "주주가치를 CEO의 주요 목표이자 경영 '전략'으로 삼는 것은 정신 나간(insane) 일"이라며 "주주가치는 경영진부터 종업원에 이르는 기업구성원들이 합작한 노력의 결과물"이라고 말했다. 웰치는 "회사의 주요 구성원은 종업원과 고객과 상품"이라고 말했다.

제프리 페퍼(Pfeffer) 미 스탠퍼드대 교수는 "웰치의 경영방식이 단기적인 성과와 주주가치에 집중돼 있다"며 "종업원들이 일하고 싶은 직장을 만드는 게 중요하다"고 비판하였다.

한편, 2001년 웰치 회장에 이어 GE의 CEO에 오른 제프리 이멜트(Immelt) 회장은 이후 9 · 11테러, 닷컴버블 붕괴, 월가발 경제위기 등을 겪으며 현재의 주가의 4분의 3이 날라가는 수모를 겪었다.

이멜트는 "1990년대엔 강아지라도 사업할 수 있었다"고 한탄한 적이 있다. 경기가 좋았던 1990년대에 '경영귀재'라고 불렸던 사람들을 인정할 수 없다는 얘기다. 이에 대해 웰치는 "1990년대에는 CEO가 되는 것이 쉬웠지만 지금은 정말 어려워졌다"고 동의를 표했다.

자료: 박종세, 조선일보, 2009. 3. 14.

고객 고객은 기업의 물건을 정기적으로 구입하는 사람들이다. 고객은 주요 이해당사자이다. 고객은 역피라미드에서 최상층부에 위치한다. 이는 고객이 왕이기 때문이다. 어느 세계적인 글로벌기업 CEO의 강연을 경청할 기회가 있었다. CEO께서는 기업의 조직구조 및 기업의 의사결정체계를 역삼각형으로 나타내는 것은 "경영환경이 그만큼 위태하기 때문이다"라고 설명하였다. 고객의 마음은 언제 요동칠지 모르기 때문에 위험요인이며 기회요인이 될 수 있다. 기업의 조직구조를 고객지향적인 마인드에 의거하여 나타내면 [그림 1-3]과 같다.

그림 1-3 고객

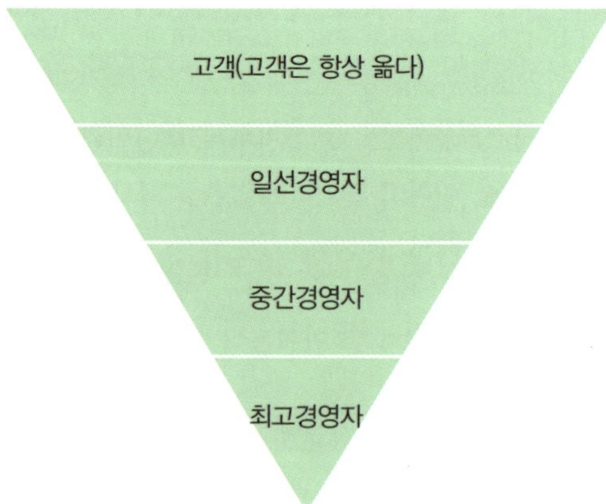

오늘날 고객의 요구는 매우 까다롭다. 까다로운 고객의 요구를 만족시키려고 노력하는 기업은 경쟁력이 자연적으로 높아진다. 고객들은 높은 품질의 제품이나 서비스를 낮은 가격으로 제때에 개별적으로 받기를 원한다. 이러한 고객의 요구를 충족시키지 못하는 기업은 경쟁력을 상실하게 된다. 성공한 기업가들은 항상 고객들을 위해 진정한 가치를 창출한다. 고객에게 가치를 제공하지 못하는 개인이나 기업은 삶의 현장에서 버티기가 어려운 것이 현실이다.

최근 기업들은 고객관계관리(CRM: customer relationship management)

의 원리를 이용하여 수준 높은 서비스표준을 유지한다. 고객관계관리는 80 : 20법칙을 근간으로 한다. 80 : 20법칙은 인생의 많은 부분이나 회사나 조직에서도 보편적으로 적용된다. 80 : 20법칙은 이탈리아의 경제학자인 빌프레도 파레토(Vilfredo Pareto)가 창안해 낸 개념이다. 이는 예를 들어, 어느 백화점이 '전체 매출 중 80% 창출에 기여하는 고객 20%에 치중한다'는 의미이다.

고객관계관리란 하이테크(high tech)인 정보기술과 하이터치(high touch)인 따뜻한 감성을 통해 고객을 개별고객으로 응대하는 것이다. 최근에는 정보기술의 발달로 기존고객과 관련한 데이터베이스를 이용하여 충성고객의 요구와 욕구를 세밀하게 분석하여 이에 맞는 서비스를 제공하려는 노력들이 증대되고 있다. 세계적으로 이름난 메리어트(Marriot)호텔은 정보시스템을 통해서 기존고객의 선호도(침대크기, 금연실 여부 등)를 파악하여 탁월한 서비스를 제공한다. 탁월한 고객관계관리는 기업의 경쟁우위요소가 될 수 있다.

고객의 종류는 여러 기준에서 나뉠 수 있다. 돈을 내고 제품이나 서비스를 사는 사람인 구매자(purchaser), 직접 물건이나 서비스를 쓰는 사용자(end-user), 그리고 이들의 구매행위에 영향을 미치는 영향력자(influencer)다. 영향력자는 다양하다. 다른 조직이나 회사의 사장, 최고재무전문가(CFO), 사외이사는 물론이고 지역 정치인, 지방자치단체 리더, 저명 교수 등도 영향력자다. 각종 이익단체나 사회단체 등의 이해관계자도 빠뜨릴 수 없다. 이들은 소비문화의 방향을 결정짓는 막강한 영향력자이다.

읽을거리

물 흐르는 고객서비스

대전 유성 리베라호텔에서 있을 결혼식 참석을 위해 교통편 사전예약을 시도하였다. 결혼식 전날 경부선 센트럴 시트 호남선에서 출발하는 유성행 고속버스를 예매하기 위해서 한 회사의 티켓사이트에 접근하였다. 여러 차례 오류 메시지가 계속 나왔다. "어, 이상하다. 정상적으로 카드번호를 입력했는데, 무슨 문제이지?" 다시 여러 차례 시도해도 똑같은 오류 메시지가 나왔다. 인터넷 예매사이트에 전화를 시도했으나 녹음음성 '3분 후에 상담원과 연결하겠다'는 내용이 나오더니 음악이 6분 정도 나왔다. 통화가 자동으로 뚝 끊어졌다. 이러한 상황은 세 차례 반복되었다. 이런 상황은 30분 이상이 경과되어도 마찬가지였다.

"무엇이 문제이지?" 하는 생각에 그렇다면 유성에서 서울로 올라오는 것이라도 예매를 하기 위해서 같은 사이트에 접근하였다. 원래 접근한 사이트에서 다른 사이트로 자동 이전되더니 출발지 '유성'을 누르고 도착지 '서울'을 입력한 다음 카드번호를 입력하니 정상적으로 예매가 이루어졌다. "어 이상하다, 방금 전에는 안되었는데! 그리고 원래 의도한 사이트에서 왜 다른 사이트로 자동 이동된 것일까?" 호기심이 발동하였다.

다시 온라인티켓 예매업체에 전화를 시도하였다. 한참 기다리다 어렵사리 상담원과 통화를 할 수 있었다. 카드결재 오류에 대한 이야기, 상담원과의 전화통화가 어려웠던 이야기를 말했다. 상담원은 사과의 말도 없었다. '사이트에서 오류 메시지가 나온다는 말에 상담원은 "그럴리가요?"라며 "고객님의 카드로는 입력이 안된 상태입니다"라고만 반복한다. "혹시 제휴가 안되는 결제가능 카드회사인지요?"라고 물었다. "어느 카드 쓰세요?"라고 상담원이 물었다. "○○카드를 사용합니다"라고 답변하였다. "아하, 고객님 ○○카드는 우리 회사와 제휴가 안되었습니다" "그럼, 유성에서 서울까지는 어떻게 예약이 가능했던 걸까요?'라고 다시 물었다. "아하, 고객님! 서울에서 지방으로 가는 노선은 ○○사이트에서 예약가능한 것이고요. 이 사이트는 ○○카드를 취급하지 않습니다. 지방에서 서울로 오는 예약시스템은 또 달라 ○○카드를 그곳에서는 취급해서 가능할 것입니다" "그래요? 그렇다면 이러한 내용을 홈페이지에 자세하게 안내를 해 놓아야지 않나요?"라고 다시 묻자. 안내원은 묵묵부답이었다. 형식적으로라도 "죄송합니다. 개선하도록 하겠습니다"라는 답변이라도 하면 좋을 것을…!

집안일을 하면서 지켜보던 안식구가 이야기한다. "당신 참, 착하네요. 점잖게 안내원을 대하다니!"

고객은 물 흐르듯 끊김이 없는 고객서비스를 원한다. 혹시 나는 가정에서, 직장에서, 제대로 고객들을 위해서 응대하고 있는가? 반문해 보게 된다.

종업원 종업원은 고객과 가장 가까운 곳에 위치한다. 고객과 만나는 순간은 결정적인 순간(MOT: moment of truth)이다. 종업원이 만족하지 않으면 불량의 서비스가 전달된다. 이는 고스란히 기업의 손실로 이어진다. 미국의 페덱스(Fedex: Federal Express)는 PSP라는 기업철학을 갖고 있다. P는 사람(people), S는 서비스(service), P는 이윤(profit)이다. 즉 경영진이 종업원(people)을 정성껏 보살피면 종업원은 고객에게 완벽한 서비스를 제공하게 된다. 이는 다음과 같은 선순환 공식으로 나타낼 수 있다.

직원이 만족하는 직장×완벽한 서비스 제공=매력적인 기업

행복한 직원은 행복한 고객을 만들고 행복한 고객이 수익창출에 영향을 미친다. 기업이 적합한 인재를 선발하여 이들에 동기부여를 하는 내부고객 만족경영에 신경써야 하는 이유가 여기에 있다.

읽을거리

한미글로벌 창립 20주년을 맞은 지난 6월 서울 삼성동 코엑스 오디토리움에서 열린 한미글로벌 가족음악회에서 김종훈 회장은 임직원과 협력업체 관계자에게 감사의 마음을 전했다. CM이 일반인에겐 아직도 생소한 분야지만 한우물을 파며 CM부문 세계 13위 기업으로 성장한 만큼 앞으로 한미글로벌을 100년

기업으로 키워 나가겠다는 포부도 밝혔다. 창립 20주년 슬로건도 '감사의 20년, 고객과 함께 100년'으로 정했다.

한미글로벌은 1996년 CM을 국내에 처음으로 도입했다. 당시 CM은 미국 등의 글로벌기업이 수행하는 해외 건설현장에서나 볼 수 있는 선진 건설관리 기법이었다. 전문지식이나 설계업체 · 시공사 · 정부 등 다양한 이해관계자를 관리할 역량이 부족한 발주자를 대신해 건설사업을 처음부터 끝까지 관리하는 역할을 한다.

한미글로벌은 기술경쟁력을 강화하기 위해 해외기업 인수합병(M&A)도 적극 추진 중이다. 2010년 영국의 설계 및 CM 기업인 터너앤드타운젠드와 합작회사를 설립했으며 2011년 미국 엔지니어링업체인 오택, 2012년 친환경 컨설팅기업 에코시안, 2014년엔 설계업체 아이아크를 인수했다. 지난해엔 건설기술 서비스 업계 최초로 일본에도 진출했다.

한미글로벌은 올해에도 두 개 회사를 새로 세웠다. CM부터 시공까지 책임지는 책임형 CM사업 회사인 '한미글로벌E&C'와 인테리어 · 리모델링 분야의 온라인 건설 플랫폼 회사인 '이노톤'이다.

김 회장은 한미글로벌의 이런 성과 배경에는 분야별로 전문화한 임직원의 역할이 크다고 강조했다. 그는 인재들이 일하기 좋은 직장을 만들기 위해 다양한 제도를 도입했다. 2개월 유급 안식휴가와 자녀의 학자금을 인원수 제한 없이 유치원부터 대학까지 지원하는 제도 등이 대표적이다. 이같이 노력한 결과 한미글로벌은 9년 연속 '대한민국 훌륭한 일터상'을 받았다. 2011년과 2013년, 2015년, 2016년엔 '최고의 직장'으로 선정됐다.

"회사 구성원을 행복하게 해주면 그들이 스스로 노력해 업무성과도 올라갑니다. 이는 외부고객의 만족도를 높이는 결과로 이어지고 궁극적으로는 회사 성과를 높이는 행복경영의 선순환 모델이 실현됩니다."

자료: 윤아영, 김종훈 한미글로벌 회장, '건설관리' 불모지서 창업…20년만에 세계 50국 '역진출,' 한국경제신문, 2016. 9. 28.

앞에서 언급한 다양한 이해관계자들의 이익을 균형 있게 관리해야 하는 것이 오늘날 기업의 주요 과제이다. 최근 회자되고 있는 기업사회책임(CSR: Corporate Social Responsibility), 공유가치창출(CSV: Creating

Shared Value) 개념 역시 이해관계자들의 영향력 증대에 따른 기업의 전략적 대응방안 모색 과정에서 그 중요성이 부각되고 있다고 볼 수 있다.

3. 고객관계경영학의 틀

고객관계경영학은 고객 관련 모든 경영활동을 말한다. 고객관계경영학은 내부고객만족경영, 고객가치활동, 외부고객만족경영 활동, 그리고 고객경영성과 등으로 나뉜다. 고객 관련 경영성과는 충성스러운 고객의 기여 결과이다. 고객이 소중하게 여기는 가치는 조직구성원이 느끼는 직무만족에 의해서 발생한다. 조직구성원이 느끼는 직무만족도가 높을수록 업무에 전력을 다하며 이는 생산성과 업무효율로 이어진다.

고객관계경영틀을 시스템적인 경영관점에서 살펴보면, 내부고객만족경

그림 1-4 고객관계경영 작동원리

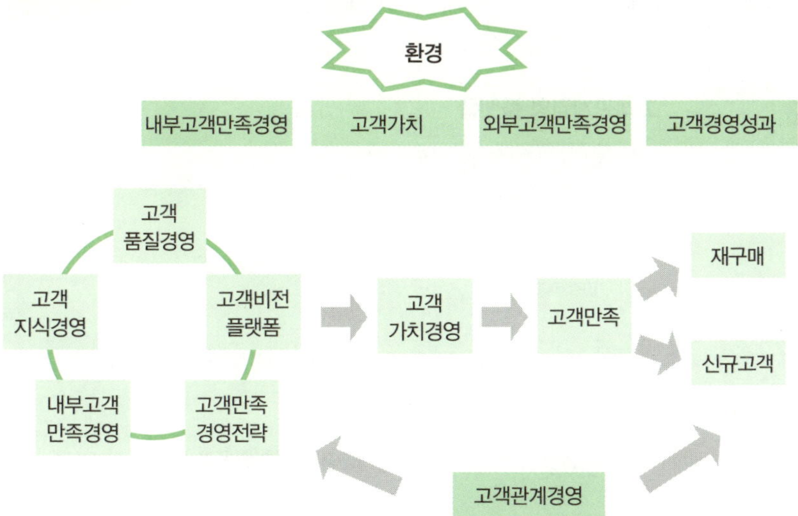

영은 고객가치로 표출된다. 이에 외부고객은 만족을 하게 된다. 외부고객 만족은 경영성과로 연결된다. 이는 [그림 1-4]와 같이 나타낼 수 있다.

4. 고객관계경영 플랫폼

고객관계경영에 대해 조직구성원들이 확고한 믿음을 갖고 있지 않으면 고객관계경영은 실패와 일시적인 유행에 그칠 수 있다. 따라서 고객만족을 넘어 고객과의 지속적인 관계경영을 실현하고자 하는 개인과 조직은 고객관계경영에 대한 명확한 고객관계경영 플랫폼을 구상하고 이를 실천하기 위해서 부단히 노력해야 한다.

고객관계 플랫폼은 조직구성원이 이해하기 쉬운 고객관계경영의 이정표이다. 고객관계경영 플랫폼은 사명, 비전, 가치로 구성된다. 고객관계경영 플랫폼은 조직구성원들이 모두 이해하기 쉽게 만들어져야 한다. 고객관계경영의 플랫폼을 그림으로 나타내면 다음과 같다.

그림 1-5 **고객관계경영 플랫폼**

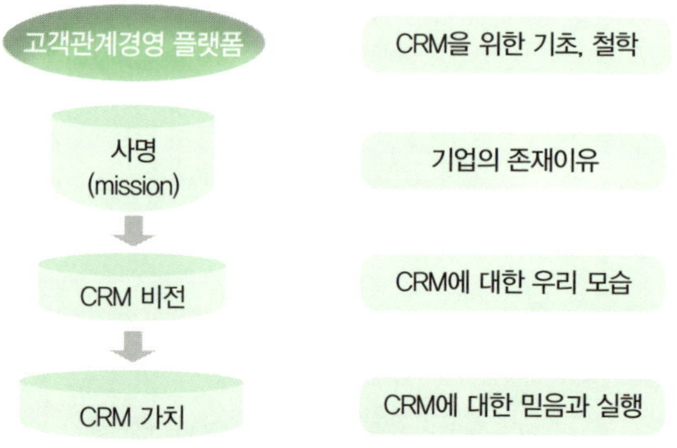

4.1 사명

조직의 사명(mission)은 사회 속에서 조직의 존재이유를 말한다. 조직은 왜 존재하는지에 대한 근본적인 질문이 사명인 것이다. 기업의 존재이유는 기업 내부관점이 아닌 외부관점, 즉 고객지향적인 관점에서 정의되어야 한다. 항공사의 경우는 '고객이나 물류를 안전하고 정시에 운송하는 것'이 사명이 될 것이다. 공공기관은 '해당 서비스 제공을 통해 사랑과 존경을 받는 것'이 사명이 된다.

훌륭한 사명을 만들기 위해서는 오랜 시간이 요구되고 엄청난 헌신이 필요하다. 조직이 추구해야 할 사명은 세상이 절실히 필요로 하는 부분과 조직이 강렬하게 품고 있는 희열이 맞아 떨어지는 지점에서 결정되어야 한다. 또한 기업은 사명을 정할 때 기업의 이해관계자(stakeholder)인 종업원, 지역사회, 고객, 공급자, 주주 등과 관련하여 왜(Why) 존재하는지 끊임없이 질문하고 답함으로써 사명을 정할 수 있다.

사명을 정할 때 고려하는 물음과 답변의 예는 다음과 같다.

> 물음: 왜 우리 조직이 존재하는가?
> 답: 우리 조직은 고객들을 성공하게 만들기 위해서 존재한다.

'왜 우리 조직이 존재하는가?'에 대한 물음에 확실한 자신감을 갖고 답변할 수 있을 때 새로운 사명이 탄생할 수 있는 것이다. 이 순간은 경영 플랫폼상에서 다음 단계로 나아갈 준비가 되었다는 표시이다. 세계 일류기업들의 사명의 예를 살펴보자.

- 3M: 해결할 수 없는 문제를 창의적으로 해결
- 휴렛 패커드(Hewlett-Packard): 인류복지와 발전을 위한 기술적인 공헌
- 매킨지(McKinsey): 기업이나 정부가 성공할 수 있도록 도움을 주는 것
- 메르크(Merck): 인간의 수명을 보호하고 향상시키는 것
- 소니(Sony): 공공의 효익을 위해서 발전하는 응용기술의 즐거움을 경험하도록 함
- 월마트(Wal-Mart): 평범한 사람들도 부자들이 구입하는 물건을 살 수 있도록 함
- 월트 디즈니(Walt Disney): 사람들을 행복하게 만듦
- 성심당: 모든 사람이 다 좋게 여기는 일을 하도록 하자(로마서, 12장 17절)

4.2 비전

비전(vision)은 사명을 기초로 하는 미래의 꿈이며 희망으로 자기 자신과 조직의 모습이다. 조직의 10년에서 30년 이후 모습은 조직구성원의 현재 꿈에 의해서 결정된다. 비전은 조직이 무엇이 되고자 하며 어디로 갈 것인가를 나타내 주는 미래의 발전 나침반이다. 또한 여행자가 길을 헤매다 찾는 북극성과 같은 존재가 비전이다. 비전에는 최고의 제품과 서비스를 제공하기 위한 조직구성원의 마음과 최고경영자의 진실된 마음이 도전적이고 명확하게 담겨 있어야 한다. 즉 비전 속에는 100~200년의 목표가 마음속에 형상화 되는 그림, 대담한 목표(BHAGs: Big Hairy Audacious Goals)가 녹아 있어야 한다(짐 콜린스, 제리 포라스, 1996).

훌륭한 비전은 조직구성원의 가슴을 뛰게 만드는 역할을 한다. 영속하는 조직이 되기 위해서는 성실한 비전이 필요하다. 비전 없는 조직은 목표도 결여되어 결국 침몰하는 배와 같은 운명이 될 수 있다.

비전과 목표는 조직을 통합하고 효과적인 경영전략을 수립하는 데 필수적인 요소이다. "목표 없는 항해는 아무리 순항하더라도 표류하게 되고, 목

표 있는 항해는 아무리 난항이라도 항해이다."

우리보다 작고 자원이 없는 '리틀 자이언트'라고 불리는 싱가포르가 세계 최고의 국가경쟁력을 가진 강소국가가 된 비결은 확고한 목표를 설정하고 정부가 주도하여 일관성 있는 법제와 기업환경을 조성하는데 국력을 집중했다는 데 있다. 싱가포르는 1965년 말레이시아 연방에서 독립한 이후, 리콴유의 리더십으로 1970년대에는 '세계적 금융, 물류중심'으로 부상하였고, 1980년대에는 석유화학을 중심으로 제조업 발전목표를 추진했다. 1990년대에 들어서는 '인텔리전트 아일랜드'라는 국가발전계획을 수립하고 IT, 전자, 통신 등 첨단산업 중심국가로 발전시켰다. 2000년대에는 '세계 각국 인재의 오아시스'로 만들겠다는 비전을 내세우고 교육과 의료 등 서비스산업 분야에서 세계의 중심국가로 거듭나겠다는 원대한 비전을 수립하였다. 1965년 독립당시 320달러밖에 되지 않았던 국민소득이 지금은 국민소득 5만 5,000달러의 부자 나라가 되었다.

비전을 설정할 때 기업이 주의해야 할 것은 경영자나 일부 사람들이 주도적으로 비전을 만들어서는 안 된다는 사실이다. 비전은 내부구성원 모두의 참여와 합의과정을 거쳐서 만들어져야 한다. 올바른 비전은 전사원들의 참여하에 기업의 핵심이념과 명확한 미래사상이 나타나야 한다. 비전은 조직구성원들의 공감대를 얻어야 하고 이들에게 꿈과 희망을 줌으로써 강한 의지와 다소 이루기 어렵더라도 반드시 이루어야 하는 대담한 목표를 제시해야 한다. 미국 서부의 명문대학인 스탠포드대학교는 이미 1940년경부터 '미국 서부의 하버드대학이 되는 것'을 대학의 비전으로 설정하고 전 구성원이 노력한 결과 세계 최고의 대학으로 인정받고 있다. 국내 대표 항공사를 보유하고 있는 한진그룹의 경우 '세계 최고 종합물류기업을 만드는 것'을 비전으로 설정하고 조직이 어디를 향해 가고 있는지 종업원들에게 정확하게 알려주고 있다.

4.3 핵심가치

핵심가치(core value)는 조직의 전체 가치시스템을 결정하는 조직문화(organizational culture)라고도 할 수 있다. 조직의 강한 핵심가치는 제도적인 정체성을 제공한다. 또한 핵심가치는 조직구성원들의 행동을 규율하는 전반적인 믿음체계 또는 행동체계를 제공한다. 기업의 사명, 비전, 그리고 핵심가치가 일치하지 않을 경우 조직은 어려움에 처할 수 있다. 핵심가치는 조직구성원들이 비전을 달성하기 위해서 어떤 방식으로 행동을 해야 하는지를 명확하게 알려주는 지침이며 방법이다. 즉 핵심가치는 조직구성원들이 지켜야 할 원칙과 철학으로 조직의 마음과 영혼을 나타낸다. 조직과 구성원 간의 유기적으로 확산된 공유가치(shared value)는 종업원들의 의미있고 일관된 행동을 안내하는 역할을 한다.

대전지역 향토기업으로 유명한 성심당 빵집의 핵심가치는 독특하다. 대전역 앞 노점 찐빵집으로 출발한 가게가 빵집 세 곳과 식당 6곳을 운영하게 되기까지, 400여 명의 직원이 종사하고 있다(성심당 홈페이지: http://www.sungsimdang.co.kr). 성심당은 가톨릭 정신을 기본으로 모든 이가 다 좋아하는 곳으로 만들어가고자 노력한다. 이는 이웃과 사회 그리고 고객과 이곳에 근무하는 직원들과 협력업체까지 모두가 좋아하고 사랑하는 회사가 되고자 하는 데 목적이 있다. 또한 제품 하나하나에 정성과 애정을 불어넣어 좋은 상품으로 고객과 신뢰 속에서 만나며 고객의 식생활을 풍요롭게 하여 새로운 식문화를 만들어 가고자 노력한다. 향토기업으로 성장한 성심당은 지역사회에 봉사하는 '가치있는 기업'이 되고자 노력하고 있다.

읽을거리

미 사우스캐롤라이나주 찰스턴 북쪽 외곽 12.6㎢ 넓이 땅에는 멥킨수도원이 자리 잡고 있다. 1949년부터 30여명 안팎 수도사(monk)들이 경건하게 모여 사는 공간이다.

사업가 어거스트 투랙(Turak) 씨는 1996년부터 일에 지칠 때면 이따금 이곳에서 머물며 심신을 재충전하는 시간을 갖곤 했다. 그는 케이블 음악방송 회사 MTV 임원을 거쳐 RGI 등 소프트웨어 회사 2곳을 창업한 뒤 수억 달러에 매각해 부(富)를 쌓았다.

그는 수도원에서 생활하는 동안 수도사들이 버섯이나 치즈, 달걀, 과일 케이크 같은 자급자족용 식료품을 생산하고, 외부에 팔기도 하는데 이 식료품들이 오랫동안 엄청난 인기를 누리고 있다는 사실을 알게 됐다. 멥킨수도원뿐 아니라 벨기에 성 식스투스수도원 같은 경우 맥주를 제조해 파는데, 매년 이 맥주가 출하될 무렵 수도원 정문 앞은 대기고객으로 장사진을 이룬다. 수량이 6만 상자로 한정되어 있기 때문이다.

수도원 비즈니스는 지역에 따라 길게는 1500년을 불황을 타지 않고 이어져 왔다. 매사추세츠주 성 요셉수도원이 대량생산하는 잼은 매년 123만 병이 미 전역으로 팔려나간다. 이탈리아 카말돌리수도원에서 만드는 천연화장품 명성은 전 세계적이다. 그 비결은 뭘까?

투랙 씨는 이를 연구하고 분석한 뒤 정리해 『수도원에 간 CEO(Business Secrets of the Trappist Monks)』란 책을 지난해 펴냈다. 말하자면 '내가 비즈니스에서 배워야 할 모든 것은 수도원에서 배웠다'는 내용이다. 위클리비즈는 최근 워싱턴 DC에서 투랙 씨를 만나 수도원의 사업 철학과 성공 비결에 대해 들었다. 그는 "사명, 개인의 탈바꿈, 공동체를 이야기하고 싶었다"고 강조했다.

■ 수도사들이 만든 제품이 꾸준히 사랑을 받는 이유는 뭐라고 보나?

"이들은 이익을 거두기 위해 제품을 만드는 게 아니다. 하느님과 이웃에 대해 봉사하는 마음으로 만든다. 그렇기 때문에 누가 보지 않아도 품질에 신경을 쓸 수밖에 없다. 하느님이 바라보고 있는데 어떻게 허튼짓을 하겠는가. 굳이 품질을 위해 노력할 필요도 없다. 그건 그들의 인생이다. 고객들은 그 품질을 믿기 때문에 기꺼이 지갑을 연다. 이들은 제대로 삶을 살아가다 보니 뜻하지 않게 성공이란 부산물을 얻은 것이다. 역설적으로 이익을 잊고 살다 보니 이익이 따라

오게 된 셈이다."

■ **그들에게 비즈니스에 대한 어떤 교훈을 얻었나?**

"수도사들은 섬김(service)과 자기비움(selflessness)이란 태도를 잃지 않는다. 삶 자체가 이를 실천하는 과정이다. 기업인들에게 필요한 덕목이다. 워런 버핏 같은 현인들은 섬김과 자기비움을 실천했음에도 '불구하고(despite)' 성공한 게 아니라 바로 그런 자세를 견지했기 '때문에(because)' 성공했다.

종종 적잖은 사업가들이 지나치게 이익에 골몰한다. 이익을 궁극적인 목표로 삼아선 곤란하다. 사명감을 갖고 일할 때 이익이 따라오도록 해야 한다. 골프 칠 때 홀컵 뒤를 겨냥하거나 농구할 때 백보드를 향해 슛을 던지는 것처럼 과녁 너머를 겨냥하는 것이다. 예를 들어 영업사원이라면 제품과 마진, 할당량과 경쟁 등에 신경을 기울이기보다는 고객이 원하는 게 과연 뭘까에 집중해야 한다. 어떻게 하면 고객을 만족시킬 수 있을까 골몰하다 보면 자기도 모르게 성공가도를 달리고 있을 것이다. 물론 직원을 압박해 실적을 향상시킬 수도 있겠지만 그런 회사는 결국 몰락한다."

■ **그럼 그런 태도를 가지려면 어떻게 해야 하나?**

"배우려는 자세가 중요하다. 바꿔 말하면 경청하는 것이다. 스승(coach)을 찾기 위해 노력하라. 그들을 통해 배워라. 돌이켜보면 내 인생에서 스승이 없었던 적이 없다. 짐 콜린스, 루이스 모블리(전 IBM 경영연구소장), 프랜시스 신부… 이들을 스승으로 삼을 수 있었던 건 겸손한 태도로 끊임없이 가르침을 갈구했기 때문이다. 김연아 선수가 혼자 힘으로 금메달을 딸 수 있었겠느냐. 좋은 코치가 있었기 때문이다. 눈을 크게 뜨고 주변을 둘러봐라. 어디선가 우리에게 가르침을 주는 스승이 나타날 것이다. 멘토 중 하나인 루이스 모블리를 만난 건 우연이었다.

나는 처음 들르는 도시에 가면 가장 큰 서점에 들어가 주인에게 '이 근방에서 가장 근사한(coolest) 사람이 누군가'라고 묻는 버릇이 있다. 모블리도 그런 식으로 연락처를 알아내 만나자고 한 뒤 교분을 맺고 멘토로 삼았다. 생각해 보니 우습기도 하고 운이 좋았다고도 느끼지만 그럴 배짱이 있었다는 게 다행이었다.

항상 어딘가 어느 모임이든 가서 기다려라. 그러면 기회가 온다. 파티에 가야 멋진 여자 친구도 만날 수 있는 법이다. 벼락에 맞을 확률처럼 희박하다고? 자주 반복하면 그 확률도 높아진다. 당장 두 번만 나가도 확률은 두 배로 커진다.

물론 배우는 것만 가지고는 부족하다. 실행이 뒤따라야 한다. 우리가 골프를 배운다고 해서 모두 골프선수가 될 수 없는 것과 같다. 탁월한 사람은 탁월한 기술을 배우고 나면 애벌레가 나비가 되듯 실행이라는 변형의 과정을 거쳐 탁월한 존재로 바뀐다. 생각으로 되는 게 아니라 실행으로 비로소 원하는 존재에 가까이 다가서는 셈이다.

멥킨수도원에는 유명한 인용문이 있다. '생각을 조심하라, 그것이 당신의 행동이 될 수 있다. 행동을 조심하라, 그것이 당신의 습관이 될 수 있다. 습관을 조심하라, 그것이 당신의 성격이 될 수 있다. 성격을 조심하라, 그것이 당신의 운명이 될 수 있다'가 그것이다."

▪ 그럼 비즈니스를 하는 목적은 무엇인가?

"어떤 직업을 선택할 때 우리는 무엇을 고려하는가? 직업의 목표는 개인의 발전을 위함이다. 정치인이든 운동선수든 결국 직업을 통해 자신이 좀 더 나은 인간으로 성장하는 게 목적인 셈이다. 목표나 사명을 위해 자신을 희생하면 희생할수록 더 열성적이 된다. 어떤 조직이든 이 사업을 통해 우리가 해야 할 일은 무엇인가를 끊임없이 되물어야 한다. 이윤은 사명을 얼마나 수행했는지를 측정하는 지표 중 하나일 뿐이다. 사업의 목적은 고객들 삶의 질을 향상시키는 것이고 이를 통해 우리는 더 나은 존재로 살아갈 수 있게 된다. 그게 비즈니스의 숭고함이다."

▪ 리더는 어떤 역할을 할 수 있는가?

"리더란 자신이 성공하는 게 목적이 아니다. 다른 사람을 성공하게 하는 존재다. 자기만 성공하고 직원은 피폐해진다면 나쁜 리더다. 리더는 자신이 누군가를 어떻게 잘되게 할 수 있을지를 고민해야 한다. 남들이 잘되는 걸 즐길 수 있는 마음가짐이 필요하다. 사람들을 일일이 관리하기보다 열정을 부르는 문화를 만들기 위해 노력해야 한다. 중요한 건 평범한 직원들이 탁월한 성과를 내도록 유도해야 한다는 데 있다. 경영의 과제는 평범한 직원들이 비범한 성과를 낼 수 있도록 조직을 창조하는 것이다."

▪ 기업이 수도원처럼 사회를 위해 봉사해야 하는가?

"기업이 본래 사명에 충실한 게 사회를 위한 봉사다. 기부를 많이 하거나 요즘 유행하는 CSR(기업의 사회적 책임)에 공을 들이는 게 기업의 책무가 아니다. 기업은 그들이 생산한 제품을 통해 사람들을 돕는다. 애플을 보라. 애플이 만든 수많은 창조적인 제품은 사람들을 기쁘게 하고 더 편하게 했다. 1주일 내내 탐욕스럽게 이윤에만 집착하다 주말에 회개하고 봉사활동 다니고 기부하면 그것으로 면죄부를 받는가. 마피아 집단도 동네를 위해 기부도 하고 지원한다. 대기업은 많은 일자리를 창출하고 관계사들에 일감을 준다. 이를 통해 사회에 기여하는 것이다."

출처: 이위재, 수도원이 만든 잼 · 맥주 · 화장품 … 私心이 없으니 불황도 없더라, 조선일보. 2014. 3. 29.
[동영상] https://www.youtube.com/watch?v=BYO-36c33Bw

참고문헌

라젠드라 시소디어, 위대한 기업을 넘어 사랑받는 기업으로, 럭스미디어, 2008.

박종세, 조선일보, 2009. 3. 14.

이유재, 서비스 마케팅, 학현사, 1999.

이위재, 수도원이 만든 잼 · 맥주 · 화장품 … 私心이 없으니 불황도 없더라, 조선일보, 2014. 3. 29.

캔 브랜차드 지음, 최종욱 옮김, 당신도 인생의 리더가 될 수 있다, 큰나무, 2005.

짐 콜린스 · 제리 포라스, 성공하는 기업들의 8가지 습관, 김영사, 1996.

헤르만 지몬, 히든 챔피언, 흐름출판, 2008.

Drucker, P. F., *The Practice of Management*, Harper & Row, 1954.

자가 진단표

다음 문항에 대하여 자기 자신이나 자신이 속한 조직을 평가해 보자. 강점과 약점은 무엇인지 서로 토의해 보자. 채점방법은 '매우 동의 못함'은 1점, '보통'은 5점, '매우 동의함'은 10점으로 점수를 배점하면 된다. 항목별로 평가한 후 합산한 점수가 실제 개인과 조직의 현재 모습이 된다.

01 우리는 고객관계경영에 관하여 명확한 고객관계경영 플랫폼(미션(존재이유)–비전–공유가치)이 수립되어 있다.

02 고객관계경영 플랫폼(미션(존재이유)–비전–공유가치)대로 실행하고 있다.

03 우리 조직은 고객을 진정으로 대하는 문화가 있다.

04 최고경영자는 '고객' 우선 의사결정을 한다.

05 우리 조직은 고객의 정의가 명확하게 이루어져 있다.

06 우리 조직은 고객가치를 중시한다.

07 우리 조직은 내부고객(종업원지향)을 중시한다.

08 우리 조직은 지역사회에 최선을 다한다.

09 우리 조직은 투자자를 중요시한다.

10 우리 조직은 사랑받는 조직이다.

Chapter 02

경영환경

1. 경영환경
2. 환경변화의 동인
3. 경영환경변화 원인
4. 고객의 요구변화

CRM 톡톡

경영환경은 부카(VUCA)하다.

Chapter 02

경영환경

읽을거리

'글로벌 · 성장' 해답 못찾으면 각오해야

SK그룹이 경기 이천 SKMS연구소에서 열리는 연례 최고경영자(CEO) 세미나에서 '글로벌'과 '성장'을 새 경영화두로 던진다. 2014년에는 '위기극복,' 2015년에는 '위기돌파'가 CEO 세미나의 경영화두였다.

최태원 회장에 이어 최재원 수석부회장의 경영 복귀로 비상 상황이 일단락된 만큼 이제는 강력한 리더십을 바탕으로 글로벌시장 진출과 성장에 주력한다는 전략이다. SK 관계자는 "최 회장이 올초 스위스 다보스포럼에 참석한 데 이어 최근 중국 시노펙의 왕위푸 회장과 쑨정차이 충칭시 당서기를 잇따라 만난 것도 이런 맥락"이라며 "어느 때보다 '글로벌'과 '성장'이 중요해졌다"고 말했다.

물론 SK 계열사들이 변신 노력을 안 하는 것은 아니다. SK이노베이션은 시노펙과의 협력 확대 등 글로벌 파트너링(제휴)에 나서고 있고 결재제도 폐지, 자율복장제, 2주휴가 보장 등 일하는 방식도 확 바꿨다. SK텔레콤은 T맵(지도서비스)을 무료 개방하며 플랫폼 사업에 나서는 한편 서울대와 자율주행기술을 연구하고 있다. 조직문화 측면에서도 5단계(부장–차장–과장–대리–사원)인 직원 직급체계를 2단계(팀장–팀원)로 변경하기로 했다. 수직적 조직문화를 수평적으로 바꾸기 위해서다.

계열사	내용
SK(주)	인공지능, 바이오 등 신사업 발굴
	자율근무제, 자율복장제 도입
SK이노베이션	글로벌 파트너링(제휴)확대, 해외 석유화학기업 M&A 추진
	결재제도 폐지, 복지자율화, 2주휴가 보장
SK텔레콤	플랫폼 사업확대, 자율주행기술 확보
	직급체계단순화(5단계→2단계)
SK하이닉스	비메모리반도체 사업확대
	생산직에 성과급여제 도입
SK네트웍스	가전, 젠트카 사업확대, 패션부문 매각
	직급체계단순화(5단계→2단계)

SK하이닉스는 메모리 반도체(D램, 낸드플래시) 일변도에서 벗어나 비메모리 반도체(이미지센서 등) 사업에 나선다. 지난 7월부터는 생산직에 성과급여제를 도입했다. 지주사인 SK(주)도 인공지능, 바이오 등 신사업 발굴과 함께 자율근무제, 자율복장제를 도입한다. SK네트웍스는 동양매직을 인수한 데 이어 패션부문 매각을 타진하고 있다.

SK CEO들도 이미 한 차례 이상 임직원들에게 이런 변신의 노력을 설명했다. 최 회장이 지난 6월 말 확대 경영회의에서 했던 것처럼 18분 안팎의 짧은 시간에, 형식에 구애받지 않고, 의미 있는 메시지를 전달하는 TED식 강연을 했다.

하지만 CEO들의 긴장감은 어느 때보다 높다. 최 회장이 고강도 혁신을 주문했지만 '파괴적 혁신'이라고 부를 만한 대책을 찾기 힘들어서다. 기존에 해 오던 사업이나 직급체계 변화만 나열해선 최 회장 기대치에 한참 못 미칠 수 있다는 우려다.

일부에선 "숙제를 위한 숙제를 한다"는 불만도 적지 않다. 지금도 상당수 계열사가 부장 이하 직원을 '매니저'란 호칭으로 통일하고 있지만 실제로는 '부장님,' '차장님'이라고 부르는 경우가 많다. 낯선 TED식 강연 탓에 스트레스를 호소하는 CEO도 적지 않다. TED 동영상을 찾아가며 프레젠테이션 연습을 하는 CEO도 많다.

CEO 세미나 이후 '인사 태풍'이 불어닥칠 것이란 관측도 있다. 작년에는 최 회장의 경영 복귀 직후여서 사장단 인사 폭이 크지 않았다. 하지만 올해는 최 회장이 주문한 변화와 혁신에 미달한 CEO는 '물갈이' 대상이 될 수 있다. SK그룹의 주력 계열사 모두 상황이 녹록지 않다. SK이노베이션은 매출 정체로 어려움을 겪고 있다. SK텔레콤은 성장 동력이 떨어진 가운데 신규사업 진출도 쉽지 않은 상황이다. SK하이닉스 역시 작년에 비해 올해 이익이 급감한 데다 첨단제품 개발이 늦어지고 있는 게 부담이다.

자료: 주용석, '글로벌 · 성장' 해답 못찾으면 각오해야, 한국경제신문, 2016. 10. 8.

1. 경영환경

경영환경이 갈수록 악화되고 있다. 정치 · 경제 · 사회 · 문화 · 기술 등 거시환경에서 유래하는 불확실성의 정도가 날로 커지고, 이와 연동해 고객 요구가 상시적으로 변화하고 있다. 세계 경제 · 경영을 관통하는 특징은 불확실성이다. 경영환경분야에서 새로운 변화에 따라 새롭게 정의되는 기준, 즉 뉴노멀(new normal)이 끊임없이 등장하고 있다. 이런 상황에서 기업에 요구되는 것은 급변하는 환경에 빠르고 유연하게 대응하고 선제적으로 움직일 수 있는 변화역량이다.

맥킨지는 2015년의 경영환경 키워드로 '부카(VUCA)'라는 단어를 선택하였다. '부카'는 환경의 급변성(Volatility) · 불확실성(Uncertainty) · 복잡성(Complexity) · 모호성(Ambiguity)이 점점 심해지고 있음을 나타내는 단어이다. 경제 · 경영계를 휘감고 있는 부카는 개인이나 조직에 지속적으로 영향을 미칠 것이다.

이러한 부카한 경영환경을 극복하는 방법은 무엇일까? 경영환경의 급변성을 냉철하게 판단하고 미래 비전(Vision)을 설정하여야 한다. 비전은 어떤 일을 이루거나 얻고자 하는 기대나 바람이다. 인간은 지금보다 더 나은 상태로 발전하기를 바라면서 살아간다. 불확실성에 대한 치열한 이해(Understanding)을 바탕으로 복잡성을 명확함(Clarity)이 가능하도록 하여야 한다. 모호성은 민첩성(Agility)으로 대체해야 한다. 더 빠름(Agility)은 고객에게 시선을 끄는 요인이 될 수 있다.

그림 2-1 부카한 경영환경과 대응전략

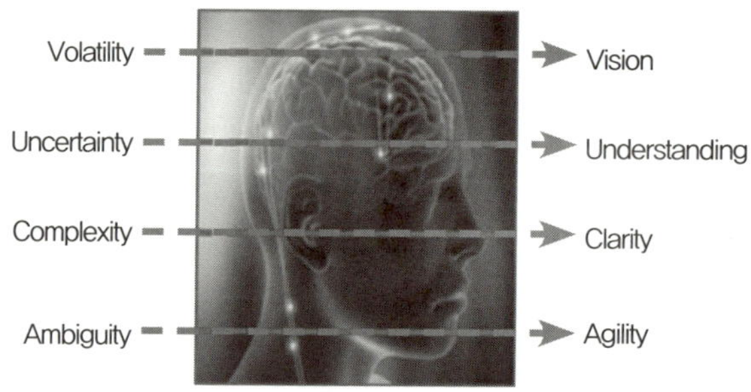

“우주에 존재하는 모든 것들은 끊임없이 생성하고 쉴새없이 발전한다. 만물은 나날이 새로워지며, 생성발전은 자연의 이법(理法)이다.” ‘경영의 신’이라 불려 졌던 마쓰시타전기의 창업자 마쓰시타 고노스케 저서 가운데 나오는 한 대목을 옮겨 보았다. 살아 있는 모든 것들에게 변화와 변신이란 불가피한 것이다. 이어령 전 문화부 장관은 한 신문과의 인터뷰에서 “미래는 그냥 맞이하거나 대비하는 것이 아니라 오늘의 시점에서 생성하고 창조하는 것”이라며 “지금까지는 지식정보의 시대였다면 미래는 ‘창조’와 ‘생명’의 시대가 될 것”이라고 강조했다(이은주, 2009). 사람이든, 조직이든 나라든 간에 경영환경이나 변화는 중요한 화두이다.

우리 대한민국이 위로는 중국과 북한에 둘러싸여 있고 옆으로는 일본에 둘러싸여 있는 상황에서 차별적인 전략으로 이들 국가들과의 생존경쟁에서 살아남아야 한다. 환경은 자신을 둘러싼 주변을 말한다. 개인이나 조직이 항상 주변 변화를 예의 주시해야 하는 이유는 개인이나 조직이 통제할 수 있는 환경보다는 통제할 수 없는 것이 훨씬 더 많기 때문이다.

앨빈 토플러(2006)는 『부의 미래』에서 사회환경 변화를 다음과 같이 역설하였다. "제1물결은 키우는 것(growing), 제2물결은 만드는 것(making)에 의존한다면, 제3물결은 서비스하는 것(servicing) · 생각하는 것(thinking) · 아는 것(knowing) · 경험하는 것(experiencing) 등을 기반으로 한다." 이 내용에서 알 수 있는 것은 개인이나 조직구성원은 향후 사회의 방향이 경험하고 체험을 중시하는 사회로 옮겨가고 있다는 사실을 인지하는 것이다.

경제전문지 포브스는 매년 세계 100대 기업을 발표한다. 1917년 포브스지가 선정한 100대 기업 중 70년이 지난 1987년에도 생존한 기업은 39개에 불과했다. 이 중 100대 기업의 위상을 유지하는 기업은 18개뿐이었다. 1884년 만들어진 다우존스공업지수 30개 종목 중 현재 남아 있는 건 GE뿐이다.

그렇다면 1878년 설립된 GE가 100년 넘도록 건재한 비결은 무엇일까? 여러 이유가 있겠지만 성장산업에 대한 예측능력과 선제적 투자가 주된 요인이다. GE는 설립 초기 산업혁명 바람을 일으키며 승승장구했다. 이후 에너지, 금융, 의료, 정보 및 엔터테인먼트, 환경기술을 일으키며 미래의 먹거리에 대한 투자를 지속하며 회사의 모습을 바꿔 왔다.

기업 측면에서 보면, 경영환경은 거시적 환경과 미시적 환경으로 나뉠 수 있다. 거시적 환경은 기업경영 전반에 영향을 미치는 요소이다. 예로 들면, 정치, 경제, 문화, 사회적인 프레임 등이 여기에 해당된다. 미시적 환경은 기업경영에 직접적인 영향을 미치기 때문에 과업환경이라도 한다. 미시적 환경의 예는 제1장에서 언급한 소위 이해당사자들이다. 이해당사자는 기업경영에 직접적으로 영향을 미치는 주체들이다. 이해당사자들은 사회, 파트너, 투자자, 고객, 종업원 등이 여기에 해당된다. 기업이 이해당사자들에 대하여 신경을 써야 하는 이유는 이들이 지구상에서 동시대를 살아가는 주인공이기 때문이다.

2. 환경변화의 동인

세계적인 경영 사상가 찰스 핸디(2009)는 "21세기는 우리가 당연하게 여기던 것들을 더 이상 진리로 받아들일 수 없는 시대"라며 '비이성의 시대'라고 명명했다. 이러한 비이성의 시대에도 불구하고 우리 개인과 기업은 끊임없이 환경변화를 예측하고 이에 적합한 전략을 마련하고 행동해야 한다.

기업을 경영하는 경영자는 항상 새로운 방식으로 도전하는 경쟁자뿐만 아니라 더 좋은 제품과 저렴한 가격을 요구하는 고객을 이해해야 한다. 경영자는 매일 이런 문제를 맞이할 준비를 해야 한다. 이러한 것이 신경제 시대를 살아가는 올바른 자세이다.

우리가 살아갈 시대는 과거의 틀이 적용되지 않는 신경제시대이다. 신경제시대는 도전, 불확실성, 위대한 가능성이 상존하는 시대이다. 경제시대에서 경쟁우위요소는 지식과 속도이다. 경쟁우위는 기업이 시장에서 경쟁자보다 분명한 핵심역량(core competency)을 유지하는 것이다. 앨빈 토플러(2006)는 자신의 저서인 『부의 미래』에서 정보홍수사회에서 무용한 지식(obsoledge: 무용한(obsolete)과 지식(knowledge)의 합성어)을 버릴 수 있는 진정한 용기가 부를 창출하는 심층기반 요소라고 주장하였다. 모든 지식은 시간이 지나면 반감하는 특징을 보인다. 어느 시점에서 더 이상 지식이 아닌 무용지식이 될 수 있다. 지식은 과거의 절대적인 경쟁수단 이었던 노동, 자본, 그리고 토지를 대체하고 있다. 경쟁자보다 빠르게 고객, 시장, 경제, 기술을 이해하는 경영자는 늘 새로운 지식을 배운다.

미국의 비영리단체에서 운영하는 TED사이트(https://www.ted.com)를 방문해서 다양한 동영상 강연을 보자. TED는 Technology, Entertainment, Design(기술, 오락, 디자인)의 첫 글자를 따서 만든 콘퍼런스다. 현재는 사회, 인권, 환경, 여성 등 다양한 이야기를 다루고 있다. 콘퍼런스는 녹화되어 TED사이트를 통해 전 세계로 퍼진다. 18분을 투자하면 누구나 세상의 이치와 교훈 등 유용한 정보를 습득할 수 있다.

속도는 자본주의 경제시스템의 심층기반이다. 가정, 기업, 사업, 국가경제, 글로벌시스템 등 모든 면에서 시간이라는 축은 영향을 미친다. 앨빈 토플러는 『부의 미래』에서 100마일(시속 160km)로 달리는 기업을 가장 빠른 조직으로 묘사하고 있다. 시민단체, 가족이 각각 90마일과 30마일의 속도를 유지한다. 기업은 모든 변화를 주도한다. 기업은 신속하게 움직이며 공

그림 2-2 이해당사자별 변화속도

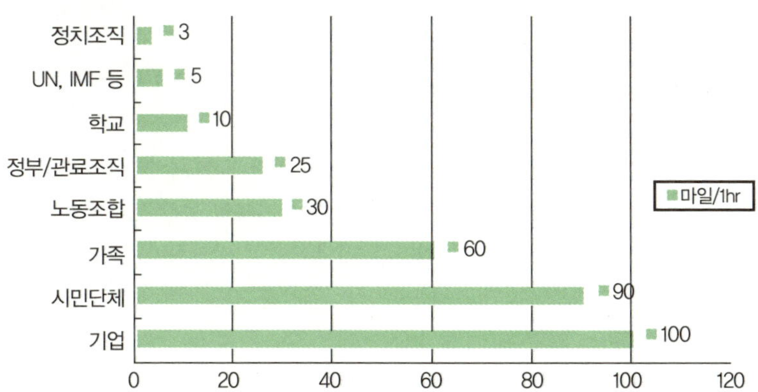

급업체와 유통업체도 치열한 경쟁을 통해서 자신의 수준이 될 것을 요구한다. 기업은 사명, 기능, 자산, 상품, 규모, 기술, 노동력의 특성, 고객관계, 내부 문화와 다른 모든 것을 변화시키기 위해서 속도를 지속적으로 높임으로써 경쟁우위를 달성할 수 있다.

기업이 소비자의 욕구를 따라잡지 못하면 시장에서 퇴출될 수밖에 없다. 1980년대까지 한국의 대표기업으로 승승장구한 수많은 기업이 사라진 것은 기업환경변화에 대응하지 못했기 때문이다. 갈수록 개인이나 기업들이 과거에 생각하지도 못했던 변화의 스피드로 점점 무방비 상태에 노출되고 있는 상황에서 끊임없는 경영환경 탐색의 필요성은 아무리 강조해도 지나치지 않다.

기업은 지속적인 경쟁우위를 확보하기 위해서 끊임없는 환경탐색을 한다. 또한 환경탐색을 하면서 학습을 통해서 효과적인 행동조치 사항을 마련해야 한다. 그렇다면 급속한 경영환경변화를 가져오는 변화 동인은 무엇일까?

읽을거리

샤프의 붕괴

샤프펜슬을 발명한 회사가 1912년에 시작한 일본의 '샤프'다. 일본의 자존심인 '샤프'의 주인이 지금은 대만의 홍하이정밀공업이다. 홍하이라고 하면 애플에 아이폰을 제조 · 납품하는 폭스콘이 홍하이의 자회사다. 비유하자면 우리나라 삼성전자가 대만으로 넘어간 셈. 어쩌다 이 지경이 되었을까?

샤프 붕괴의 근본적인 발단은 액정사업 투자에만 전력투구한 데 있었다. 샤프는 2007년 투자규모 1조 엔에 달하는 액정 패널 사카이 공장 프로젝트를 추진했다. 태양전지와 함께 양대 글로벌시장을 제패한다는 야심이 깔려 있었다. 하지만 뜻대로 되질 않았다. 시장수요를 잘못 예측한 과잉투자가 발목을 잡았다. 매출은 떨어지고 적자의 수렁에서 헤어나지 못했다.

CEO의 잘못된 판단과 함께 경영권 다툼도 샤프의 몰락에 한몫했다는 데 있다. 기술력만 믿고 교만에 빠져 액정 투자를 무리하게 추진했던 가타야마 미키오 5대 사장에 대한 경쟁심으로, 하마노 도시시게 부사장은 태양전지에 무모하게 투자했다. 시장가격보다 몇 배나 비싸게 실리콘을 구입하는 장기 계약을 맺은 결과, 태양광 거품이 꺼지자 막대한 손실이 쌓여 갔다. 이런 상황에서 마치다 가쓰히코 4대 사장은 수렴청정을 꿈꾸며 '대표이사 부장'이라 불리는 예스맨인 오쿠다 다카시를 6대 사장에 앉혔다. 급기야 가타야마의 오쿠다 퇴진 쿠데타가 성공하면서 샤프의 주력인 액정에 문외한인 다카하시 고조가 7대 사장이 됐으니 샤프의 부활은 더 요원해졌다.

출처: 일본경제신문사, '샤프 붕괴: 왜 명문기업은 몰락했는가,' 에이케이커뮤니케이션즈, 2016.

3. 경영환경변화 원인

과거 부유한 국가에 소속한 국민들이 누리던 소위 '국가 프리미엄'이 점차 축소되어 가고 있다. 이러한 이유를 소위 글로벌화에서 찾을 수 있다. 소비자들은 마음만 먹으면 값싼 제품과 서비스를 획득할 수 있는 혜택을 갖는다. 이에 기업은 생산원가가 더욱 낮은 나라를 향해서 계속해서 이동할 수밖에 없는 것이 현실이 되고 있다. 이런 과정이 조직이나 개인 할 것 없이 영향을 미칠 것이 불보듯 뻔하다. 이에 개인이나 기업이 특별한 기술이나 지식을 갖지 않으면 더욱 어려운 국면을 맞이하게 될 것이다.

토머스 프리드먼(2008)은 『코드그린』이란 책에서 세계가 평평해지는 개념을 설명하였다. '세계가 평평하다'라는 말은 20세기 말에 일어난 기술적 성과들, 시장성과들, 지정학적 성과들이 결합되어 지구촌 경제에 공평한 경쟁의 장이 마련되었으며, 이에 따라 많은 사람들이 유례없이 많은 지역에서 세계경제에 참여할 수 있게 되었다는 것이다. 그는 '세계가 평평하다'라는 개념에는 나아가 중산층으로 진입하는 경우도 많이 생겨났다고 보고 있다.

세계가 평평해지는 원인으로 토머스 프리드먼은 PC의 발명과 확산, 인터넷과 월드와이드웹, 웹브라우저의 출현, 소프트웨어와 전송 프로토콜 등을 들고 있다.

첫째, PC의 발명과 확산이다. 이로 인해 개인들, 말 그대로 '개인들'이 저마다 나름의 디지털콘텐츠의 저작자가 될 수 있었다. 사상 최초로 개인들은 자신의 컴퓨터상에서 비트와 바이트 형식으로 글과 데이터 · 스프레드시트 · 사진 · 디자인 · 동영상 · 그림 · 음악을 창조할 수 있게 된 것이다. 특정 개인의 콘텐츠도 디지털 형식으로 존재하기만 하면 훨씬 더 많은 방식으로 변형되거나 훨씬 더 많은 영역에 배포될 수도 있게 되었다.

둘째, 인터넷과 월드와이드웹, 웹브라우저의 출현이다. 이 3가지는 개인들이 그들의 디지털콘텐츠를 전 세계 어디로든 거의 무료로 전송하게 해주고, 웹페이지를 통해 콘텐츠를 쉽게 게재하고 접근하게 해주는 일종의 도구세트이다.

셋째, 소프트웨어와 전송 프로토콜의 조용한 혁명이다. 토머스 프리드먼은 이를 '작업흐름의 혁명'이라고 부른다. 모든 사람들이 컴퓨터와 소프트웨어를 공동으로 이용할 수 있게 됨으로써 사내 네트워크와 인터넷, 월드와이드웹을 통해 더 멀리 그리고 더 빨리 작업이 진행되도록 만든 혁명이기 때문이다. 갑자기 훨씬 더 많은 사람들이 다양한 작업들을 협력하여 진행할 수 있게 되었다. 보잉은 모스크바에서 항공 설계사들을 고용하여 미국 위치타의 비행기 제조업체와 협력하도록 만들고 있으며, 델은 컴퓨터를 텍사스주 오스틴과 타이완에서 설계하고 중국과 아일랜드에 제조 하청을 주며, A/S는 인도의 기술자에게 맡기고 있다.

이러한 지구의 평평함이 가속화되면서 훨씬 더 고르고 막힘없는 세계시장이 출현하고 있다. 지구상에 존재하는 개인과 기업은 시각차가 있겠지만 개인과 기업의 구분없이 수백만의 신규 소비자와 생산자가 새롭게 재화와 서비스를 사거나 팔 수 있으며, 유례없이 많은 사람들이 유례없이 많은 장소에서, 유례없이 많은 일들에 대해, 유례없이 저렴한 비용으로 유례없이 쉽게 협력할 수 있게 되어 있다.

오늘날의 비즈니스 세계는 불과 한 세기 전에는 상상할 수 없던 치열한 전투가 벌어지고 있다. 기업들의 전략이 하루가 다르게 변화하는 상황, 불확실성이 날로 커지는 상황이 기업들이 일상적으로 직면하는 경영환경이다. 급변하는 경영환경에서 차별화전략(differentiation strategy)이 요구된다. 고객관계경영은 하나의 차별화전략이 될 수 있다. 새로운 사업을 시작하거나 전략을 수립할 경우 차별성이 필요하다. 차별성은 고객들에게 희망, 효능감, 회복탄력성, 낙관주의 등을 제공하는 데서 비롯된다고 할 수 있다.

4. 고객의 요구변화

사물이나 사회현상을 이해하기 위해서는 패러다임(paradigm)을 이해하여야 한다. 토마스 쿤(1970)은 『과학혁명의 구조』에서 과학자들에게 무엇을 탐구하고 그와 관련된 다양한 수수께끼와 변칙을 어떻게 평가하고, 문제를 어떻게 풀어낼지에 대한 지도가 필요하다고 말했다. 여기서 지도가 패러다임이라고 할 수 있다.

리처드 오글(2008)은 『스마트 월드』라는 책에서 패러다임을 '아이디어 공간에 배태된 지능의 형태'라고 정의하고 있다. 그는 패러다임은 인간의 인지, 특히 지적 사고와 문제해결능력을 암암리에 형성하는 사회적 · 문화적 아이디어 공간의 결정적인 핵심이며 이는 확장된 사고 공간이라고 언급하고 있다. 사람이나 조직의 패러다임을 바꾸는 일은 쉽지가 않다. 낡은 패러다임을 바꾸기 위해서는 열린 생각과 자신의 틀을 깨는 자각이 필요하다.

읽을거리

패러다임 변화가 어려운 예

사람에 따라 학문이라든가 경험에 의하여 독창력이라는 것을 스스로의 제한으로 구속하여 독창성을 발휘하는 출구를 폐쇄하고 말기 때문에 '고정관념'과 같은 모습으로 나타난다. 다음은 1804년에 토레비식크에 의해 발명된 증기기관차의 모습이다. 인식의 장벽으로 인하여 과학자는 증기기관차의 바퀴 모습을 톱니형에서 현재의 일반 원형으로 바꾸는데 무려 2년이란 세월이 흘렀다. 무거운 무쇠를 움직이기 위해서는 톱니바퀴가 필요하다는 인식의 벽 때문이었다.

토레비식크가 1804년에 만든 증기기관차

프라할라드와 크리슈난(2009)은 『새로운 혁신의 시대』라는 책에서 과거 100년 동안 기업들은 가치를 '창조'하고 소비자는 가치를 단순히 수동적인 자세로 '소비'하는 이분법적 구조를 전제로 한 경영패러다임 안에서 움직였다고 전제한다. 과거에 기업은 수동적인 소비에 머물러 있던 고객에 대해서 차별화된 상품이나 서비스, 마케팅 등의 일상적인 방법으로 고객을 대할 수 있었다. 그러나 앞에서 이야기한 최신의 정보통신기술의 혁명은 기업의 경영환경을 완전히 바꿔놓았고, 가치의 창조과정에서 고객의 역할을 새롭게 규정할 필요성이 제기되었다.

'소비자는 단 한 명(N=1), 자원은 전 세계적으로(R=G)'를 표어로 프라할라드와 크리슈난(2009)은 현재와 미래의 경영과 혁신 패러다임을 제시하게 된다. 여기서 N(Number)=1은 '소비자의 수가 아무리 많더라도 기업은 소비자(Number)의 수를 한 명으로 생각하고 개별 소비자에게 고유한 가치를 제공해야 한다'라는 의미이다. R(Resource)=G(Global)는 '개별 소비자의 다양한 욕구를 만족시키기 위해 보다 넓은 다양성의 세계, 즉 글로벌 생태계를 통해 자원을 획득할 수 있는 역량을 구축해야 하는 것을 나타낸다. 여기에 핵심적인 매개역할을 하는 것이 정보통신기술(ICT)이다. 정보통신기술은 경영이상을 실현할 수 있는 핵심 솔류션이다. 기업은 거듭 발전하는 과학기술을 통해서 고객과 기업이 '가치의 공동창출(co-create)'을 실현할 수 있다. 소위 '고객과 함께하는 가치창조'를 말한다.

기업은 변화에 유연하고 빠르게 대처함으로써 서비스의 핵심을 이루는 개별 소비자의 기술과 능력을 가치창출의 핵심으로 활용해야 한다. 이를 위해서는 유연하고 탄력적인 비즈니스 프로세스와 데이터분석이 선행되어야 한다. 지금까지 설명한 것을 그림으로 나타낼 수 있다.

그림 2-3 고객지향적인 혁신

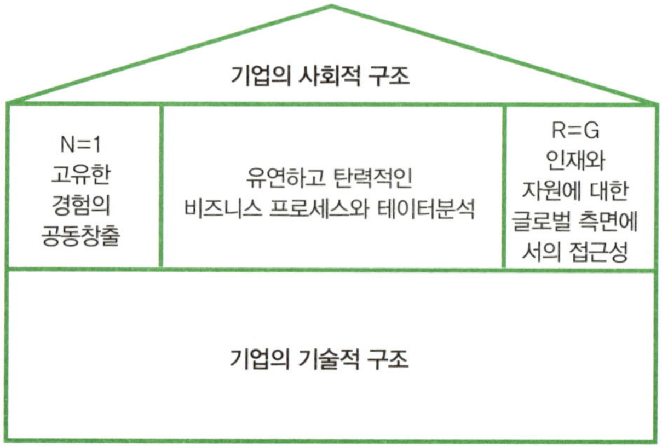

고객의 욕구는 끊임없이 변한다. 고객 관련 패러다임의 변화를 기존과 새로운 패러다임으로 비교할 수 있다. 고객은 기업이 영원한 동반자로서 고객을 개별적으로 응대하기를 바란다. 소위 개별고객이 바라는 사항을 세밀하게 처리해 주기를 바라는 것이다. 또한 고객은 자신이 지불하는 가격보다 큰 가치를 창출하기를 바란다. 실제로 글로벌 금융위기와 불황을 계기로 소비자들의 소비패턴이 변화하고 있다. 전체적으로 소비를 줄이고 꼭 필요한 제품만 사는 '가치소비 형태'가 나타나면서 시장의 사용자 품질과 브랜드 등에서 우위를 점한 기업으로 몰리고 있다.

이러한 고객 관련 패러다임의 변화를 인지하고 기업은 고객만족 강화전략을 강구해야 할 것이다. 기업들이 지속적으로 고민해야 할 과제는 일대일 전략, 고객참여 프로그램, 밸류마케팅, 컨버전스마케팅 등이라고 할 수 있다.

지금까지 간략하게 설명한 고객 관련 패러다임 변화에 따른 기업의 새로운 과제를 다음과 같이 정리할 수 있다.

| 표 2-1 | 고객 패러다임 변화와 기업의 과제

기존 패러다임	소비자의 변화	뉴 패러다임	새로운 과제
매스 마케팅	니즈의 정교화와 다양화	마이크로 마케팅	• 초시장 세분화 • 개인화, 대량맞춤 • 1 대 1 대화, 마케팅
교환 마케팅	상품개발과 확산 과정에 참여하려는 니즈 증대	콜래보레이션 마케팅	• 얼리어답터 파악 • 고객참여 프로그램 • 오픈 이노베이션
프리미엄 마케팅	영리해진 고객, 뚜렷한 효용 추구	밸류마케팅	• 현재 제품, 서비스 가치분석 • 가치혁신 • 디자인, 엔터테인먼트, 체험 마케팅전략
온 · 오프라인 마케팅	온라인 · 오프라인을 넘나들며 소비	컨버전스 마케팅	• 소비자의 온 · 오프라인 구매 행동분석 • 온 · 오프라인 통합 마케팅 커뮤니케이션 • 온 · 오프라인마케팅 믹스 최적화

과거에는 이 세상이 '강한 자'와 '약한 자'로 구분되었지만, 지금은 '빠른 자'와 '느린 자'로 구분된다고 한다. 얼마나 빨리 환경변화에 적응해서 살아남느냐가 생존의 핵심이다.

결국 "가장 강한 종이 살아남는 것이 아니라, 환경에 가장 잘 적응하는 종이 살아남는다"라는 다윈의 진화론에서 얻는 교훈에서처럼 개인이나 조직은 끊임없이 준비하고 변화할 자세를 갖추어야 한다. 시장경제체제에서 살아남으려면 남보다 한발 앞서 시장변화를 읽고, 신시장을 개척해 경쟁에서 이기는 길 외에는 다른 '묘수'는 없다. 개인이나 조직도 예외는 아니다. 환경으로부터 '자연선택'을 받지 못한 생물이 도태하듯 역동적인 경영변화에 '고객선택'을 받지 못한 개인이나 조직은 아무리 뛰어난 명성이 있어도 위기를 맞을 수밖에 없다. 하루가 다르게 경영환경에서 이 '자연선택'의 냉혹한 원리는 변함없이 작동할 것이다. 19세기 화투와 트럼프카드 제작을 시작으로 '모두를 위한 오락'이라는 경영비전을 달성하기 위해서 장난감, 비디오게임, 콘솔게임, 포켓몬 등으로 변신한 일본 닌텐도의 성공사례는 우리에게 시사하는 바가 크다.

경영학자 짐 콜린스는 『위대한 기업은 다 어디로 갔을까』라는 책에서 기업의 흥망성쇠 5단계를 소개했다. "첫 번째는 성공으로 자만심이 생기는 단계, 두 번째는 원칙 없이 더 많은 욕심을 내는 단계, 세 번째가 위험과 위기 가능성을 부정하는 단계이고 이때 특징은 외부적 지표는 사상 최고로 좋은데 내부적 모순은 쌓여가는 것이다. 네 번째는 추락이고, 다섯 번째는 망하는 단계다." 내가 속한 회사는 어떤 위치에 있는지 자문해 볼 수 있다. 위치를 확인했으면 문제를 극복하고 돌파하기 위해서 노력해야 한다. 짐 콜린스(2010)는 책에서 "승승장구하느냐, 실패하느냐, 오래 지속되느냐, 몰락하느냐, 이 모든 것이 주변환경보다는 스스로 어떻게 하느냐에 달려 있다"고 이야기하였다.

경영환경변화를 통해서, 우리는 자신의 강점을 토대로 이루어지는 끊임없는 변신만이 혹독한 외부환경에서 승리하는 요건임을 알 수 있다. 현기증날 정도로 빠른 환경변화에 겁먹거나 후회하지 말고 잠시 멈추고 우리가 사는 세상을 생각하면서 담대하게 살아야 한다. 단절적인 변화에 개인이나 조직이 대처하는 방법은 대담한 상상력과 과감한 모험으로 새로운 기회를 만들어내는 수밖에 없다.

읽을거리

기업의 흥망속도가 빨라지고 있다. 경영환경이 갈수록 급변하고 단절적으로 변하고 있고, 당장 전 세계를 휩쓰는 경제위기의 폭풍이 수많은 기업을 집어삼키면서 기업의 수명을 더욱 단축시키고 있다. 세상에 영속적인 기업은 없고 기업은 생명체이기 때문에 사라지는 것이 자연스러운 일이다.

일본의 니케이 비즈니스는 1980년대 말 과거 100년 동안의 자국 내 100대 기업 수명을 연구한 결과 '기업수명 30년'이라는 단어를 만들어 냈다. 그러나 이런 연구결과는 옛날이 되어 버렸다.

미국은 맥킨지 조사에서 1950년대 45년이었던 기업 평균수명이 1990년대 22년, 2000년대 15년으로 짧아졌다. 1896년 '다우존스산업평균지수'가 처음 발표될 때 뉴욕거래 종목 12개 가운데 제너널일렉트릭(GE) 하나만 남았을 뿐이다. 그 GE마저 비틀거리는 것이 현실이다.

우리나라에서 30년 전 100대 기업 중 아직 100대 기업군에 남아 있는 곳은 20개 미만에 불과하다. 1965년 국내 최대기업이었던 동명목재의 이름을 기억하는 사람조차 별로 없을 것이다.

몇 년 전까지만 해도 세계 최고(最古)의 기업은 일본의 곤고구미(金剛組)였다. 서기 578년 백제인이 창업해 오사카의 시텐오지(四天王寺)를 세운 기업이다. 이 회사가 무려 1428년이나 이어온 역사를 뒤로 하고 2006년 파산했다. 파산의 원인은 1980년대 버블경제 시절 잠시 한눈 팔아 자신의 핵심역량과 무관하게 사들였던 땅값이 폭락함으로써 빚을 견디지 못했던 탓이다.

그간 경영학 분야에서 지배해온 핵심가치들까지 부정하는 양상으로 진전되고 있다. 특히 이런 혼돈은 기업경영의 패러다임까지 바꾸고 있다. 지난 수년간 CEO(Chief Executive Officer, 최고경영자)와 학계의 단골 경영사례로 언급되었던 잭 윌치 전 GE 회장의 자기부정이 대표적인 예이다. 그는 '주주가치 극대화'선언을 통해 현대경영학의 새로운 조류를 만들었다. 그러던 그가 "주주가치 추구는 세상에서 가장 어리석은 짓'이라고 고백하고 자기비판에 나섰다. 지난 20여 년간 회사 경영의 금과옥조(金科玉條)로 여겨졌던 '주주가치 극대'시대를 열었던 경영의 대가가 스스로 방향을 '교정'한 것이다. 잭 웰치는 GE를 맡은 직후인 1981년 뉴욕의 한 호텔에서 연설을 통해 "경제의 평균 성장 속도를 웃도는 경영을 할 것"을 주창했다. 실적이 떨어지는 사업분야는 팔고 냉혹한 구조조정을 통해, 세계경제 성장속도보다 더 빨리 이윤을 만들어내는 게 웰치의 경영방법이었다. 이 과정에서 그는 건물은 놔두고 인명만 살상한다는 중성자탄(neutron bomb)에 빗댄, '뉴트론 잭'이라는 별명도 얻었다.

제프리 페퍼(Pfeffer) 미국의 스탠퍼드대 교수는 "웰치의 경영방식이 단기적 성과와 주주가치에 집중돼 있다"며 "종업원들이 일하고 싶은 직장을 만드는게 중요하다"고 비판한 바 있다.

한편, 2001년 웰치 회장의 뒤를 이어 GE의 CEO 자리에 오른 제프리 이멜트 회장은 이후 9 · 11테러, 닷컴버블 붕괴, 월스트리트의 경제위기 영향으로 어려움을 겪고 있다. 이에 이멜트는 "1990년대엔 강아지도 사업을 할 수 있었다"고 한탄한 적이 있다.

기업도 환경변화에 끊임없이 적응하고 능동적으로 진화하지 않으면 도태되는 것이 자연법칙이자 경영의 본질이다. 검증된 경영원칙을 다시 되새겨보지 않을 수 없는 이유다. 기업 고유의 핵심역량을 바탕으로 부창출의 원천이 노동, 기술, 자본, 정보로 바뀔 때 신속하게 대응한 '변화관리,' 기업의 성취를 자신의 목표와 일체화시키는 구성원들의 응집력, 무분별하게 일을 벌이지 않고 돈을 모아두었다가 찾아온 기회를 놓치지 않는 자본운용의 보수성 등이 오랜 기간 생명력을 지켜온 기업들의 공통점이다.

잭 웰치는 "경영의 최우선 가치는 종업원, 고객, 제품"이라고 다시 정의했다. 한마디로 '고객만족경영'의 근본을 되찾자는 이야기다. 고객만족경영이란 단어가 진부한 단어로 들릴 수 있지만 이는 초심경영이며 기본경영이다. 모든 개인이나 기업이 어떤 가치를 창출해 낼 수 있고 그 가치가 고객에게 무슨 도움을 줄 수 있는지 본질적인 질문을 스스로에게 던져 볼 때 성장의 여지를 발견할 수 있다.

출처: 김슬기, 매일경제신문, 2009. 3. 21.

참고문헌

리처드 오글, 스마트월드, 리더스북, 2008.

앨빈 토플러, 김중웅 옮김, 부의 미래, 청림출판, 2006.

이은주, 잘나가던 소니, 왜 닌텐도에 밀렸나 이 질문에 미래 한국인의 길이 있다, 중앙일보, 2009. 7. 17.

짐 콜린스, 위대한 기업은 다 어디로 갔을까, 김영사, 2010.

토마스 프리드먼, 코드그린, 21세기북스, 2009.

프라할라드와 크리슈난, 새로운 혁신의 시대, 비즈니스북스, 2009.

Kuhn, T. S., *The Structure of Scientific Revolutions*, 2nd ed.(Chicago: University of Chicago Press), 1970.

자가 진단표

[1] 부카(VUCA)한 경영환경하에서 개인차원과 조직차원에서 대비책은 무엇인지 각자 논의해 보자.

[2] 다음 문항에 대하여 자기 자신이나 자신이 속한 조직을 평가해 보자. 강점과 약점은 무엇인지 서로 토의해 보자. 채점방법은 '매우 동의 못함'은 1점, '보통'은 5점, '매우 동의함'은 10점으로 점수를 배점하면 된다. 항목별로 평가한 후 합산한 점수가 실제 개인과 조직의 현재 모습이 된다.

01 리더는 경영환경 변화를 잘 파악하고 있다.

02 우리 회사는 언제든지 적극적인 베팅을 할만한 준비가 되어 있다.

03 회사 고유의 성격이 있다.

04 초기에 확보한 경쟁우위를 계속 지켜내고 있다.

05 성공체험에 갇혀 고집을 부리는 것이 아닌 외부 협력자를 제대로 활용하고 있다.

06 언제든지 의문을 제기할 수 있는 분위기를 형성하고 있다.

07 우리 조직은 성장하지 않으면 도태된다는 생각을 한다.

08 우리 회사는 혁신적이다.

09 우리 회사는 개별고객 만족을 위해 글로벌 소싱도 중요하게 생각한다.

10 우리는 기존 패러다임에 얽매이지 않는다.

Chapter 03

품질경영

1. 품질개념의 변천
2. 품질경영의 정의
3. 데밍의 품질경영 철학
4. 도요타의 품질경영
5. 서비스품질

CRM 톡톡

초우량 품질은 '인간존중, 사실에 의한 경영, 지속적인 개선'으로 이루어진다.

Chapter 03

품질경영

읽을거리

인천국제공항공사 사장, 등산화 신고 '인천공항 구하기 100일 작전'

인천국제공항공사 정일영 사장(59)은 출근 첫날인 지난 2월 2일 오전 5시 양복 차림에 구두 대신 등산화를 신고 집을 나섰다. 뒤죽박죽된 공항 구석구석을 직접 살펴보기 위해서이다. 출근하자마자 바로 3층 출국장 체크인 카운터로 뛰어 올라갔다.

이후 여객터미널, 수하물 벨트라인, 활주로, 주차장 등 공항 곳곳을 3시간 동안 살펴봤다. 이날 오전 10시로 예정된 취임식은 생략했다. 대신 비상경영체제를 선포하고 발로 뛰자고 전 임직원에게 제안했다.

취임식도 포기한 채 공항 현장으로 뛰어간 이유는 잇따른 공항 내 사고 탓이었다. 취임 한 달 전인 1월 3일 인천공항은 수하물 5,200여 개가 뒤섞여 항공기 159편의 출발이 10시간 이상 지연된 '수하물 대란'이 벌어졌다. 이어 외국인 밀입국 사건까지 터졌다. 그래서 현장을 돌아보고 어떻게든 빨리 수습해야 한다고 생각했다고 한다. "인천공항은 국제화물운송 세계 3위, 국제여객운송 세계 8위라는 위상을 지켜왔는데 각종 대형 사고로 그동안 쌓아온 인천공항의 신뢰가 한순간에 무너질 수 있다는 두려움이 컸다"며 "평소 임직원이 현장을 장악하지 못해 생긴 인재(人災)라는 생각이 들었다"고 출근 첫날을 떠올렸다.

그는 '현장맨'으로 통한다. 평소 현장을 확인하지 않고서는 의사결정을 하지 않을 정도다. "현장에 가면 답이 있다"는 게 그의 기본적인 경영철학이다. 정 사장은 취임 뒤 100일간 비상경영체제를 유지하며 인천공항을 정상화했다. 비상경영의 핵심은 '현장을 장악하고 파악하라'는 것이었다. 그는 "지금까지 공항 현장은 아웃소싱 직원이 주로 담당하고, 공사 직원은 사무실에서만 근무한 탓에 현장과의 괴리가 컸다"며 공사 간부들도 하루 두 군데 이상 현장을 돌아보도록 했다. 이뿐만 아니다. 비상경영 선포 후 여객터미널과 수하물 운반시설, 보안검색대, 경비초소, 출입국심사대, 짐 찾는 곳 등 인천공항에 대한 100여 개의 세부 체크리스트를 작성해 매일 취약 시간대인 늦은 밤과 새벽까지 현장을 챙기도록 업무 시스템을 바꿨다. 본부장 등 경영진도 연휴기간 현장에 상주하도록 했다.

그도 당연히 함께 뛰었다. 등산화를 신고 활주로, 주차장, 계류장, 공항저수조까지 마다하지 않았다. 허리 통증이 생겨 한동안 지팡이를 짚고 다닐 정도로 공항을 누볐다. 이런 이유로 회사 임직원 사이에선 '등산화 사장'으로 불린다. 비상경영 이후 최대 여객이 몰린 지난 2월 설 연휴, 5월 초 중국과 일본의 황금연휴, 여름 성수기와 이번 추석 연휴 때 인천공항은 여객과 수하물 처리에 아무 문제가 없었다.

업무 지시 역시 현장에서 나온다. 그는 지난 4월 공항 출국장을 돌아볼 당시 외국인들이 1시간 반 이상 대기하는 것을 본 뒤 곧바로 대책 마련을 지시했다. "외국인 투자와 관광객 유치를 위해 대기시간을 무조건 줄여야 한다"는 생각에서다. 이후 출입국관리소 등과 협력해 출국심사대를 늘리고 체크인 카운터 오픈 시간도 앞당겼다. 이런 노력으로 외국인 출국시간을 30분으로 대폭 줄였다.

정 사장은 직원 간 존중과 배려를 매우 중요시한다. 인천공항공사 조직 개편 때 고객과 항공사를 위한 서비스에 중점을 두기 위해 여객서비스본부와 운항서비스본부를 신설했을 정도다. 공항 입주자지원센터를 개설해 법무부, 세관 등 정부 상주기관과 항공사, 상업시설 등 입주자를 위한 원스톱서비스도 제공하기 시작했다. 안내, 주차, 청소 등 관련 현장 근무자들이 핵심서비스 인력인 만큼 협력업체와 갑을 관계가 아닌 파트너 관계가 될 수 있도록 독려하고 있다. 소통도 중요하게 여긴다. "임직원 간 상호 소통은 조직이 바로 서는 가장 기본적 요소"라고 강조한다. 그래서 스스로 공사 부서를 돌면서 직원들과 식사를 함께하며 이야기를 한다. 매주 '정감 talk'라는 편지를 직원에게 메일로 보내기도 한다. 업무 포털에는 행복갤러리와 제언마당을 신설해 직원들의 목소리를 듣고 직접 답변까지 해주고 있다. 항상 미소와 웃음을 띠며 임직원을 대하지만 업무에선 빈틈을 보이지 않아 인천공항 임직원 사이에선 '외유내강형의 워커홀릭'으로도 불린다.

비상경영체제로 공항을 정상화한 정 사장은 인천공항의 국제경쟁력과 운영 효율성을 향상시키기 위해 스마트경영 체제로 전환했다. 전자결재, 문자 등을 활용한 스마트 업무 확대로 일하는 시간을 20% 단축하고 전사 클라우드를 구축해 모든 데이터를 공유하도록 했다. 지능형 스마트공항 구현도 단계별로 추진하고 있다.

정 사장은 최근 인천공항 제2 터미널 신축과 공항 접근 교통시설을 확장하는 인천공항 3단계 건설사업에 온 힘을 쏟고 있다. 2017년 말 완공 목표로 친환경 및 인공지능 등을 적용한 지능형 공항으로 만들어 승객 편의를 극대화하겠다는 목표다. 그는 3단계 사업이 완료되면 연간 여객처리 능력은 5,400만 명에서 1,800만 명 늘어난 7,200만 명으로, 화물처리 능력은 450만 톤에서 최대 580만 톤으로 증가해 명실상부한 동북아 대표 허브공항으로 발전할 것으로 기대하고 있다.

정 사장은 "2020년 '세계 5대 국제 여객공항, 10대 환승 공항'이라는 목표를 세우고 허브공항의 핵심인 환승객 유치와 한 단계 업그레이드한 서비스 개발에 주력할 것"이라고 강조했다.

출처: 김인완, 등산화 신고 '인천공항 구하기 100일 작전' … "현장에 답 있다" … 공항 구석구석 직접 점검, 한국경제신문, 2016. 9. 21. A14면.

1. 품질개념의 변천

전 세계 기업들은 현재 에너지위기, 기후변화위기, 경제위기 등에 직면해 있다. 이러한 위기를 극복하려면 경영의 패러다임을 바꿀 수밖에 없다. 기업의 경영패러다임 전환은 전사적인 경영품질관리를 통한 기울기(slope) 변화를 말한다.

대한민국 품질경영 대표학자인 신완선(2014) 교수는 '품질 일류화(Quality Excellency)'를 통해 '초일류 품질(GQ: Great-class Quality)'을 확보하고자 한 품질마인드가 바로 대한민국의 기울기라고 강조한다. 우리 대한민국이 한 단계 더 도약하기 위해서는 비전의 기울기, 목표의 기울기, 가치관의 기울기, 그리고 태도의 기울기가 달라야 한다는 것이 신 교수의 주장이다.

치열한 경영환경에서 살아남는 기업들에게는 그들만의 생존비법을 가지고 있다. 즉 우수한 기술력을 바탕으로 '고품질'을 실현한 데 있는 것이다. 사실, 품질경영에 기반하지 않은 고객관계경영은 사상누각에 지나지 않는다. 품질은 기업경영의 기본이며 원천이다.

인생이나 조직에서의 경쟁력은 축적의 역사이다. 지금 당장 시작하는 작은 생각과 선택, 행동이 개인과 조직의 기울기(slope)를 바꾼다. 기울기는 품질의 기울기, 혁신의 기울기이다. 혁신의 기울기는 차별화, 가치, 리더십, 조직문화의 축적 결과이다.

조직의 위대함은 혁신 정도에 기초한다. 축적을 통해서 변곡점을 돌파하

그림 3-1 슬로프(slope) 차이

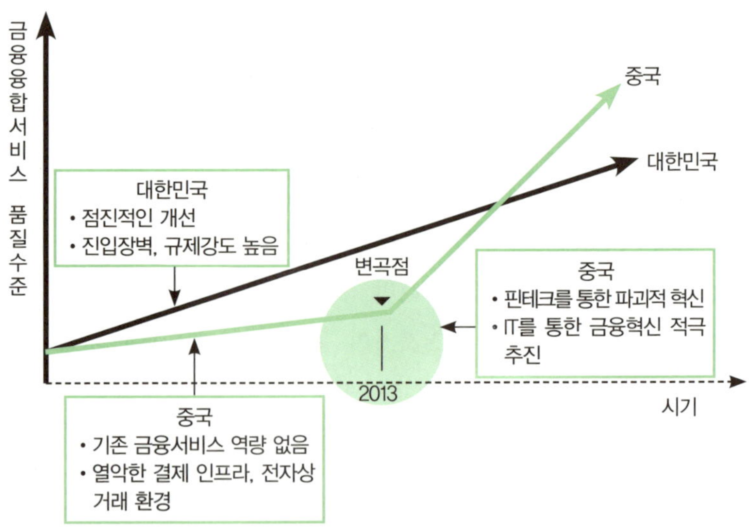

지 않으면 최고의 성과를 거두기 어렵다. 핀테크의 예를 살펴보자. 이 시장에서 우리 대한민국이 선형적(linear)으로 발전을 모색하고 있는 과정이면, 중국은 점증형(exponential style)으로 성장하고 있다.

목표달성을 위한 기울기는 수평축 x축(시간)에 대한 y축(가치, 성과)의 변화량이다. 기울기가 가파르다고 하면 이를 파괴적인 혁신이라고 부를 수 있다. 파괴적인 혁신의 원천은 리더십, 조직문화, 프로세스경영, 고객만족, 지식경영, 종업원의 역량 등이라고 할 수 있다. 가파른 기울기는 목표달성을 위해서 PDCA라는 관리 피드백을 지속적으로 실행한 결과이다.

흔히 20세기가 '생산성'의 시대였다면 21세기는 '품질'의 시대라고 말한다. 상품이나 서비스가 '필요해서' 사는 것이 아니라 '좋아서' 사는 시대인 것이다.

품질의 개념과 정의도 시대에 따라 변하고 있다. 1950년대 '표준에 맞는 적합성'으로 해석되던 품질은 1960년대 소비자혁명으로 '사용의 적합성'으로, 이후 2000년대 '가격 적합성,' '잠재된 수요에 대한 적합성,' '가치창출,' '지속가능경영'으로 변천해 오고 있다.

품질개념 변화

생산성시대(20세기) ⇒ 표준에 맞는 적합성(1950년대) ⇒ 사용의 적합성(1960년대) ⇒ 가격 적합성, 잠재된 수요에 대한 적합성, 가치창출, 지속가능경영(2000년대)

글로벌경쟁시대를 맞이하여 소비자들의 선택기준은 당연히 '더 나은' '더 우수한' 상품, 즉 '품질'이 선택의 잣대다. 이에 따라 각 기업은 제품뿐만 아니라 경영 전반의 품질을 높이기 위해서 시스템 정비와 인재육성에 나서고 있다. 또 정부와 민간 컨설팅업체들은 품질경영을 널리 알리기 위해 각종 포상 및 인증제도를 운영하고 있다.

창조적인 혁신은 항상 중요하나 시대에 따라 그 의미는 달라질 것이다. 지금은 소비자기호에 맞는 방식으로 품질의 전환 속도가 중요하다.

이러한 품질의 재정의에 따른 품질향상 노력이 이웃나라 일본제품들의 경쟁력이었다. 그러나 더 이상 품질에 대한 정의가 나오지 않아 일본제품이 세계시장에서 외면받고 하락의 길을 걷고 있는지도 모른다. 최근 들어 일본은 '변화에 대한 적합성'이란 새로운 품질개념을 내놨다.

기업이 추구해야 할 새로운 품질은 과거 '결점이 없다는 것'을 중시하던 것을 넘어 고객이 느끼는 '고객의 총체적인 경험중시'에 비중을 둔다. 총체적인 경험은 영속성(지속적인 노력), 불량률, 가치창출, 서비스에 대한 고객의 인식 같은 중요한 요구조건을 모두 포함한다.

삼성전자 무선사업부는 '세상에 없는 새로운 제품을 가장 먼저 만들고(World First), 이미 있는 제품이라면 가장 좋게 만든다(World Best)'라는 목표를 세우고 애니콜을 세계적인 브랜드로 키웠다. 삼성전자처럼 '고객이 만족하지 않는 제품은 만들지 않겠다'는 품질경영의 기본원칙을 세우고 품질을 높이기 위한 업무프로세스를 개선한 기업들이 세계 일류제품을 만들게 되는 것이다.

해외에서도 품질경영에 대한 관심은 높다. 기업의 품질경영이 국가전반의 경쟁력 강화에도 도움이 된다는 판단에 따른 것이다. 미국은 국가품질개선법을 근거로 '말콤볼드리지(MB)국가품질상'제도를 운영하고 있다. 말콤볼드리지국가품질상은 품질경영기법을 통해 산업계와 국가의 경쟁력을 강화하기 위한 창조적인 돌파경영(creative and breakthrough management)의 일환이라고 할 수 있다. 말콤볼드리지국가품질상에서는 새로운 가치와 수요를 창출하기 위한 방법으로 창조경영을 중요시 한다. '혁신'이라는 단어가 미국국가품질상인 말콤볼드리지상(MB)이 제시하고 있는 기준에 75번이나 나온다. 이 상이 가장 강조하는 것 중 하나는 '교육조직'을 갖추고 있느냐는 것이다. 교육조직은 혁신과 변화를 유도하며 직원들이 고객을 대하는 더 나은 방법을 찾도록 하는 데 있다.

일본과학기술연맹과 유럽품질재단은 '데밍상'과 '유럽품질상'으로 기업의 품질경영을 독려하고 있다.

경영에서 최고 경쟁전략은 '품질'을 통한 고객만족경영이다. 조직이 내부적으로 효율적이고 차별적인 운영전략으로 고품질의 제품과 서비스를 고객에게 제공할 때 고객은 만족하게 된다. 아니 만족을 넘어 고객감동을 하게 된다.

세계적인 멕시코의 레미콘 업체인 세멕스(CEMEX)는 '딱딱한 시멘트가 따뜻한 시멘트'라는 경영비전으로 품질을 기반으로 고객만족경영에 최선을 다하고 있다. 로렌소 삼브라노 회장은 고객만족의 기본으로 품질경영을 강조하고 있다. 품질의 안정성을 유지하기 위해서 모든 직원들은 일하기 전에 다섯 번의 왜(why)를 외친다." 이 회사는 고객만족경영을 기반으로 품질경영, 배송혁신, 혁명적인 고객서비스에 치중하고 있다. 철저한 품질경영을 기반으로 '시멘트는 야채이다'라는 캐치프레이즈로 야채상이 신선한 야채를 공급하는 것처럼 시멘트가 굳지 않도록 신속하게 배송하는 것을 기본으로 하고 있다. 또한 고객서비스에 치중하면서 금전적으로 어려운 신혼부부를 위해서 저렴한 이자로 대부사업을 하고 있다.

정리하면, 기업의 경쟁력의 원천은 품질에 있다. 기업의 성장 원천이고 고객으로부터 제품과 서비스가 선택되기 위해서는 경쟁사와 차별적인 품질경쟁력이 확보되지 않은 상태에서 고객만족을 언급한다는 것은 어불성설이다. 기업은 지속적으로 높아지는 고객의 요구를 만족시키기 위해서 끊임없이 품질경쟁력 확보에 주력해야 한다. 변화에 대한 적합성이 품질개념이기 때문이다.

2 품질경영의 정의

영속적으로 발전하기를 꿈꾸는 조직에서 품질경쟁력은 가격경쟁력과 함께 글로벌 무한경쟁시대를 헤쳐 나갈 수 있는 버팀목이며 생명줄이다. 국내의 중소기업, 대기업, 공공기관, 학교 등에서 품질경쟁력을 확보하기 위해 끊임없이 품질경영 기법을 도입하고 있는 이유가 여기에 있다.

품질경영은 산업의 핵심이며 쌀과 같다. 윤리경영, 환경경영, 브랜드경영의 밑바탕에는 품질경영이 있다. 초기에는 제품결함을 없애자는 취지의 품질경영이 주목을 받았지만 최근에는 기업에서 제작한 제품과 서비스가 고객에게 전달되기까지 프로세스 및 경영 전반에 걸친 혁신기법으로 품질경영이 강조되고 있다. 품질은 이해관계자나 고객이 각자 갖는 주관적인 개념일 수 있다(Evans, 2017). 품질은 제품과 서비스의 품질과 업무 프로세스의 품질의 결과에 의해서 결정된다. 조직이 탁월한 품질성과를 달성하기 위해서는 제품의 품질, 고객만족의 품질 등 생산은 물론, 판매와 서비스까지 전 분야에서 고객지향적인 품질을 통해서 탁월한 성과를 달성하는 것이 품질경영의 실체이다. 품질에 관한 정의를 그림으로 나타내면 다음과 같다.

그림 3-2 품질경영 정의

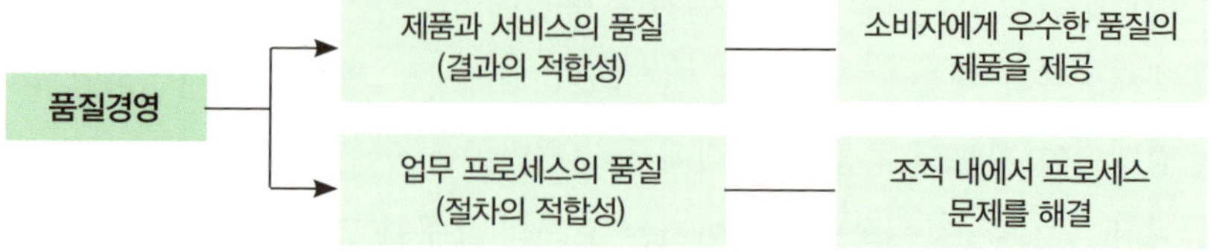

예를 들어, 불량률을 줄이는 '제로 디펙트(zero defect)' 차원의 품질관리 개념에서 궁극적인 '가치창출(value creation)'의 방편으로 품질경영의 의미가 확대되고 있는 것이다. 품질경영을 도입하는 곳도 제조업에서 서비스 기업, 관공서, 의료기관, 심지어 교육기관 등으로까지 확산되고 있는 추세이다.

품질은 가격에 영향을 미친다. 마이클 크레머 미국 하버드대 경제학과 교수는 선진국의 제품과 품질 면에서 별로 차이가 없는 개발도상국 제품의 가격이 비교가 안 될 정도로 저렴한 것에 의문을 갖고 연구하였다. 연구 결과 바로 오링이론(O-ring theory)을 발표하였다. 오링이라는 이름은 1986년 1월 발사 도중 폭발한 우주왕복선 챌린저호에서 기원한다. 인류 최고의 기술이 집적된 우주선이 폭발한 이유가 바로 고무로 만든 링 형태의 오링이라는 간단한 제품의 결함에서 비롯됐다는 게 조사 결과 밝혀졌다. 불량 오링 때문에 새어나온 기름에 불이 붙은 것이다. 오링이론의 결론은 품질은 더하는 것이 아니라 곱하는 것이라는 점이다. 고급 시계는 외양, 디자인, 재질 모두 10점씩의 품질이고 저렴한 시계는 이 셋이 모두 6점씩의 품질이라면 둘의 전체적인 품질은 30점 대 18점이 아니고 1000점 대 216점이라는 것이다. 따라서 저렴한 시계 가격은 고급 시계의 60%가 아니고 22% 정도이다.

국내기업이 품질경영에 더욱 신경을 써야 하는 이유는 글로벌경쟁하에서 교역조건의 악화를 들 수 있다. 국내 기업들이 명품(名品)급의 제품을 만들어 시장에 내놓지 않으면 글로벌 시장에서 아시아 후발국들의 견제로 큰 어려움을 겪을 수 있다.

해외 외식 브랜드의 틈바구니에서 토종브랜드임을 강조하며 품질경쟁력으로 승부하는 회사가 미스터피자이다. 이 회사는 경쟁업체들이 매출액의 3~8%를 로열티로 지불하는 대신에 여기에 해당하는 비율 이상을 제품경쟁력 강화와 품질에 투자한다. 캐나다산 고급 밀가루, 이탈리아 유기농 토마토, 24시간 저온숙성 도우 등 고급 식자재를 사용해 원가가 높아도 품질 경쟁력이 있어 고객들은 지속적으로 이 피자점을 이용한다(안상미, 2008).

세계의 글로벌 고객들은 '품질은 유럽 · 일본, 가격은 중국 수준'을 요구하고 있는 현실에서 협의의 품질경영방식은 무의미하다. 협의의 품질경영은 생산라인에서 무작위로 골라낸 제품을 검사하고, 시장조사를 통해 고객의 요구를 파악하는 수준을 의미하지 않는다.

대한민국의 경제에서 차지하는 비중이 높은 현대자동차와 삼성전자의 품질경영 관련 일화가 있다. 현대자동차와 삼성전자의 품질경영은 대한민국의 대표 브랜드이다.

현대자동차의 품질경영은 정몽구 회장의 대표 브랜드라고 할 수 있다. 정몽구 회장이 현대 · 기아차 사령탑에 오른 직후인 1999년 울산공장을 방문했다. 이 당시 일어난 일에서 정 회장은 품질경영의 중요성을 인식하게 된다. 정 회장은 새로 출시된 승합차 그레이스의 생산라인을 둘러보고 품질을 직접 실험해 보고 싶었다. 그레이스는 옆으로 밀어 여닫는 슬라이딩 도어를 장착하고 있었는데 여러 차례 반복해 밀고 당기자 그만 문짝이 떨어져 나갔다. 충격적 사건이었다. 1974년부터 현대자동차서비스를 이끌면서 차량 불량을 호소하는 고객을 많이 만나봤던 정 회장은 이후 품질의 중요성을 더 절감했다. "품질에는 타협과 양보가 있을 수 없다," "품질향상은 기업 존재의 이유이다"라고 정 회장은 항상 입에 달고 산다. 국내외 생산공장을 방문할 때마다 품질의 중요성을 힘주어 말한다. 정 회장의 판단과 실행력은 큰 결실을 맺어 지금 현대 · 기아차의 주력 모델은 미국 시장조사기관인 JD파워 평가에서 상위에 이름을 올리고 현대차그룹은 글로벌 5위 자동차 업체로 부상했다.

삼성전자의 품질경영을 말할 때 가장 먼저 떠오르는 장면은 1995년 구미공장에서 실시한 휴대폰 화형식이다. 그러나 삼성을 글로벌 선두 기업으로 키운 근간은 1993년 이건희 회장의 '신경영 선언' 이후 격년으로 열고 있는 경쟁제품 비교전시회다. 비공개 행사라 일반인은 잘 모르지만 삼성 임직원들에게는 매우 중요한 이벤트다. 이 자리에서 회장과 사장단은 경쟁사 제품과 자사 주력 모델의 디자인에서 내장 부품까지 그 기능과 성능, 품질을 꼼꼼하게 살펴본다. 냉정한 평가와 지적이 나오고 때로는 최고경영자의 강한 질책을 받을 수 있어 각 사업부를 맡은 사장들은 초긴장 상태에 빠진다. 엄격한 검증 시스템이 20년 이상 이어지면서 삼성전자는 전 세계 소비자가 신뢰하는 기업으로 우뚝 섰다.

최근 세계적인 글로벌 기업 삼성전자는 품질경영 강화를 위해서 '삼성전자 품질헌장'을 제정해 공표했다. 삼성전자는 '고객의 가치와 행복을 위한 품질추구'라는 비전과 함께 고객중심, 기본충실, 프로의식, 명품창조, 고객창출을 5대 행동강령으로 제시하였다.

서비스와 프로세스의 영역에서 품질을 개선하고 더 나아가 고객의 요구를 예상해 이를 제품에 구현하는 것까지 품질경영의 외연은 확대되고 있다. 품질경영의 개념은 경영전략, 리더십, 경영기획, 인적자원관리 등 경영 전반에 적용되고 있다. 이러한 이유에서 품질경영을 실천하는 조직은 생산직 종사자, 고객접점부서, 노동조합 등 전사를 망라한다고 할 수 있다. 특히 최고경영자의 품질경영 의지와 실천노력은 핵심요소로 꼽힌다.

최근에 대표적인 품질경영 이론인 '6시그마'가 '생산공정상의 무결함운동'에서 시작하여 '인간사고'와 '조직문화'의 범주로까지 승화한 것도 같은 맥락이라고 할 수 있다.

읽을거리

현대 · 기아차 품질, BMW · 렉서스도 제쳤다

현대 · 기아자동차가 미국 자동차 시장조사기관인 'JD파워'의 2015년 품질조사에서 BMW, 벤츠, 렉서스, 폴크스바겐 등을 제치고 2년 연속 최고 수준의 신차(新車) 품질을 인정받았다. 하지만 올 2월 공개된 같은 'JD파워'의 중고차(中古車) 평가에서는 하위권을 기록해 명실상부한 고급차 메이커로 자리매김하려면 차량 내구성(耐久性)과 연비(燃比)를 대폭 높여야 한다는 지적을 받고 있다.

현대 · 기아차의 품질 순위와 미국 시장점유율

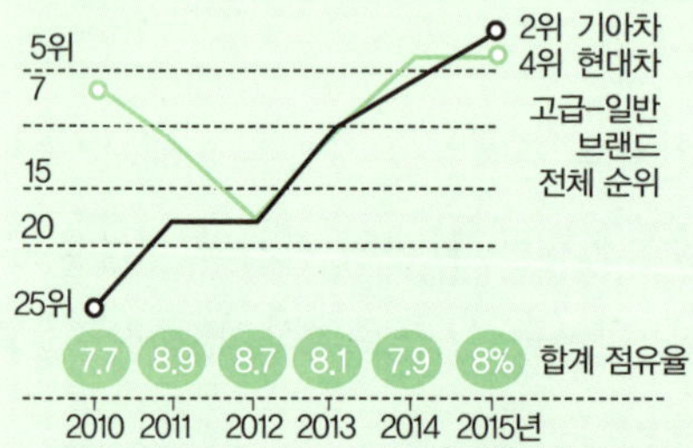

자료: JD파워, 신차 기준

현대 · 기아차와 독일차의 신차 품질 만족도(IQS)

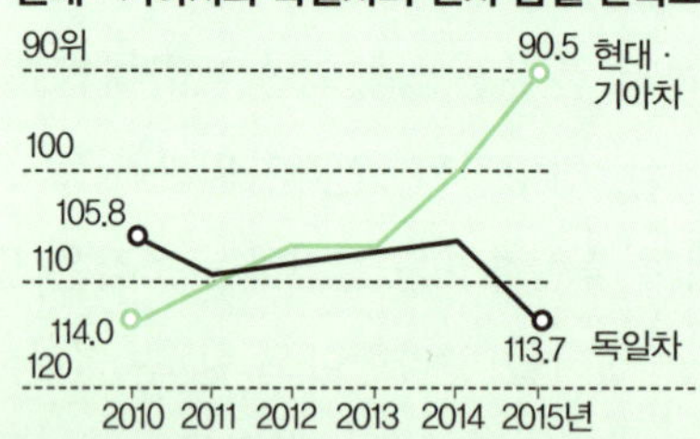

• IQS는 100대당 불만건수, 숫자가 낮을수록 품질 높음
• 독일차는 BMW, 메르세데스 벤츠, 폴크스바겐, 아우디 등 6개사 평균치

자료: JD파워

2015년 JD파워 품질조사 '상위 5'

1위 …… 포르쉐
2위 …… 기아차
3위 …… 재규어
4위 …… 현대차
5위 …… 인피니티

자료: JD파워 신차 기준

■ 소형차에선 신차 품질 인정받아

JD파워는 17일 공개한 '2015년 신차품질조사(IQS)'에서 "일반 · 고급 브랜드를 합친 33개 브랜드 중 기아차는 2위, 현대차는 4위로 평가됐다"고 밝혔다. BMW(6위), 렉서스(9위), 벤츠(14위), 아우디(16위) 등 글로벌 브랜드들을 모두 따돌렸다. 올해 성적은 같은 기관의 지난해 평가(현대차 4위, 기아차 6위)와 비

교할 때 현대차는 동일하지만 기아차는 4계단 상승한 것이다.

포르쉐(1위), 재규어(3위) 같은 고급 브랜드를 제외하고 실시한 21개 일반 브랜드조사에서는 기아차와 현대차가 각각 1위와 2위에 올랐다. 지난해 이 조사에서는 현대차가 1위, 기아차가 3위였다. 이번 조사는 신차를 구입한 지 90일이 경과한 미국 소비자 8만 4,000명을 대상으로, 작년 11월부터 올 2월 사이에 만족도를 조사한 것이다. 구체적으로 100대당 불만(不滿) 건수를 점수로 환산해 점수가 낮을수록 품질만족도는 높다. 상당수 미국 소비자는 자동차 구입 시 JD 파워의 품질만족도 평가를 구매기준으로 활용한다.

현대 · 기아차는 역대 최다(最多)인 11개 차종에서 최우수 품질상을 받았다. 특히 현대차의 엑센트(소형차), 투싼(소형 SUV)과 기아차의 쏘렌토(중형 SUV), 쏘울(소형 다목적차)에서 각각 1위로 평가됐다. 엑센트는 2년 연속 소형차 분야에서 최우수 품질상 브랜드로 꼽혔다.

■ 독일 · 일본차 대비 경쟁력 우수

또 하나 주목되는 점은 신차 품질점수에서 기아차는 86점, 현대차는 95점으로 현대 · 기아차의 평균은 90.5점으로 집계돼 독일차보다 더 좋은 평가를 받았다는 것이다. 독일 브랜드의 경우 포르쉐가 80점을 받아 현대 · 기아차를 앞섰으나 BMW(99점), 벤츠(111점), 아우디(115점), 폴크스바겐(123점), 스마트(154점)가 모두 상대적으로 미흡한 것으로 지적됐다.

현대 · 기아차는 인피니티를 제외한 일본차와의 신차 품질비교에서도 앞선 것으로 드러났다. 도요타는 지난해 5위에서 올해 9위로 간신히 10위권에 이름을 올렸고, 혼다는 8위에서 14위로 밀려났다. 레니 스네판스 JD파워 부회장은 "일본 자동차의 품질 향상 속도가 최근 지지부진한 반면, 한국 완성차의 품질이 최근 빠르게 향상된 결과"라고 말했다.

현대차그룹 관계자는 "2011년부터 정몽구 회장의 지시로 진행해온 '신(新)글로벌 품질경영'이 결실을 보고 있는 증거"라며 "더 강화된 품질표준에다 협력사와 협업 기반시설인 '품질 클러스터'를 구축한 게 주효했다"고 말했다.

■ 중고차 경쟁력 · 연비 향상해야

하지만 JD파워가 실시하는 구입한 지 3년이 지난 차량을 분석하는 내구품질조사(VDS) 결과는 다르다. 올 2월 발표된 '2015 자동차 내구품질조사'에서 현대차는 31개 자동차 브랜드 가운데 26위, 기아차는 21위에 머물렀다. 점수도 각

각 188점과 158점으로 업계 평균(147점)을 밑돌았다. 조용석 국민대 교수(자동차공학)는 "내구성을 강화하고 연비를 높이기 위해 신소재를 활용한 경량화 작업을 서둘러야 한다"고 말했다. 김필수 대림대 교수는 "현대 · 기아차의 신차 품질은 우수하다는 평가를 받는데 그것을 제품판매와 브랜드이미지 제고로 연결하는 게 관건"이라고 지적했다.

이항구 산업연구원(KIET) 선임연구위원은 "최근 JD파워 조사 결과를 보면 글로벌 기업 간 순위변동이 아주 큰데, 이는 그만큼 품질평준화가 이루어졌다는 의미"라며 "노사협력을 통한 생산성향상과 중대형 고급차 품질향상이 시급하다"고 말했다.

출처: 이인열, 현대 · 기아차 품질, BMW · 렉서스도 제쳤다, 조선일보, 2015. 6. 19.

3. 데밍의 품질경영 철학

경영학의 역사에서 품질의 중요성을 강조한 학자는 매우 많다. 여기서는 일본의 경제재건과 국가발전에 지대한 영향을 미친 데밍의 품질철학에 대하여 알아보기로 한다.

품질경영에 관한 20세기 최고의 대가는 미국의 통계학자 웨드워즈 데밍이다. 제2차 세계대전 이후 맥아더 장군의 통계고문으로 일본에 파견된 그는 일본 기업인들을 대상으로 품질관리의 중요성을 주장하였다. 패망의 길을 걷던 일본은 산업계 재건을 위해서 데밍을 초빙하여 품질의 중요성을 전파한다.

데밍은 일본의 산업현장을 돌면서 품질의 중요성을 강조하는 전도사 역할을 한다. 이러한 노력의 결과, 일본은 1960년대와 1970년대 경제성장의 발판을 마련하고 1980년대 눈부신 발전을 하게 된다. 경쟁력을 키운 혼다, 도요타 등은 저연비를 통해 미국시장을 공략하게 된다.

결국 품질을 중심요소로 하는 데밍의 철학은 일본경제의 부흥에 큰 기여를 한다. 그가 평소 하던 이야기, 즉 "내 말대로만 하면 수년 안에 일본제품이 세계시장을 장악하게 될 것"이라는 내용은 1980년대 들어 일본식 경영이 풍미하게 하게 된 단초를 제공한다.

일본의 품질의 전도사인 데밍의 품질철학은 세 가지로 요약할 수 있다. 지속적인 개선(Continuous Improvement), 사실에 의한 경영(Management By Facts), 그리고 인간존중(Respect for People)이다.

그림 3-3 데밍의 품질경영

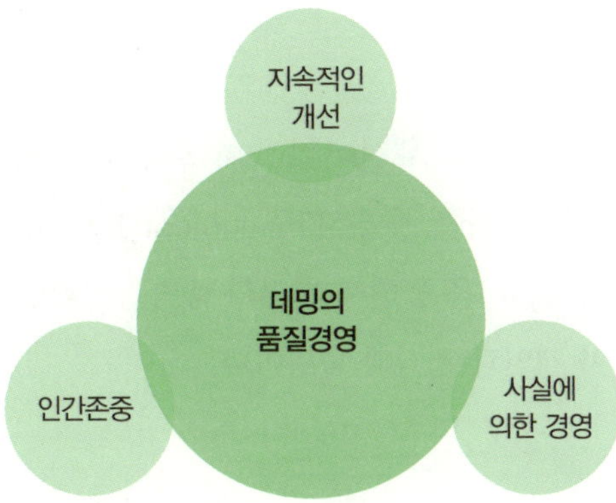

데밍의 품질경영방법은 지속적인 개선은 시간이 경과할수록 품질수준을 높이는 것이다. 품질경영은 제품이나 서비스의 수준을 결정하고 관리방식의 유효성에 의해서 미래의 수준(목표)점이 결정되기 때문이다. 품질의 목표수준을 달성하기 위해서는 PDCA라는 순환과정을 끊임없이 실행하는 데 있다. P는 계획(Plan), D는 실행(Do), C는 점검(Check), A는 조치(Act)를 말한다. 이것을 그림으로 나타내면 다음과 같다.

그림 3-4 데밍의 품질경영방법

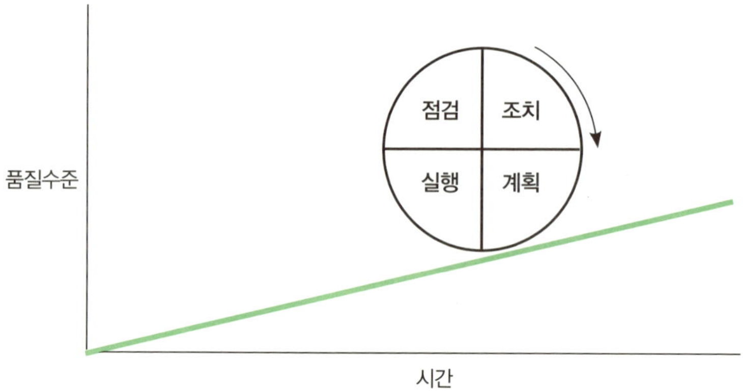

데밍의 품질경영에서 배울 수 있는 것은 '품질수준이 날로 향상되지 않으면 쇠퇴하게 된다'라는 사실이다. 지속적인 개선(Continuous Improvement), 사실에 의한 경영(Management By Facts), 그리고 인간 존중(Respect for People)을 통해서 개인의 품격, 조직의 품질경쟁력을 향상시켜야 하는 것이 개인과 조직의 숙명이다.

4. 도요타의 품질경영

1890년에 설립된 도요타자동차가 지난 1세기 동안 급변하는 경영환경에서 온갖 난관을 극복하고 글로벌 기업으로 성장할 수 있었던 비결은 무엇일까?

도요타자동차는 안정적인 성장속도와 지속적인 개선을 발판으로 성장하고 있다. 여기서는 전 세계적인 기업들로부터 벤치마킹의 대상이 되고 있는 도요타의 경영방식과 도요타 생산방식의 룰에 대하여 알아보고자 한다. 도요타의 경영방식은 지속적인 개선(Continuous Improvement)과 인간 존중(Respect for People)의 두 가지 축을 근간으로 한다. 도요타자동차는 지속적인 개선을 위해서 도전, 개선, 현장중시경영 등에 힘을 쓰고 있다.

- 도전(Challenge): 도요타의 꿈을 실현하기 위해서 용기와 창의력을 갖고 끊임없이 도전
- 개선(Kaizen): 혁신과 변혁을 위해 지속적인 개선에 노력
- 현장중시경영(Kenchi Genbutsu): 조직구성원 모두는 직접 현장을 찾아 확인(Go and See for yourself)하고 합의를 도출하고 목표달성에 노력함

도요타는 인간존중의 경영방침을 실현하기 위해서 존중과 팀워크를 중시한다.

- 존중(Respect): 조직구성원은 다른 사람을 존중하고 서로 이해하기 위해서 노력하고 책임을 가지고 신뢰를 구축하기 위해서 최선의 노력을 다한다. 도요타는 직원을 단순노동자로 생각하는 것이 아니라 지식노동자로 대우한다.
- 팀워크(Teamwork): 도요타는 개인적으로나 직업적으로 성장을 장려하고 경력개발의 기회를 공유하고, 개인과 팀의 성과를 최대화한다.

다른 학자들(Takeuchi et al., 2008)에 의하면 도요타의 성공원천은 확장과 통합의 조화에 있다고 보고 있다. 변화와 개선을 자극하는 확장방식(불가능한 목표설정, 지역고객화, 실험)과 확장 및 변화를 안정화시키는 통합방식(창업자의 정신적 가치 보존, 상하좌우 인간관리, 개방된 커뮤니케이션)은 도요타의 경영방식이다.

도요타자동차는 품질결함을 없애기 위해서 네 가지 생산방식을 정하여 실천하고 있다.

- 제1의 룰: 모든 생산활동은 그 내용, 절차, 소용시간, 마무리에 대해서 상세하게 규정되어 있어야 한다.
- 제2의 룰: 종업원과 납품업체 어느 누구와도 사이를 두는 일 없이 직접 연결한다. 또한 생산을 의뢰하거나 응할 경우에도 반드시 애매함을 배제한 Yes인지 아니면 No인지를 분명히 한다.
- 제3의 룰: 모든 자재 및 지원은 귀찮아 하지 말고 직접 제공하도록 한다.
- 제4의 룰: 어떠한 개선도, 가르치는 사람의 지도에 따르면서 과학적인 접근방식에 근거를 두고 가능한 현장에서 실행하도록 한다.

그림 3-5 도요타자동차 모토마치공장

5. 서비스품질

정보기술의 발전과 소비자 욕구변화에 따라 제조업과 서비업의 영역 구분이 유명무실한 것이 사실이다. 서비스품질의 중요성은 모든 업종에서 중요하다. 예를 들어, 타이어 생산공장, 병원관리, 레스토랑, 호텔거래, 컨설팅, 법률, 약국 등 전 산업분야에서 서비스품질의 중요성은 아무리 강조해도 지나치지 않다.

서비스품질경영과 관련하여 '1 : 10 : 100법칙'이 있다. 이 용어는 서비스부문에서 미국의 말콤볼드리지상을 수상한 페덱스의 서비스법칙에서 유래한 것이다. "불량이 생길 경우 즉각 고치는 데는 1의 원가가 들지만, 문제의 원인탐색, 책임소재, 그리고 문책 등의 이유로 이를 숨기고 그대로 내보낼 경우 10의 원가가 들게 된다. 불량의 제품과 서비스가 고객의 손에 들어가 클레임으로 되돌아오면 100의 원가가 든다."

서비스에 있어서, 서비스품질 평가는 서비스 배달 프로세스 동안 이루어진다. 각 고객접촉이 있는 진실의 순간(moment of truth)은 고객이 만족하거나 불만족하는 기회를 제공해 준다. 고객만족은 기대서비스와 경험서비스에 의해서 결정된다. 기대서비스가 경험서비스보다 큰 경우 고객은 감동을 하고, 기대서비스가 경험서비스와 같은 경우 고객은 만족을 한다. 또한 기대서비스가 경험서비스보다 크다면 고객은 불만족하는 것으로 나타난다. [그림 3-6]에서 보는 것처럼 기대서비스는 구전(word of mouth), 개인적 요구(personal need), 과거경험(past experience)에 의해 형성된다.

서비스품질 차원은 장비수리, 소매은행, 장거리전화, 증권거래, 신용카드회사 등의 연구에 의해서 시장조사 전문가들이 5가지 차원인 신뢰성(reliability), 보증(assurance), 유형성(tangibles), 감정이입(empathy),

대응성(responsibility) 등을 제시하였다. 이들의 순서는 상대적인 중요도가 높은 것에서 낮은 것으로 제시된 것이다. 다섯 가지 품질차원에서 가장 중요한 것은 신뢰성이다. 인간관계에서는 신뢰가 중요하다. 따라서 조직에서는 신뢰할 수 없는 직원에게 큰일을 맡기지 않는다. 조직의 리더가 신뢰를 잃으면 직원은 따르지 않게 된다. 『성공하는 사람들의 7가지 습관』의 저자 스티븐 R. 코비의 아들이자 세계적인 리더십의 권위자인 스티븐 M. R. 코비(2009)는 저서 『신뢰의 속도(The Speed of Trust)』에서 "신뢰관계가 깨지면 업무속도가 느려지고 그 대신 비용은 올라가게 된다"고 강조한다. 반면에 "신뢰가 쌓이면 업무속도가 빨라지고 성과도 높아진다"고 주장한다.

뉴욕시에서 도넛과 커피를 파는 짐이라는 상인의 사례에서 서비스담당자나 실무자는 많은 시사점을 얻을 수 있다. 짐은 아침과 점심시간에 사람들이 몰려 많은 고객이 줄을 서서 기다리다 짜증을 내고 다른 가게로 간다는 사실을 알게 됐다. 이유는 거스름돈을 내주는 데 시간이 많이 걸렸기 때문이다. 고민하던 짐은 계산대에 지폐와 동전이 가득한 바구니를 갖다놓고 고객 스스로 거스름돈을 가져가도록 한다. 결과는 놀라웠다. 고객을 두 배나 빨리 맞아들일 수 있었다. 고객이 실수로 돈을 더 가져갈 것이라는 염려와 달리 고객들은 오히려 정직한 행동으로 더 많은 팁을 남기고 갔다. 고객들은 신뢰받는 것을 좋아해 지속적으로 상점을 이용한다.

서비스 성격상 무형적이며 확인이 어려운 서비스품질의 결정요인을 찾아내고 제품품질과의 차이점을 반영하기 위해 파라슈라만(Parasuraman), 자이타믈(Zeithmal) & 베리(Berry, 1985)는 5가지의 서비스 결정요인을 발견하였다.

- Reliability(신뢰성): 약속된 서비스를 믿음직스럽고 정확하게 수행할 수 있는 능력
- Assurance(보증): 신뢰와 확신을 줄 수 있는 종업원의 지식, 매너, 능력
- Tangibles(유형성): 물적시설, 장비, 인력, 서비스제공자의 외모, 통신장비
- Empathy(감정이입): 고객에게 개별적으로 기울이는 주의, 배려
- Responsibility(대응성): 고객을 돕고 신속한 서비스를 제공하겠다는 의지

서비스품질에 대한 견해는 서비스의 유형과 특성, 생산자, 소비자 등 여러 이해관계자의 입장에서 내릴 수 있다. 서비스상품은 생산과 소비가 동시에 이루어지며, 재고가 발생되지 않는다는 특성에서 볼 때 소비자의 관점에서 품질을 정의하는 것이 당연하다고 하겠다. 고객의 서비스품질의 인지는 서비스를 받기 전 기대(ES: Expected Service)와 실제 서비스경험(PS: Perceived Service)을 비교한 결과이다. 즉 서비스품질은 고객의 기대 충족 여부에 의해 판단된다. 고객은 실제 경험이 기대를 초과할 경우에 고객감동, 미충족 시는 수용불가 품질로 인지한다.

그림 3-6 서비스품질경영

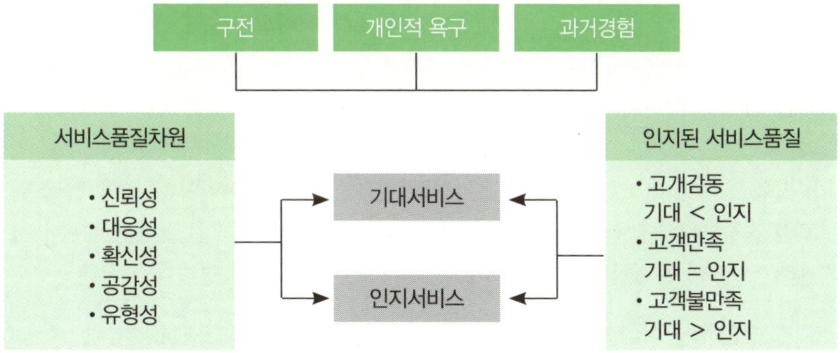

고객감동을 경험한 고객은 기업과 지속적으로 감정적인 유대를 갖는다. 고객과의 끊임없는 유대관계를 맺는 기업은 서비스 품질개선방법을 통해서 지속적인 노력을 경주한다.

읽을거리

10년간 스타벅스 매장 5,000번 찾은 '현장 CEO'

서울 소공동에 있는 스타벅스 본사에는 평일 오후 5시 30분이면 시끄러운 음악이 흘러나온다. 어서 업무를 정리하고 '칼퇴근'을 하라는 신호이다. 직원들은 처음엔 어색해하며 눈치만 봤지만 지금은 자연스럽게 가방을 챙겨 퇴근한다. 퇴근음악은 불필요한 '습관성 야근'을 없애야 직원들의 만족도가 높아지고 업무효율도 좋아진다고 판단한 스타벅스코리아 대표의 아이디어에 따라 도입됐다.

스타벅스코리아의 대표는 "스타벅스가 지난 17년 동안 발전할 수 있었던 이유는 파트너(직원)들이 주인공이 돼 다양한 도전을 했기 때문"이라며 "직원이 행복한 회사가 되는 것이 최우선 목표"라고 말했다.

- **한국 최고의 직장 '톱10'**

스타벅스코리아 철학은 2011년 조직한 파트너행복추진팀이 구체화하고 있다. 파트너행복추진팀은 조직문화를 개선해 직원들의 만족도를 높이는 다양한 아이디어를 내는 조직이다.

대표적인 프로그램은 매장에서 일하는 바리스타들의 사기를 높이기 위해 진행하는 '스토어 어택(store attack)'이다. 각 매장 바리스타들의 사연을 공모받아 행사 대상 매장을 선정한 뒤 정해진 날짜에 방문해 매장 직원은 워크숍 등 팀워크를 다지는 시간을 보내고 본사 직원들이 대신 매장에서 근무하는 프로그램이다.

직원을 위한 다양한 프로그램을 진행한 결과 스타벅스코리아는 올해 '한국 최고의 직장 톱10'에 선정됐다. 세계 최대의 인사 컨설팅 조직인 에잇온휴잇이 지난해 7월부터 올 4월까지 면접조사 등을 통해 점수를 매긴 결과다.

- **현장에서 직접 소통**

스타벅스코리아 대표가 이같이 직원친화적인 프로그램을 마련할 수 있었던 것은 종종 매장에 들러 직원 이야기를 듣는 습관이 있기 때문이다. 이 대표는 해외 출장이 없는 주간에는 1주일에 최소 이틀 매장으로 출근한다. 2007년 취임 후 매장방문횟수는 5,000번이 넘는다. "고객이 만족하거나 불편해 하는 것이 무엇인지 직접 알기 위해 현장을 방문한다"는 게 그의 설명이다. 고객응대 등을 잘한 직원이 있으면 그 자리에서 칭찬카드를 작성해 선물한다. 2014년에는 창립 15주년을 기념해 8주간 전국 24개 매장을 방문해 'SK(이 대표의 사내 호칭)의 일일 별별다방'을 진행하기도 했다.

직원 사이의 자유로운 소통을 위해 회의실에 의자도 없앴다. 공식적인 회의 시간을 단축하는 효과와 함께 틈날 때마다 스탠딩 테이블에 모여 토론하는 문화가 생겨났다. 이 대표는 "업무공간을 조정해 자유로운 소통과 수평적 조직문화를 유도하고 있다"고 말했다.

▪ IT 적용한 '사이렌 오더' 성공

최근 스타벅스에서는 스타벅스 모바일 앱(응용프로그램)을 통해 주문하는 '사이렌 오더'서비스를 시작하였다. 매장 반경 2㎞ 내에서 사전 주문하면 매장에 가서 기다리지 않고 음료를 받아올 수 있는 시스템이다. 2014년 5월 전 세계 스타벅스 중 한국에서 처음 도입한 뒤 올해 5월 말까지 2년간 누적 주문건수가 700만 건을 돌파했다.

미국에서도 이 시스템을 곧바로 받아들였다. 2014년 12월 미국 오리건주 포틀랜드에서 '모바일 오더&페이'라는 이름으로 시범 도입했고, 지난해 9월 미국 전 지역으로 확대했다. 스타벅스는 "매장과 디지털공간을 연결해 고객들이 더 편리하게 스타벅스를 이용할 수 있도록 한 것"이라며 "매장에 활용할 만한 정보기술(IT)을 계속 적용해 나갈 계획"이라고 밝혔다.

▪ 한국적인 것이 가장 세계적

스타벅스코리아 목표는 국산 재료를 사용해 가장 한국적인 스타벅스 메뉴를 내놓는 것이다. 이를 위해 다양한 로컬 제품을 개발하는 데 역량을 집중하고 있다. 스타벅스코리아는 2014년 로컬 메뉴 개발팀을 조직했다. 스타벅스 본사의 메뉴에 구애받지 않고 자유롭게 현지화한 메뉴를 내놓을 수 있는 조직이다. 한국의 원재료를 활용해 한국 고객의 입맛에 맞는 제품을 개발하는 것이 스타벅스코리아의 역할이다. 전국 농가를 돌며 메뉴화가 가능한 품목을 찾기도 한다. 문경 오미자 피지오는 가장 성공한 로컬 메뉴 사례 중 하나로 꼽힌다. 스타벅스의 탄산음료인 피지오에 문경의 오미자청을 넣어 만든 메뉴다. 봄철 시즌 한정 메뉴로 출시했지만 두 달간 50만 잔 이상 판매되며 인기메뉴로 자리잡았다. 로컬 디자인팀에서 내놓은 상품도 인기를 끌고 있다. 아시아에서 로컬 디자인을 담당하는 팀을 꾸린 것은 한국이 처음이다. 3 · 1절을 겨냥해 만드는 무궁화 텀블러 등은 한국에서만 판매되는 상품이다.

스타벅스 본사에서 내려오는 메뉴와 상품만 가지고는 한국 소비자의 마음을 사로잡을 수 없다고 판단되기 때문에 한국인 입맛에 맞는 메뉴와 한국인의 감성을 자극하는 디자인의 상품을 더욱 늘려나가는 것이 스타벅스코리아의 과제이다.

출처: 강진규, 10년간 스타벅스 매장 5,000번 찾은 '현장 CEO,' 한국경제신문, 2016. 7. 27.

경영환경의 부침이 심한 상황에서 경쟁력의 원천은 경영 스피드와 효율성 제고에 있다. 개발 스피드를 더 빠르게 하고 품질과 성능, 시장점유율, 수율 등을 더 높게 하며 재고를 더 낮게 가져가 내부효율을 극대화할 필요가 있다. 이를 위해서는 다음과 같은 액션플랜이 있어야 한다. 현장에서 답을 찾고 즉시 의사결정하는 현장중심문화, 활발히 토의하고 학습하는 토론문화, 조직 간 벽을 허무는 개방문화를 구축할 필요가 있다.

경영 스피드와 효율성을 제고하고 사업 간 시너지를 극대화해 현재 경영위기를 돌파하고 초일류기업으로 도약하기 위해 고객접점에서 고객 요구(needs)를 파악하고 고객들로부터 신뢰를 잃지 않도록 노력해야 한다.

읽을거리

마케팅에 쓸 돈으로 좋은 재료 사라

중국 산시(山西)성 출신의 21세 청년 양빙이(楊秉彝)는 중국의 국공(國共) 내전을 피해 1948년 대만으로 홀로 이주했다. 그는 타이베이(臺北)의 요리용 기름 판매점에서 일하다가 1958년 직접 새로운 기름가게를 연다. 하지만 사업은 순탄치 않았다. 양씨는 생계유지를 위해 가게 구석에서 증기로 쪄낸 중국식 딤섬을 만들어 팔기 시작했다. 그 중 '샤오룽바오(小籠包 · 얇은 만두피 안에 진한 육즙이 들어 있는 상하이식 만두)'가 소문을 탔고, 가게는 문전성시를 이뤘다. 양씨는 1972년 기름사업을 접고 본격적으로 음식점사업에 뛰어들었다. 이 작은 노점이 현재 10개국에 124개 매장을 운영 중인 '딘타이펑(鼎泰豊)'의 시작이었다. 딘타이펑은 '크고 풍요로운 솥'이란 뜻으로, 창업주 양씨가 처음 열었던 기름가게의 이름이다.

딘타이펑은 해외 진출은커녕 분점 하나 없었던 1993년 뉴욕타임스가 선정한 '세계 10대 레스토랑'에 포함되면서 전 세계에 이름을 알렸다. 2013년에는 미국 식음료 전문 사이트 데일리밀이 꼽은 '아시아 101 베스트 레스토랑'에서 1위에 올랐다.

현재 딘타이펑은 양빙이 창업주로부터 가업을 물려받은 아들 양지화(楊紀華) 씨가 대표를 맡고 있다. 양 대표와의 인터뷰는 대만 최고층 빌딩인 '타이베이 101'에 있는 딘타이펑 분점에서 이루어졌다. 양 대표는 사업을 물려받을 때 아버지로부터 "너무 서두르지 마라"는 조언을 들었다고 했다. 그는 "고객이 실망감을 느끼는 순간 브랜드의 가치는 추락한다"고 강조했다.

■ 레스토랑 사업에서 가장 중요한 것은?

"딘타이펑의 대표 메뉴는 샤오룽바오라는 딤섬이다. 매장에서 일일이 손으로 만들기 때문에 똑같은 맛을 유지하기 어렵다. 그래서 매우 상세한 매뉴얼을 만들었다. 딘타이펑의 샤오룽바오는 만두피 5g, 만두소 16g의 비율을 지켜야 한다. 만두 주름은 반드시 18개가 잡혀 있어야 한다. 1996년 일본에 첫 분점을 내면서 '상세한 매뉴얼'의 중요성을 실감했다. 본점 한 곳에서 사업을 할 때에는 아버지와 내가 모든 것을 알고 있고 체크할 수 있었다. 그런데 일본의 사업 파트너가 레시피(음식 조리법)를 매우 세세하게 물어보는 것은 물론 젓가락을 놓는 방향, 차를 따르는 법까지 체크해 매뉴얼을 만드는 것을 보고 매우 놀랐다. 그때 본사도 매뉴얼을 만들었다."

■ 품질을 중시한다고 하면서도 최근 10여 년간 외형을 키웠는데…

"그래도 성장보다 품질이 중요하다. 현재 대만에 10개, 해외에 114개의 딘타이펑이 있다. 확장만을 추구했다면 더 많은 분점을 낼 수 있었을 것이다. 하지만 무분별하게 늘리면 신규점포의 음식 맛과 서비스를 기존점포와 똑같이 유지하기 어렵다. 이런 노력 덕분에 딘타이펑의 몇몇 점포들은 레스토랑 평가서인 미쉐린(미슐랭) 가이드로부터 별을 획득했다. 2009년에는 홍콩 침사추이 분점이, 2010년에는 홍콩 코즈웨이베이 분점이 별을 받았다."

■ 마케팅을 하지 않는 이유는?

"소문이 최고의 마케팅이기 때문이다. 음식이 맛있으면 손님이 찾아온다. 마케팅에 쓸 돈으로 식자재와 직원에 투자하는 것이 낫다. 재료 중 육류는 사육과정에 항생제를 쓰지 않는 것을 원칙으로 한다. 쌀과 밀 등 곡류는 최고등급 제품만 사용한다. 식자재 공급업자에게 가격을 후하게 쳐주는 편이다. 공급자들은 돈을 더 받을 수 있는 것을 알기 때문에 더 노력하게 된다."

■ 직원들을 우대한다고 들었다.

"지난해 딘타이펑은 음식값을 소폭 인상했다. 직원들의 임금을 올리기 위해서였다. 현재 딘타이펑 전체 비용에서 임금이 차지하는 비중이 54%이다. 직원을 감동시키면 긍정적 감정이 생기고 이는 고객에게 옮겨간다. 서비스 마인드는 위에서 지시한다고 생기지 않는다."

■ 음식점이 해외에 진출할 때 유의할 점이 있다면?

"인도네시아와 두바이의 딘타이펑은 돼지고기를 먹지 않는 이슬람문화를 고려해 닭을 재료로 사용한 샤오룽바오를 선보였다. 한국에선 김치 샤오룽바오를 내놨다. 경영원칙은 지키되 전통을 너무 고집하지 말고 현지화에 신경을 써야 한다."

출처: 온혜선, [5 Questions] '딘타이펑' 양지화 대표의 성공비결, 조선일보, 2016. 10. 22.

참고문헌

21세기 마케팅의 새로운 이해, Hundai Research Institute, *VIP Report*, 2006. 7. 6.

글로벌 브랜드는 무엇이 다른가, LG주간경제, 2005. 8. 24.

가미사와 노보루 지음, 최문용 옮김, 도교 디즈니랜드, 한스미디어, 2009.

박재명, 동아일보, 2009. 9. 5.

서비스 마케팅의 세 가지 키워드, LG주간경제, 2004. 9. 15.

세계 초일류 브랜드의 10가지 오해, LG주간경제, 2006. 6. 28.

스티븐 M. R. 코비, 신뢰의 속도, 김영사, 2009.

신완선, 한국처럼 품질하라, KSAM, 2014.

안상미, 미스터피자 나홀로 확장 비결은, 한국경제신문, 2008. 11. 5.

최규술, 강한 기업의 공통분모는 품질 만사성, 한국경제신문, 2009. 6. 2.

Evans, J. R., *Quality and Performance Excellence*, CENGAGE Learning, 2017.

Parasuraman, A. Berry, L. L., Zeithaml, V. A., "Reference and Reassement of the SERVQUAL Scale," *Journal of Retailing*, Vol.67, 1991, pp.420–450.

Stewart, T. A., Raman, A. P., "Lessons from Toyota's Long Drive," *Harvard Business Review*, July–August 2007, pp.74–83, 저자 일부 요약 정리.

Takeuchi, H., Osono, E., Shimizu, N., "The Contradictions That Drive Toyota's Success," *Harvard Business Review*, June 2008, pp.96–104.

자가 진단표

다음 문항에 대하여 자기 자신이나 자신이 속한 조직을 평가해 보자. 강점과 약점은 무엇인지 서로 토의해 보자. 채점방법은 '매우 동의 못함'은 1점, '보통'은 5점, '매우 동의함'은 10점으로 점수를 배점하면 된다. 항목별로 평가한 후 합산한 점수가 실제 개인과 조직의 현재 모습이 된다.

01 우리는 고객만족을 결정하는 것을 품질경영이라 생각한다.

02 우리는 제품, 서비스, 프로세스품질을 중요시한다.

03 우리는 품질경쟁력 강화를 위해 지속적인 개선, 사실에 의한 경영, 인간존중에 관심을 갖는다.

04 우리는 계획–실행–점검–조치를 중요시 여긴다.

05 우리는 진실의 순간(MOT)을 관리한다.

06 우리는 서비스품질 다섯 가지 차원을 중시한다.

07 우리는 서비스품질 차원에서 신뢰를 중요한 요인으로 생각한다.

08 우리는 품질정보를 공유한다.

09 우리는 품질개선 관련 명확한 목표가 있다.

10 우리는 일에 대한 생각, 말, 행동을 항상 개선한다.

Chapter 04

서비스이익 사슬관리

1. 서비스 과학화
2. 서비스 이익사슬의 개념
3. 감정노동
4. 혁신전략과 서비스 전달시스템
5. 서비스가치
6. 표적시장과 경영성과

CRM 톡톡

기업이 올바른 가치관과 초우량 품질을 유지할 때 새로운 시장개척과 수익은 자연적으로 이루어진다.

Chapter 04

서비스이익 사슬관리

읽을거리

한화의 파격 … '승진 때마다 한 달 안식휴가'

한화그룹이 계열사 임직원 4만 5,000여 명을 대상으로 직급 승진 때마다 1개월의 유급휴가를 주는 안식월 제도를 시행하기로 했다. 또 출퇴근 시간을 마음대로 정하는 유연근무제, 부서장의 야근을 줄이는 팀장정시퇴근제도 도입하기로 했다.

한화그룹은 창립 64주년을 맞은 10일 '젊은 한화'로의 변신을 목표로 이 같은 내용의 조직문화 혁신방안을 추진하기로 했다고 밝혔다.

한화그룹 조직문화 혁신제도

안식월	유연근무제	팀장정시퇴근	자율복장근무
과장, 차장, 부장 승진 시 한 달 안식월	하루 4시간 이상, 주 40시간 필수근무	1주일에 2회 이상 정시퇴근	

2014년 삼성의 방위산업 · 석유화학 계열사를 인수해 국내에서 안정적으로 방산 · 석유화학사업을 영위할 발판을 마련한 한화그룹이 이 같은 혁신을 시도하는 것은 김승연 회장이 국내 1등을 넘어 세계 일류기업으로 도약할 것을 주문했기 때문이다. 김 회장은 이날 창립기념사에서 "64년의 기업 연륜을 쌓아가고 있는 이 순간에도 우리는 창업시대의 초심으로 돌아가 우리 안에 있는 '젊은 한화'를 깨워야 한다"며 "그룹은 지속적인 일류문화 혁신을 통해 '누구나 다니고 싶고, 누구나 일하고 싶은 직장'을 만들어 나갈 것"이라고 말했다.

한화는 이를 위해 과장, 차장, 부장 등 직급 승진 때 1개월의 안식월을 줘 여행을 하거나 자기계발을 위한 시간을 갖도록 할 계획이다. 한화그룹 관계자는 "직장인이 보통 과장, 차장, 부장으로 승진하기까지 인생에서 가장 바쁜 시간을 보낸다"며 "재충전을 통해 축적한 에너지를 회사와 개인의 발전을 위해 사용하도록 하기 위한 것"이라고 설명했다.

한화그룹은 또 하루 4시간 이상, 주 40시간 이상 필수근무시간만 지키면 출퇴근시간을 자율로 정할 수 있는 유연근무제, 부서장은 1주일에 2회 이상 반드시 정시 퇴근해야 하는 팀장정시퇴근제도 도입했다. 한화그룹은 이날 금춘수 경영기획실장(사장)을 부회장으로 승진시키는 등 여섯 명의 사장단 인사를 단행했다.

출처: 안대규, 한국경제신문, 2016. 10. 11.

1. 서비스 과학화

현대사회에서 중요한 서비스는 무형성, 동시성, 이질성, 소멸성이라는 특징이 있다. 서비스는 유형의 제조업과 달리 아이디어나 개념판매 위주의 무형적인 특징을 갖는다. 서비스는 생산하자마자 동시에 소비되므로 저장이 불가능하다. 서비스는 개인이 심리적으로 느끼기 때문에 같은 서비스라도 고객마다 다르게 평가할 가능성이 크다. 서비스는 시간에 따라 소멸성을 갖는 상품으로 서비스 이용률을 최대로 하기 위한 노력이 서비스 경영자들의 주된 업무이다.

기업에서 서비스의 생산성을 제고하기 위해서는 '서비스 과학화(service science)'라는 접근법이 필요하다. 여기서 서비스 과학화란 서비스업의 본질규명을 통해서 서비스 혁신과 생산성 증대를 통해 서비스업을 개별기업이나 국가의 차세대 유망산업으로 육성하기 위한 체계적으로 학문화하는 것이라고 할 수 있다. 서비스 과학화를 위해서는 경영학, 사회과학, 산업공학, 컴퓨터공학 등 여러 학문이 새로운 형태로 결합되고 제조부문과 서비스부문의 융·복합화로 제4차 산업(IoT와 인공지능의 결합)으로 평가되는 서비스 혁신이 주요 목표라고 할 수 있다.

그림 4-1 서비스 과학화

4대 특징	의미	혁신 저해요인	전략
무형성	눈에 보이지 않고 손으로 만질 수 없음	서비스품질을 통제하기 어려움	과학적 서비스품질 시스템화
동시성	시간적·공간적으로 동시에 서비스 소비	서비스품질의 사전점검 어려움	서비스 전문인력 양성
이질성	시간, 장소, 이용자 특성에 따른 다양한 니즈	니즈 다양성이 큼	다양한 서비스 비즈니스 개발
소멸성	구매한 서비스 1회에 소멸	과잉생산 시 이익기회 상실	서비스 R&D투자

2. 서비스 이익사슬의 개념

모든 세상 일은 연결되어 있다. 기업의 이해관계자는 강한 끈의 사슬구조로 이어져 있다. 생태계가 서로 먹이사슬구조로 이루어져 있다. 개구리는 풀과 이슬을 먹고 자란다. 개구리는 뱀에게 먹히고 뱀은 독수리에게 먹힌다. 먹이사슬의 구조가 균형과 조화가 이루어져야 생태계가 장기적으로 유지되는 것처럼, 경영자나 실무담당자는 기업과 고객 간의 서비스 이익사슬구조를 이해하는 것이 중요하다.

서비스 이익사슬(SPC: service profit chain)은 서비스가치, 고객충성도, 경영성과 등을 종업원의 만족, 역량, 생산성과 연결시킨 서비스 모형이라고 할 수 있다(Heskett et al., 1994). 서비스 이익사슬은 고객과 종업원, 기업의 수익과 성장 간의 직접적이고 강력한 연결관계를 유지하는 것을 보여주는 하나의 시스템이다.

이것을 그림으로 나타내면 다음과 같다.

그림 4-2 서비스 이익사슬

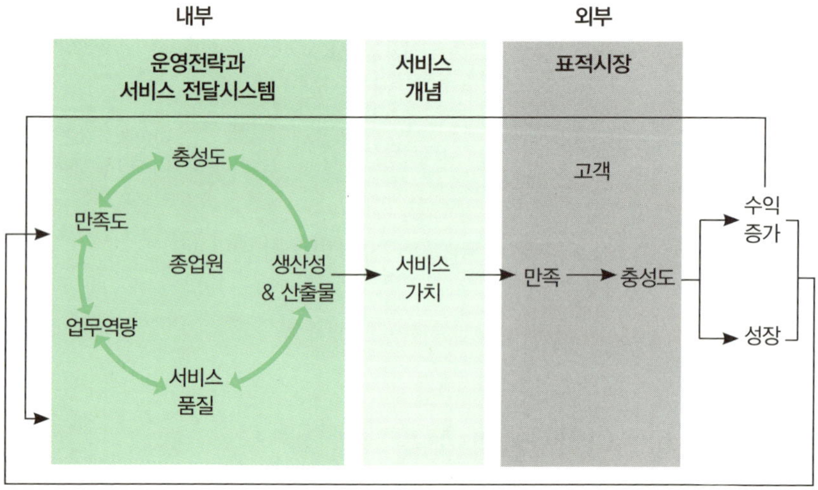

위 그림은 기존 시장점유율이 수익성의 원동력이라는 믿음에 의문을 제기하며, 일류 기업들의 경험사례를 토대로 고수익과 빠른 성장의 요인이 고객충성에 있다는 것을 밝혀내고 서비스와 수익 간의 관계고리가 성립됨을 나타낸다.

모든 문제가 내부에서 발생하는 것처럼, 초우량 품질은 건강한 기업문화에서 발생한다고 할 수 있다. 건강한 기업은 구성원이 즐겁게 일하는 방식에서 비롯된다. 한국형 일하는 방식이 때로는 좋은 점도 있지만 조직의 건강도를 해칠 수 있어 최고경영자는 의지를 갖고 관행을 타파하는 모습을 보여야 한다.

읽을거리

건강한 기업을 만들려면 일하는 방식을 바꿔라

맥킨지는 대한상공회의소와 함께 한국 기업을 대상으로 대규모 '건강검진'을 했다. 100개 기업 4만 명이 참여했고, 「한국 기업의 조직 건강도와 기업문화 진단 보고서」를 발간했다. 진단 결과는 참담했다. 앞만 보고 달려온 기업들의 건강은 허약했다. 특히 결론 없는 회의, 형식에 그치는 보고, 불명확한 업무지시, 비효율적인 업무수행, 빈번한 야근으로 나타나는 '한국형 일하는 방식'은 조직의 건강을 해치는 주범으로 파악됐다.

이제 기업들은 건강한 미래를 위해 과거 방식의 집착과 고집을 버릴 때가 됐다. 수십 년간 추구해온 방식을 하루아침에 바꿀 수는 없다. 그러나 일상의 작고 꾸준한 실천을 통해 변화를 일으킬 수 있다.

한정된 시간과 인력의 투입으로 산출물을 내는 컨설팅만큼 1분 1초 단위의 업무효율성과 일하는 방식의 고도화를 따지는 직종도 많지 않다. 세계 60여 개국, 110여 개 사무소를 두고 있는 맥킨지는 지역적 · 언어적 · 문화적 다양성에도 불구하고 1만 명 이상의 컨설턴트가 동일한 방식으로 일하고 있다. 그걸 가능케 하는 몇 가지 일상의 방법을 소개한다.

- 7단계 문제해결: 맥킨지는 프로젝트 규모나 유형에 상관없이 7단계를 거쳐 문제를 해결한다. 문제 정의, 요소 구조화, 우선순위화, 작업계획 수립, 분석 실시, 시사점과 논거 정리, 제안 도출 및 커뮤니케이션. 하나하나는 별것 없어 보이지만, 정공법대로 따르기란 사실 쉽지 않다. 아이러니컬하게도 가장 어려운 경우는 프로젝트 중간에 '우리가 풀려고 하는 문제가 뭔가'라는 질문이 나올 때다. 첫 단추를 잘 끼우는 것이 핵심이다.
- 피라미드형 커뮤니케이션: 맥킨지가 선호하는 소통방식은 결론부터 말하고 이를 뒷받침하는 논거를 전개하는 피라미드 구조다. 최상단의 돌을 아래 돌들이 지탱하고, 그 구조가 하부로 이어지듯 핵심 메시지들을 구조화

한다. 논거는 핵심적인 세 가지면 충분하고 너무 많으면 오히려 역효과가 난다.

- 핵심요약 보고서: 보고서는 한 장의 전체 요약 페이지로 시작된다. 아무리 긴 보고서라도 핵심메시지는 전체 요약에 모두 담겨 있다. 프로젝트를 진행하는 동안 컨설턴트는 핵심요약을 머리에 담고 진화해 나간다. 이를 위한 훈련을 '엘리베이터 테스트'라고 한다. 엘리베이터를 타고 내리는 30초 정도 시간에 핵심내용을 전달할 수 있어야 하기 때문이다.
- 개인의 성향을 감안한 팀 운영: 맥킨지는 프로젝트에 따라 수시로 팀을 구성하고 해체한다. 처음 만난 컨설턴트들이 바로 팀워크를 만들어내기란 쉽지 않다. 이를 위해 프로젝트 초반에 개인의 인식, 판단, 행동에 대한 성향을 공유한다. 이런 차이를 반영한 팀 단위 운영원칙을 만들고 관리한다.
- 수시로 주고받는 피드백: 맥킨지에는 피드백이 일상에 깊게 뿌리내려 있다. 끙끙 앓고 고민 끝에 문자로 조심스럽게 전달하거나, 폭탄주로 용기를 얻거나 사표를 안주머니에 꽂고 한방에 지르는 피드백이 아니다. '피드백을 드릴게요'라고 시작하고 관찰한 사실과 함께 제안을 전달한다. 직책과 상관없이 주고받는다.
- 수평적 회의와 토론: 모든 회의는 소위 계급장 없이 이어진다. 회의 시 경력이 짧은 컨설턴트가 시니어 파트너의 견해가 틀렸다고 판단할 경우, 이에 대해 반론을 자율적으로 제시할 의무가 있다. '권한'이 아니라 '의무'이며, 맥킨지 문화를 규정하는 매우 중요한 가치다.

여기 소개한 것 중에는 한국의 기업문화적 특성을 감안할 때 적용하기 어려운 것도 있을 것이다. 중요한 것은 리더의 의지이다. 아무리 조직 내에 바르게 일하고자 하는 의식이 존재하고, 변화를 위한 아이디어들이 생성된다고 하더라도, 상사의 부정적인 한마디와 행동에 바로 무너질 수 있다. 리더 스스로가 과거의 업무관행과 고질적인 사고방식을 바꾸고자 하는 문제제기를 하고 노력하는 모습을 조직구성원에게 보여야 한다. 조직의 건강과 장수를 위해서.

출처: 최원식, 한국경제신문, 2016. 9. 20.

초우량 품질을 위한 내부구성원의 만족은 외부고객에 대한 가치로 전달

되며 이는 만족을 가져온다. 이는 다시 재구매나 입소문(word of mouth) 덕분으로 새로운 고객의 유입을 통해서 회사의 매출과 성장에 도움을 준다.

읽을거리

강력한 브랜드의 힘 … 창립 5년 만에 아시아 최고

창업자	호권핑 · 장치지 부부
창업연도	1994년
현재 운영 중인 호텔과 리조트	40개
총객실수	5,274개
2015년 매출	3억 7,070만 싱가포르달러
기업공개	2006년 싱가포르증권거래소(SGX) 상장

현재 전 세계 40개 호텔 · 리조트와 70여 개의 스파를 운영하는 럭셔리 리조트 체인 '반얀트리 호텔 앤 리조트'의 시작이었다. 2015년 기준으로 반얀트리의 매출액은 3억 7,070만 싱가포르달러(약 3,087억원), 전체 직원수는 1만 5,000여 명에 이른다. 반얀트리는 푸켓에 첫 리조트를 세운 지 5년 만에 아시아 최고급 리조트 브랜드로 자리매김했다.

반얀트리 성공의 핵심은 '소비자와의 정서적인 교감'에 있다. 요즘 많은 대형 호텔에 가보면 사람 냄새가 나지 않는다. 호텔 방에 들어가면 호화스럽지만 편한 느낌을 주지 않는다. 대다수 호텔이 단순히 '하루 잘 곳'을 제공하는 역할만 한다. 반얀트리는 고객의 감성에 울림을 주는 것을 목표로 한다. 화려하게 치장해서 고객에게 잘 보이려고 하는 것보다 이용객의 지친 심신을 달래고 내 집보다 더 편하게 쉴 수 있는 리조트를 만들고자 했다.

반얀트리는 다른 호텔에 비해 광고를 적게 하면서 브랜드 힘을 키웠다. 이는 입소문(word of mouth) 덕분이다. 소비자들은 고급 리조트를 선택할 때 잘 꾸며진 광고보다 최근 리조트를 다녀온 사람의 솔직한 체험기를 더 중요하게 본다. 반얀트리를 이용한 소비자들이 가족과 친구들에게 "'정말 좋은 곳에 다녀왔다'고 말하는 것이 광고보다 10배 넘는 효과가 있다"라고 호권핑 회장 반얀트리 호텔 앤 리조트 회장은 이야기한다.

출처: 박정현, 조선일보 Weeklybiz 기사 일부 정리, 2016. 8. 27.

3. 감정노동

우리는 모두 감정노동자이다. 회사를 운영하는 경영자이든, 고객접점의 최일선에서 근무하는 직원이든 우리는 모두 감정노동자이다. '감정노동(emotional labor)'이라는 용어는 미국의 여성 사회학자 앨리 러셀 혹실드가 감정의 개념으로 노동 유형을 파악하기 시작하면서 사용하였다. 1983년 『통제된 마음』이라는 저서에서 직업상 원래 감정을 숨기고 업무에 맞는 표정과 몸짓을 만들어내는 감정통제의 한 형태라고 정의했다.

감정노동(emotional labor)은 직장인이 사람을 대하는 일을 수행할 때에 조직에서 바람직하다고 여기는 감정을 자신의 감정과는 무관하게 행하는 노동을 의미한다. 우리나라 근로기준법에는 '근로란 정신노동과 육체노동을 말한다.'라고 정의하였다. 최근에는 정신노동과 더불어 감정노동이 포함되어야 하고, 나아가서 감정노동으로 인한 질병을 산업재해로 인정해야 한다는 주장도 있다.

혹실드는 항공기 승무원과 추심원 등의 사례연구를 통해 감정노동을 필요로 하는 직업에는 세 가지 공통점이 있다고 말했다. 첫째, 사람들과 직접 얼굴을 마주하거나 일 대 일로 통화를 해야 한다는 것이다. 둘째, 이런 직업에서 일하고 있는 사람들은 다른 사람의 감정상태를 만들어내야 한다는 것이다. 항공기 승무원의 경우는 고객들로부터 감사하는 마음을, 추심원의 경우는 두려운 감정을 만들어야 한다. 셋째는 고용주가 직원들의 감정적 활동에 관해 어느 정도 통제력을 행사할 수 있다는 것이다.

감정노동은 극도의 피로와 직무불만족을 초래할 뿐만 아니라 심각한 경우에는 우울증, 대인공포증, 불면증까지 유발한다. 특히 블랙컨슈머로 인한 피해가 매우 큰 것으로 나타났다. 블랙컨슈머란 '나쁘다'는 의미의 black과 '소비자'라는 뜻의 consumer를 합성한 말로 악성 민원을 고의로,

또 상습적으로 제기하는 소비자를 말한다. 블랙컨슈머의 악의적인 행동은 감정노동 종사자들을 더욱 힘들게 만들 뿐 아니라 경제에도 악영향을 미친다. 질병에 대한 치료비용을 높일 뿐만 아니라 심한 경우 직장을 그만두게 함으로써 기업의 생산성을 떨어뜨리고 서비스 관련 비용을 증가시킨다. 이는 전체 소비자에게 전이되어 기업과 소비자 모두에게 피해를 준다.

감정노동 과정에서 인간은 자신이 경험한 감정과 표현한 감정이 불일치하는 감정부조화를 겪을 수 있다. 이는 감정의 표현에 있어 이해관계자의 반응이 역할기대에 불일치해서 갈등을 유발하는 개인과 역할 간의 갈등 형태로 인식되기 때문이다. 이 경우 감정노동자의 신체적 · 정신적 반응은 스트레스로 나타날 수 있다. 스트레스는 심장과 혈관피로를 유발하여 인체 항상성을 저해할 수 있고 혈압상승으로 심장질환 및 혈압질환을 발생시킬 수 있다.

감정노동자들은 고객만족과 고객감동을 목표로 고객에게 감동을 전달하기 위해서 자신의 모든 감정을 억누른다. 언제나 미소와 웃음을 잃지 않고 행동함으로써 고객만족을 만드는 사람들이다. 이들은 대인관계를 효과적으로 유지하기 위해서 자기인식, 자기절제, 자기규제 등의 감정지능(emotional intelligence)을 키워야 한다.

감정노동으로 인한 스트레스를 줄이기 위해서 기업은 감정노동을 관리할 수 있는 업무환경을 제공하도록 해야 한다. 또한 스트레스 관리를 위해서 명상법, 최적호흡법 등을 교육해야 한다.

기업 스스로 감정노동자에 대한 관심이 일회성으로 끝나지 않고 감정노동자들을 보호할 수 있는 제도적 장치를 마련하는 것이 필요하다. 기업은 직원도 내부고객이라는 인식을 갖고 부당하고 과도한 요구를 하는 고객들로부터 직원을 적극적으로 보호해야 한다. 예를 들어, 고객이 콜센터 직원에게 성희롱이나 험한 욕설을 할 경우 두 번 경고한 뒤 전화를 차단하게 하는 내규를 만드는 것은 좋은 예라고 할 수 있다.

4. 혁신전략과 서비스 전달시스템

기업이 내부역량을 확보하기 위해서는 조직의 내부 품질관리에 주력해야 한다. 내적 품질은 선발과 채용, 경력개발, 보상 및 인정, 고객에게 서비스하기 위한 정보접근 권한, 작업장에서 사용하는 기술, 직무 디자인 등이 해당된다.

짐 콜린스(2002)는 『좋은 기업을 넘어 위대한 기업』으로 라는 책에서 기업의 비전이나 전략 수립에 앞서 중요한 것은 적합한 사람을 버스에 태울 것을 강조하였다. 여기서 버스에 태운다는 표현은 기업에 적합한 사람을 선발하는 것이다. 짐 콜린스는 적합한 사람을 선발하고 이후에 기업비전을 수립하고 전략을 실행해도 늦지 않는다고 주장한다. 적합한 사람에 대한 알맞은 경력개발, 보상과 인정은 내부구성원 만족에 절대적이다. 이를 위해서는 경영혁신이 필요하다.

2008년 미국 월스트리트저널이 뽑은 세계 경영 대가(guru) 20인 중 1위에 오른 게리 하멜(Hamel) 교수는 『경영의 미래』에서 "진화시대는 가고 혁명의 시대가 도래할 것"이라고 예측한다. 이는 "20세기는 점진적인 경쟁전략이 이끌어 갔지만 불확실성이 지배하는 21세기에는 경쟁의 룰(rule)을 바꾸는 혁명적인 전략만이 의미가 있다"는 뜻이다. 특히 기업의 성공은 새로운 기술개발, 첨단제품 출시보다는 직원들의 시간활용, 의사결정구조, 조직구성 등 사람관리와 관련된 '경영혁신(management innovation)'에서 온다고 보는 것이 그의 경영이론의 핵심이다.

하멜의 경영이론 핵심

기업의 성공은 새로운 기술개발, 첨단제품 출시보다는 직원들의 시간활용, 의사결정구조, 조직구성 등 사람관리와 관련된 '경영혁신(management innovation)'에서 발생함

조직 자체에 창의성을 불어넣으면 새로운 기술과 제품은 자연스럽게 따라오기 마련이다. 기술과 제품의 혁신방식은 21세기 수준인데, 사람들의 관리방식은 20세기 초 수준에 머물러 있다는 것이 그의 진단이다. 게리 하멜은 "경영혁신 없이 21세기를 살아낼 수 없다"라고 강조하고 있다. 도대체 관리혁신이란 무엇을 말하는가?

혁신에도 급이 있다. 가장 큰 밑바닥에 있는 운영혁신, 이 보다 한 단계 높은 혁신은 제품혁신이다. 다음 단계가 비즈니스혁신, 그리고 업계구조혁신(industry architecture), 혁신의 최고봉은 경영혁신(management innovation)이다. 이것을 그림으로 나타내면 다음과 같다.

그림 4-3 **게리 하멜의 혁신의 분류**

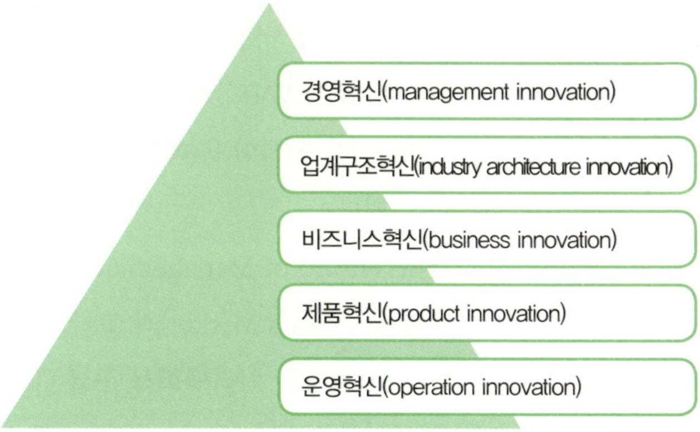

가장 밑바닥에 있는 '운영혁신(operation innovation)'은 직원들이 매일 부딪치는 조달 · 판매 · 유통 · 서비스채널 등의 혁신이다. 이 분야의 혁신은 큰 경쟁력이 없다. 경쟁사가 너무 쉽게 베낄 수 있기 때문이다.

이 보다 한 단계 높은 혁신은 '제품혁신(product innovation)'이다. 벽걸이 TV와 터치 휴대전화 등 최첨단 제품이 여기에 해당한다. 제품혁신은 물론 중요하지만 이 경쟁력도 고작 6개월~1년을 버티다 사라진다.

다음 단계는 '비즈니스혁신(business innovation)'이다. 고객을 만족시키는 전혀 다른 방법의 사업을 구상했을 때 일어나는 혁신이다. 최근 사례로 인맥구조 사이트인 페이스북(facebook)이나 가구회사 이케아(IKEA), 패션회사 자라(ZARA) 등이 있다.

비즈니스혁신 다음이 업계구조혁신(industry architecture innovation)이다. 이 혁신은 단지 한 회사나 한 사업 아이디어에 제한되는 것이 아니라 업계 전체를 뒤집어 엎어 놓는 것이다. 애플의 MP3플레이어 아이팟(iPod)이 이에 해당된다. 애플은 아이팟과 디지털 음악서비스인 아이튠즈(iTunes)를 통해서 음반시장 구조를 일시에 재편했다.

혁신 피라미드의 가장 꼭대기는 경영혁신(management innovation)이다. 회사의 관리자나 경영자가 하는 일을 바꾸는 것이다. 경영자들이 하는 일은 부하직원을 관리하고 팀을 꾸리고 회사의 자원을 분배하고 목표를 정하고 파트너십을 구축하는 일이다. 이런 분야의 혁신은 한 기업을 거꾸로 뒤집을 수 있는 강력한 파장을 미친다.

하멜 교수는 『경영의 미래(The Future of Management)』에서 미국의 유기농 식품점 체인 홀푸드마켓(Wholefoods Market)과 고급 등산복 소재로 유명한 고어텍스(Gore-tex), 세계 최대의 인터넷회사 구글(Google) 등 3개 회사를 미래 경영의 모범을 보여주는 사례로 꼽았다.

홀푸드마켓은 모든 직원이 팀 단위로 고용과 해고, 물품구매 같은 재량

권을 갖는다. 보통 한 매장은 수산물, 농산물, 계산대 등 평균 8개 팀으로 이루어져 있다. 이들은 어떤 물건을 들여놓을지부터 가격책정, 직원인사까지 결정할 수 있다. 월급도 팀 단위의 실적에 연동된다. 고어텍스는 상사가 없는 평평한 조직이다. 업무는 따로 정해져 있지 않아 자신이 스스로 일을 찾아야 한다. 승진은 동료들의 판단에 의해 결정된다. 1주일 중 반나절은 직원들이 재미있게 할 수 있는 무슨 일이든 할 수 있는 '장난 시간(dabble time)'을 만들었다. 구글 역시 관료주의를 과감히 없애고 어떤 직원이든 자신의 아이디어를 실행에 옮길 수 있게 검토 · 지원하는 제도를 갖고 있다. 이 세 기업은 조직을 최대한 평평하게 만들어서 누구나 회사 차원의 결정에 참여하게 만들었다. 마지막 직원 한 명의 아이디어까지 모두 활용하려고 노력한다. 실제 심각한 문제의 징후를 가장 먼저 알아채는 사람은 고객을 매일 상대하는 말단 직원일 확률이 높기 때문이다.

경영자의 경영혁신에 의해서 조직이 만들어 가는 내적 품질에 만족한 종업원은 해당업무에 만족하여 이탈을 거의 하지 않는다. 고객화된 서비스기업에서의 낮은 이직률은 높은 내부 고객만족과 생산성향상과 깊은 연관이 있다.

내부운영전략과 서비스 전달시스템을 회복하기 위해서는 작업장설계, 업무설계/의사결정권, 선발 및 경력개발, 보상, 정보 및 커뮤니케이션, 고객에게 서비스를 제공하기 위한 적당한 도구 등을 개발하여야 한다. 만족한 조직구성원들은 업무역량으로 표출한다. 즐겁게 일하는 종업원만이 고객을 즐겁게 해 줄 수 있다. 종업원을 즐겁게 하기 위해서는 종업원 근로상황 개선, 복지향상, 다양한 인센티브 지급 등 과감한 투자를 아끼지 말아야 한다. 고객과 직접 대면하는 주체는 일선 종업원들이기 때문이다. 종업원들은 고객과 진실의 순간(MOT: moment of truth)에 대면하는 주체이다.

진실의 순간은 스페인의 마케팅 이론가인 리처드 노먼이 주창한 경영개념이다. 그는 투우경기에서 진실의 순간 개념을 가져왔다. 투우사는 이리저리 황소를 약을 올린다. 황소가 힘이 빠질 때 투우사는 황소 정수리에 칼을 찌른다. 이 극적인 순간이 '진실의 순간'이다. 이런 진실의 순간은 고객과 대면하는 순간에 결정된다. 고객을 대면하는 15초 이내에, 아니 2초 이내가 진실의 순간이라고 하는 경영전문가도 있다. 실제 스칸디나비아항공의 얀 칼슨 회장은 1980년대 '진실의 순간' 개념을 도입하여 차별적인 서비스를 제공하는 데 노력하였다. 얀 칼슨 회장은 "고객이 기내식 식반을 받아드는 순간이 가장 중요하다"며 식반 닦는 직원까지 혁신운동에 동참하도록 하였다.

종업원의 만족과 기쁨은 소위 이것은 고객이 중요하게 여기는 진실의 순간에서 고객가치와 서비스가치로 이어지게 되는 것이다. 따라서, 내부운영전략과 서비스 운영전략을 효과적으로 발전시키는 것이 요구된다.

읽을거리

고객관점에서 제대로 혁신하는 기업만이 경쟁에서 살아남는다

"따라가는 데 급급하면 도태되기 때문에 '고객중심 혁신'이 매우 중요하다." 이는 구본무 LG그룹 회장이 임원세미나에서 자주 강조하는 이야기다. 구 회장은 "변화를 따라가는 데 급급하거나 혁신을 위한 혁신에 머무르는 기업들은 도태되는 것이 냉엄한 현실이며, 관행에서 벗어나 새롭게 생각하고 뼈를 깎는 노력을 기울여 변화와 혁신을 주도해야 한다"고 이야기한다.

LG 구본무 회장도 '시장선도' 철학을 자주 이야기한다. 이러한 구 회장의 경영철학을 바탕으로 OLED TV는 LG가 세계 최초로 판매에 나서며 시장을 만들고 있는 상품이다.

▪ **구본무 '고객중심으로 혁신' 강조**

구 회장은 LG혁신 한마당, 매월 임원세미나 등에서 틈만 나면 '고객가치'를 강조한다. 구 회장에게 있어 고객가치란 고객의 삶을 진정으로 바꿀 수 있는 제품과 서비스를 제공하는 것을 말한다. 고객가치를 담은 제품과 서비스를 내놓아야 시장을 선도할 수 있으며 단순한 혁신에 머물러서는 안 된다는 절실한 위기의식이 담겨 있다. 남들이 보지 않는 부분까지 감동을 주는 세밀함과 기필코 이루어내고야 마는 철저한 실행력으로 최고의 고객가치를 만들어내도록 노력할 것을 독려한다.

■ **창의성에 기반한 고객가치**

구 회장은 구성원들이 산업 간 경계를 허무는 창의적인 발상으로 한 차원 높은 수준의 혁신을 전개해 차별화된 고객가치를 만드는 것에 매진하도록 강조한다.

출처: 각종 신문자료 요약

5. 서비스가치

고객에게 가치를 제공하는 기업은 영속할 수 있다. 『가치이동』의 저자인 에이드리언 슬라이워츠키(2000)는 "기업의 가치는 언제나 시대에 뒤떨어진 사업설계에서 고객의 관심사항을 더 잘 충족시키는 새로운 사업설계로 이동한다"고 이야기하였다. 또한 그는 "기업의 가치는 한 업종에서 빠져나와 다른 업종으로 옮길 수도 있지만 같은 업종 내에서도 전혀 다른 사업설계를 가진 기업으로 이동할 수 있다"고 주장한다. 여기서 우리가 개인이나 기업이 가치이동의 원리를 제대로 파악하지 못할 경우 쇠락의 길로 접어들 수밖에 없다는 사실이다. 고객이 느끼는 가치가 가격이나 원가보다 커야 한다. 영국의 저널리스트인 팀 하포드(2006)는 『경제학 콘서트』에서 "가격은 기업의 비용을 나타내며 또한 고객들이 생각하는 가치를 표현한다"라고 했다. 고객은 원가 대비 가치를 따져보고 신뢰할 수 있는 일을 찾고 있는데 정작 기업은 가격만을 가지고 고민한다면 이미 '실패한 조직'이라는 것을 반증한다. 따라서 개인이나 기업은 지속적으로 생존하기 위해서는 기업의 생존방정식(윤석철, 2001) 원리를 이해해야 한다.

가치 > 가격 > 원가

생산자의 입장에서는 '가격>제품원가'라는 부등식이 성립해야 한다. 아니면 기업의 생존이 위태롭다. 소비자나 고객의 입장에서는 '상품가치>가격'의 부등식이 만족되어야 장기거래로 이어진다. 이 기업의 생존부등식은 고객을 지향하고, 소비자만족을 추구해야 한다는 믿음을 바탕으로 하고 있기 때문에 간단한 방정식에 불과한 것으로 여겨질 수 있으나 자세히 보면 기업의 본질과 존재이유를 확인할 수 있는 좋은 지표이다. 냉엄한 현실에서 가치를 제공하지 못하는 개인이나 조직은 생존위기에 처하게 된다.

실제 서비스 이익사슬에서 모든 관계고리를 이음새 없이 관리한다는 것은 매우 어려운 일이다. 그러나 기업의 경영성과는 고객에게 전달되는 결과물과 프로세스를 서비스 이익사슬상에서 중요한 결과를 측정하고 운영함으로서 달성할 수 있다. 서비스를 고객의 관점에서 바라본 고객가치방정식은 개인이나 조직의 수익을 결정짓는 가장 중요한 요인이라고 할 수 있다.

$$\text{고객가치방정식} = \frac{\text{결과물} + \text{프로세스품질}}{\text{가격} + \text{서비스획득비용}}$$

고객가치방정식은 고객이 제품과 서비스 자체의 결과물과 이를 얻기 위한 프로세스품질을 자신이 희생한 가격 또는 서비스를 획득하기 위해서 노력한 비용으로 나눈 값이라고 할 수 있다. 이 고객가치방정식은 재화와 서비스를 구매하고 사용하기 위한 의사결정에 영향을 미치는 고객관점에서 구성되어져야 한다. 모든 고객에 대한 서비스가치는 제공되는 결과물 또는 프로세스 품질을 높이거나 가격 또는 획득비용을 감소시킴으로써 향상시킬 수 있다.

먼저, 고객가치방정식의 분모에 해당하는 가격과 획득비용에 대하여 알아보자. 가격과 획득비용은 대부분의 고객이나 서비스 제공자들은 가격측면에서의 비용을 측정한다. 가격과 획득비용은 경우에 따라서 획득비용이 가격을 초과할 수도 있다. 가격과 획득비용(접근비용) 간의 관계는 서비스 제공자에게 중요하다. 기업이 만든 제품과 서비스에 대해 고객은 거래비용(transaction cost)이 큰 경우에는 다른 제품이나 서비스를 구입하게 된다. 거래비용이론(transaction cost theory)에 따르면 기업과 개인들은 서로 생산비용을 절약하려고 노력하는 것처럼 거래비용을 절약하려고 한다. 기업이나 고객들은 기본적으로 공급자의 위치파악, 그들과의 통신, 계약준수의 감시, 보험가입, 제품정보획득 등 때문에 비용이 많이 든다(Coase, 1937). 고객들이 거래비용을 줄이기 위해서 본격적인 거래에 앞서 정보기술이나 인터넷을 이용하여 정보를 탐색하는 것이 이제는 자연스러운 일이 되었다.

둘째, 고객가치방정식의 분자에 해당하는 결과물에 대한 설명이다. 이는 고객이 구매하려는 결과물을 말한다. 예를 들어, 고객이 손해보험에 가입하였다고 한다면, 이 고객이 바라는 기본적인 결과물은 최소의 노력과 비용으로 자동차나 다른 소유물을 원상회복시켜 주기를 바랄 것이다. 고객은 최소의 노력과 비용으로 보다 큰 효용을 얻기를 바란다. 예를 들어, 스타벅스의 이용자들은 스타벅스 매장 안에서 커피 한 잔으로 커피 자체뿐만 아니라 스타벅스의 문화를 즐긴다. 스타벅스에 앉아 커피의 원가를 따지는 고객들은 아무도 없다. 밖이 보이는 창가에서 커피 한 잔을 앞에 두고 느긋하게 잡지를 꺼내드는 그들은 가격이 아닌 가치를 선택하는 것이다.

셋째, 프로세스품질이다. 프로세스품질은 고객이 서비스 구매과정에서 관찰될 수 있는 결과물의 전달방식을 말한다. 고객에 따라 바라는 프로세스의 품질이 상이할 수 있다.

경영자가 고객가치방정식에 의거하여 탁월한 가치를 제공하기 위해서는 다음의 몇 가지를 고려하여야 한다(Heskett et al., 1994).

첫째, 고객의 요구를 이해하여야 한다. 고객의 욕구는 서비스제공조직들의 고객과 자주 접촉하는 과정에서 관찰, 파악될 수 있다. 서비스관리자는 고객을 서비스 전달방식과 서비스 설계과정에 참여시켜 고객의 요구사항을 이해할 수 있다.

둘째, 고객욕구가 가치방정식에 어떠한 영향을 미치는지 세밀하게 파악하라. 가치방정식의 다양한 요소들이 고객만족도에 미치는 영향을 평가하여 각 요소의 제공수준을 파악할 수 있다.

셋째, 가치제고를 위한 투자의 회수율 목표를 설정하라. 다양한 수준의 비용지출과 서비스 개선노력이 고객충성도 변화에 미치는 영향을 알 수 있다면, 각 투자수준에 따른 회수율 목표를 설정할 수 있다.

넷째, 세부 시장별로 다른 상이한 가치패키지를 개발할 필요가 있다. 상이한 욕구를 위해 가치패키지가 상이하게 설계되어야 하나 고객의 욕구와 관련한 서비스결과물, 프로세스품질, 획득비용과 가격이 적절히 조화될 수 없다면 공정성의 문제가 발생할 수 있다.

읽을거리

감동서비스

미국 캘리포니아에 사는 한 여성은 여행을 떠나기에 앞서 노드스트롬백화점에 들러 옷을 한 벌 샀다. 공항에 도착해 가방에 든 비행기표를 찾았다. 그러나 가방 안엔 비행기표가 없었다.

백화점에서 서두르다 비행기표를 매장에 놓고 온 것이었다. 어쩔줄 몰라 하며 당황하고 있는데 한 사람이 숨을 헐떡이며 비행기표를 건네줬다. 백화점 여직원이 비행기표를 들고 공항까지 택시를 타고 달려온 것이었다. 이 비행기표를 받아든 여성은 틀림없이 노드스트롬의 친절에 감동받았다. 고객을 감동시키면 충성고객을 확보할 수 있다.

출처: 노드스트롬백화점 홈페이지(http://shop.nordstrom.com)

6. 표적시장과 경영성과

서비스 경험은 고객의 만족수준, 신뢰, 충성도수준을 결정하는 중요한 것이다(캐슬린 신델, 2002). 기업의 관심사는 탁월한 서비스 경험을 통해서 고객만족과 고객충성도를 증대시키는 것이다. 왜냐하면 이러한 선행요인들이 회사의 수익성 향상에 결정적인 영향을 미치기 때문이다.

기업입장에서 보면, 만족하는 고객을 완전히 만족시키는 투자는 가치가 높으며, 만족도를 개선시키려는 노력은 가장 낮은 만족도를 지닌 고객에 집중되어야 할 것이다. 서비스 이익사슬관리를 시도했던 기업들의 사례를 분석한 결과, 고객충성도와 회사의 성장 및 수익, 종업원과 고객만족, 종업원만족과 업무역량 간에 유기적인 상관관계가 있다는 것이 검증되었다.

고객충성도는 고객이 거래기업의 제품이나 서비스가 최고일 것이라는 믿음의 정도라고 할 수 있다. 높은 정도의 서비스를 제공하는 회사가 높은 고객충성도를 확보하는 것은 일반적인 상식이다. PIMS연구[01]는 높은 수준에 따라 경영성과가 차이가 있음을 보여준다.

| 표 4-1 | 서비스수준에 따른 경영성과

관계효과	낮은 수준의 서비스	높은 수준의 서비스
매출	8%	16%
시장점유율	3%	8%
자기자본이익률	5%	30%
영업이익률	1%	11%

- 높은 수준의 서비스가 낮은 회사에 비해 두 배의 매출성장률 기록
- 시장점유율의 성장
- 자기자본이익률에서 여섯 배 이득
- 영업이익률에서 다섯 배 이득

고객만족과 고객충성도는 항상 직접적인 연관성을 갖는 것은 아니다. 이 둘 간에 존재하는 관계요인에 따라 그 결과는 달라진다. 최근의 조사에 따르면, 고객만족과 충성도 간에는 정형화된 관계가 없으며, 서비스 수익사슬에의 연결고리 중 가장 신뢰하기 힘든 것으로 파악되기도 한다.

기업에서는 고객을 만족도와 충성도 차원에서 네 가지 그룹으로 나눌 수

01 PIMS(Profit Impact of Market Strategies, 시장전략수익효과)는 비즈니스 활동과 비즈니스 결과 사이의 관계를 측정하기 위해 디자인된 것임.

있다. 이를 그림으로 나타내면 다음과 같다.

그림 4-4 고객만족도와 충성도에 따른 고객분류

- 로열고객(사도그룹): 고객충성도가 높을 뿐만 아니라, 다른 사람에게도 이용을 적극적으로 권하는 고객들
- 용병고객: 만족도가 높기는 하지만 가격이 싸다면 쉽게 이탈하는 고객들
- 인질고객: 불만은 많지만 다른 대안이 없는 고객들
- 테러리스트: 불만을 토로하며 어떻게든 다른 사람을 이탈시키려고 애쓰는 고객들

고객만족경영 관리자는 테러리스트, 로열고객, 용병고객에 대하여 고객만족도를 높이기 위해서 집중적으로 관심을 가져야 한다.

첫째, 관리자는 테러리스트를 중립화시키기 위해서 노력하여야 한다. 이들을 중립화시키면 가장 높은 투자수익률을 얻을 수 있다. 고객의 불만족사항을 정확하게 인식하고 진정성을 갖고 사과하고 테러리스트들이 전면에 나서기 전에 서비스제공자에게 먼저 알리도록 하는 인센티브정책을 가져갈 수 있다.

둘째, 로열고객을 유지하고 새로운 고객이 포함되도록 노력한다. 해당고객에게 사도그룹임을 알려주고 이들의 활동에 대해서 지속적으로 보상을

해야 한다. 총제적인 고객만족수준을 달성한 다음 또 다른 사도그룹을 만드는 노력 또한 중요하다.

셋째, 총체적인 고객만족을 실현하기 위한 적극적인 투자를 하여야 한다. 만족도 4점대 등급수준의 고객만족도 제공에 집중 투자한다.

넷째, 테러리스트 관리에 신경써야 한다. 테러리스트는 만들어지는 것이 아니라 태어나는 것이기 때문에 만족도가 낮은 고객에 대한 효율성 측면에서 투자를 최소화한다.

정리하면, 서비스 이익사슬관리가 관련분야 관리자에게 제공하는 시사점은 다음과 같다. 고객에게 제공되는 가치의 향상을 위해서는 프로세스와 품질, 그리고 생산성 개선을 포함하는 다양한 재설계 노력이 요구됨을 나타낸다. 모든 서비스 관련 프로세스는 고객의 관점에서 설계되어야 하며, 최종적으로 서비스에 대한 고객의 태도에 영향을 미치는 서비스 전달시스템으로 확장되는 것이 중요함을 나타낸다.

읽을거리

'사우스웨스트' 다시 웃을까? 미국 내 저가항공 공세에 실적 주춤

"기내에서는 금연입니다. 담배를 피우실 분은 기내 밖으로 나가 날개 위에서 마음껏 피우시기 바랍니다."

펀(fun)경영으로 유명한 미국 사우스웨스트항공사를 이야기할 때 자주 등장하는 사례다. 미국에서 단거리 국내 노선만 운항하는 이 항공사는 1990년대 이후 경영학 교과서에 단골로 등장하는 모범사례였다. 펀경영뿐만 아니라 노사화합, 단거리 노선에만 집중하는 전략적 판단 등 모든 점에서 사우스웨스트는 탁월했다.

이처럼 잘나가던 사우스웨스트도 위기를 맞고 있다. 겉으로 본 성적표는 여전히 좋다. 1분기(1~3월)에도 순익이 9,300만 달러로 전년도 같은 기간에 비해

52.5% 증가했다.

그러나 항공연료 헤지 계약에 따른 일시적 이익을 제외하면 실질적인 순익은 지난해 같은 기간보다 50%나 하락했다. 이처럼 경영실적이 좋지 않다 보니 주가도 15달러 안팎으로 계속 바닥권이다.

경영 모범생인 사우스웨스트가 이처럼 흔들리고 있는 이유는 뭘까? 월스트리트저널은 그 이유로 저가(低價) 경쟁 항공사들의 약진을 들고 있다.

사우스웨스트의 강점은 누가 뭐래도 저비용 구조다. 비용을 줄이기 위해 기내 안에 TV도 없앨 정도였다. 그런데 제트블루 등 후발 주자들은 물론 기존 항공사들도 구조조정과 비용절감을 통해 이 회사를 위협하기 시작했다. 반면 사우스웨스트는 직원들의 고령화가 진행되면서 인건비 비중이 갈수록 올라갔다.

결국 비용을 감당하지 못한 사우스웨스트는 지난해 항공료를 6차례나 인상할 수밖에 없었고 이에 따라 다른 항공사와의 가격차는 좁혀졌다. 이처럼 다른 항공사와의 차별성이 줄어들면서 전략 수정도 불가피해지고 있다.

예약 당시 승객들의 좌석 지정을 하지 않았던 회사 정책이 도전받고 있다. 그동안 없었던 봉급 삭감이 논의되면서 직원들도 동요하고 있다. 이와 함께 수요가 많지 않은 국내 노선은 감축하는 반면 앞으로 국제선에 진출하겠다는 청사진도 내놓고 있다.

경영학 교과서의 모범생인 사우스웨스트, 과연 새롭게 닥친 위기를 교과서처럼 극복할 수 있을까?

출처: 공종식, 동아일보, 2007. 7. 3.

참고문헌

에이드리언 슬라이워츠키, 가치이동, 세종서적, 2000.

윤석철, 경영학의 진리체계, 경문사, 2001.

짐 콜린스 지음, 이무열 옮김, 좋은 기업을 넘어 위대한 기업으로, 김영사, 2002.

캐슬린 신델 지음, 안재근 옮김, 로열티 마케팅, 아침이슬, 2002.

팀 하포드, 경제학 콘서트, 웅진씽크빅, 2006.

Coase, R. H., *The Nature of the Firm*, 1937.

Hammel, G., Breen, B., The Future of Management, *Harvard Business Press*, 2008.

Heskett, J. L., Jones, T. O., Loveman, G. W., Sasser, Jr., W. E., Schlesinger, L. A., "Putting the Service-Profit Chain to Work," *Harvard Business Review*, March-April 1994, pp.164-174.

자가 진단표

다음 문항에 대하여 자기 자신이나 자신이 속한 조직을 평가해 보자. 강점과 약점은 무엇인지 서로 토의해 보자. 채점방법은 '매우 동의 못함'은 1점, '보통'은 5점, '매우 동의함'은 10점으로 점수를 배점하면 된다. 항목별로 평가한 후 합산한 점수가 실제 개인과 조직의 현재 모습이 된다.

01 우리는 서비스 이익사슬 개념을 잘 이해하고 있다.

02 내부품질강화는 외부 고객만족과 강한 상관관계가 있다고 생각한다.

03 우리는 선진 경영혁신 모범사례를 배울 준비가 되어 있다.

04 우리는 진실의 순간(MOT: Moment Of Truth)을 잘 관리하고 있다.

05 우리는 기업생존부등식을 잘 이해하고 있다.

06 우리는 만족도와 충성도에 따른 고객관리방법을 적극 이용하고 있다.

07 우리는 제품품질과 프로세스품질이 가치에 중요한 영향을 미친다고 생각한다.

08 우리는 노드스트롬백화점 감동서비스 이상을 실천한다.

09 우리는 서비스경험이 고객만족수준, 신뢰, 충성도를 결정한다고 믿는다.

10 우리는 고객경험관리를 위해서 노력한다.

Chapter 05

사랑받는 기업의 조건

1. 인간의 기본욕구
2. 사랑의 욕구
3. 사랑받는 기업의 이해당사자
4. 사랑받는 기업의 성과

CRM 톡톡

사랑은 인간행복의 원천이다.

Chapter 05

사랑받는 기업의 조건

읽을거리

레고의 Afols

기업의 전략수립과 실행은 고객중심으로 전개되어야 한다. 고객과 함께 미래를 준비하는 개인과 조직은 영속을 하게 되나 그렇지 못한 기업은 어려움에 직면할 것이다. 개인이나 기업이 생물의 진화처럼 자연스럽게 변해야 오래 살아남는다.

찰스 다윈은 『종의 기원』에서 다음과 같이 이야기하였다. "끝까지 생존하는 것은 강한 종(種)도 아니고, 지적인 종도 아니며, 변화에 가장 잘 적응하는 종이다." 다윈의 이 말을 비즈니스 세계에서 가장 잘 구현하는 기업 중 하나가 바로 레고(Lego)라고 할 수 있다.

가치사슬상에 고객을 적극 참여시키는 기업은 성공에 한 발짝 다가서는 것이다. 디자인이나 연구개발(R&D) 같은 활동에 고객을 적극 참여시키는 것이 무엇보다 중요하다. 이것은 소위 필립 코틀러가 이야기하는 '공동창출(co-creation)' 개념이다. 이 개념을 모범적으로 적용하고 있는 기업이 덴마크의 블록 장난감 기업 '레고(Lego)'이다.

레고는 창립 후 오랜 세월 장난감, 특히 블록분야에서 제대로 된 적수를 만난 적이 없다. 그러나 1990년대 들어 레고는 전혀 예상치 못한 천적(天敵)을 만나게 된다. 기존 장난감과는 차원이 다른 비디오 · 컴퓨터게임이라는 외래종이 어린 고객들을 빼앗아가기 시작했다. 세계적으로 출산율이 떨어지면서 레고의 활동영역도 점차 줄어들었다. 트렌드를 선도하던 레고가 오히려 시대에 뒤떨어지는 상황에 직면한 것이다. 이러한 때 레고 역사상 가장 큰 변화는 바로 이 시기에 찾아왔다. 레고는 두 가지 생각의 굴레를 깨뜨렸다. '레고는 움직일 수 없다'는 것이 그 하나이고, '레고의 고객은 어린이'라는 것이 다른 하나였다. 레고는 1998년 MIT대와 손잡고 움직이는 레고로봇인 '마인드스톰'을 출시했고, 1999년에는 어른과 마니아 고객층을 겨냥한 '스타워즈' 시리즈를 내놓았다.

레고를 화려하게 부활시킨 주인공은 빅 쿠느드스톱(Knudstorp) 사장이다. 2001년에 빅 쿠느드스톱 사장은 가족 소유기업인 레고로 볼 때는 외부인이었다. 그는 76년 이상의 레고를 열광적인 고객으로부터의 아이디어를 수용하고 성장중심의 조직을 재편하면서 지속적인 성장을 이뤘다.

크누드스톱 사장의 경영철학은 "눈높이경영(managing at eye level)"이다. 레고의 조직구성원들과 자유로운 대화를 통해서 회사경영에 도움이 되는 아이디어를 수용한다.

그는 취업 후 판매격감과 부채를 줄이기 위해서 현금흐름에 집중한다. 이를 위해서 비핵심 사업을 매각하였다. 빌룬트와 미국, 영국, 독일에 있는 레고랜드 4곳의 지분 70%를 사모펀드에 팔았다. 의류와 영화 등의 사업도 매각하고 브랜드 이름만 빌려주고 수수료를 받는 라이선스로 전환했다. 대신 주력인 장난감(레고블록)사업에 집중했다. 성인고객을 겨냥한 모델을 꾸준히 내놓는 한편, 기존 어린이용 모델인 '듀플로(Duplo)시리즈'를 보완해 나갔다. 레고는 2005년 흑자로 전환했으며, 지난해에는 세계적인 경제위기 속에서도 매출이 18.7%, 순이익이 32% 급증하는 성과를 올렸다. 경제가 어려울 땐 부모들이 장난감 하나도 유명하고, 안전하고, 튼튼한 것을 고르기 때문이라는 분석과 함께, 경제위기에 앞서 일찌감치 구조조정을 했던 것이 보약이 됐다는 분석이 함께 나왔다.

레고에는 'Afols(Adult Fans of Lego)'라는 성인 동호회 모임이 있다. 동호회 회원수는 전 세계 25만 명에 이른다. 성인고객들은 아주 열성적인 마니아 그룹이다. 제품의 문제점에 대해 의견을 내고 신제품 아이디어도 제시한다. 어른이 새로운 고객층으로 자리매김하여 가격대도 올라갔다.

레고는 '개방과 공유'라는 디지털 비즈니스환경에 가장 적응한 기업 중 하나이다. 이 회사는 고객 스스로 온라인에서 레고 모델을 설계하는 프로그램인 '레고 디지털 디자이너(legofactory.com)'를 공개하였다. 이것이 소위 레고 커뮤니티이다. 레고의 제품디자이너는 실제 120명 정도인 데 반해 온라인에서 이 프로그램을 써서 활동하는 자발적인 디자이너는 12만 명이나 된다. 이들 중 뛰어난 아이디어를 도출하는 사람은 '레고 대사(deputy)'로 임명된다. 크누드스톱 사장은 2005년 고객의 공헌 정도를 깨닫는다. 제품개발단계에서 열광고객들은 다양한 아이디어를 제공한다. 이에 사장은 성인고객들과 정기적으로 모임을 갖는다. 레고는 열광고객을 본사로 초청하여 디자이너와 직접 만나 아이디어를 나누는 기회를 제공하기도 한다. 고객의 좋은 아이디어는 실제 상품으로도 만든다.

레고는 기본고객들이 레고를 더 잘 활용할 수 있도록 노력한다. 레고경진대회를 열고, 동호회활동을 적극 지원한다. 자연히 기존고객은 레고의 활동에 관심을 갖게 된다. 고객이 올린 글에 대해 댓글을 달고, 우수한 활동자를 뽑는 것도 그런 이유이다. 이는 '광(狂)팬'들을 주된 성장동력으로 삼는 할리 데이비슨을 연상케 하는 경영방침이다.

레고는 인터넷 해커들을 자기편으로 끌어들인 일화로도 유명하다. 1998년 움직이는 레고로봇 '마인드스톰'을 개발했을 때다. 소비자들이 제어장치 프로그램을 해킹해 마음대로 바꾸어 인터넷에 올렸다. 레고의 기술을 무단으로 도용한 셈이지만, 레고 경영진은 숙고 끝에 오히려 소비자들이 이를 마음껏 활용하도록 오히려 프로그램 원본을 공개해 버렸다. 그런데 그 뒤 소비자들이 경쟁적으로 프로그램을 업그레이드시키는 과정에서 성능에 엄청난 혁신이 일어났다. 예전에는 단순동작만 가능했는데, 이후에는 계단 오르기 등 복잡한 동작도 가능하게 됐다.

"공유된 정보로 경쟁사가 베끼는 사이에 소비자들이 더 좋은 제품을 개발할 것"이라고 빅 쿠느드스톱(Knudstorp) 사장은 말한다. 또한 그는 "요즘처럼 정보가 널린 세상에는 비밀이라는 게 없다"라는 것이다 오히려 적극적으로 자신의 정보를 개방하고 공유하는 기업만이 살아남게 된다는 것이다.

출처: 이성훈, 조선일보, 2009. 6. 20.
Harvard Business Review, January, 2009, p.25.

1. 인간의 기본욕구

인간의 욕구와 욕망은 끝이 없다. 인간은 태어나면서 끊임없이 더 높은 욕구를 추구하게 되어 있다. 인간은 존재(existence)하고 타인과 관계(relationship)를 맺고 성장(growth)하기를 바란다.

미국의 심리학자 매슬로우(A. H. Maslow)의 5단계 욕구설을 보면 쉽게 알 수 있다. 매슬로우가 제시하는 욕망단계이론(need hierarchy theory)은 인간이 지닌 욕구파악과 고객만족경영에 관한 전략을 제시하는 데 중요한 기초를 마련하고 있다. 매슬로우의 욕구단계이론은 다음과 같이 크게 두 가지의 기본전제로 구성되어 있다.

첫째, 인간은 충족하지 못한 욕구들을 만족시키기 위해서 지속적으로 동기화하기 위해 노력한다. 매슬로우는 임상적 관찰을 토대로 하여 인간이 기본적으로 갖는 생리적 욕구, 안전욕구, 소속감과 애정욕구, 존경욕구, 자아실현욕구 등으로 구분한다.

둘째, 매슬로우는 대부분의 사람들이 추구하는 욕구들은 사람에 따라서 서로 다르기는 하지만, 이를 분류하면 몇 가지 공통된 범주로 나눌 수 있다는 것이다. 다섯 가지 인간 욕구들은 위계적 형태로 계열화되어 있어 낮은 수준의 욕구가 일단 충족된 다음, 다음 계층에 해당하는 욕구로 상승하게 된다.

- 생리적 욕구(physiological needs): 생리적 욕구는 의 · 식 · 주 등과 같이 삶 그 자체를 유지하기 위한 기초적인 인간의 욕구를 말한다.
- 안전욕구(safety needs): 안전욕구는 생명의 안전, 직업보장, 위협과 공포로부터의 안전함, 기본적인 보상과 혜택 등과 같은 것을 획득하고자 하는 인간의 욕구를 말한다.

- 사회적 욕구(social needs): 이는 귀속욕구(affiliation needs)라고도 불리운다. 이는 인간이 사회적인 존재로서 어느 단체에 가입하고 우호적인 관계를 유지하며 원만한 상호작용을 하고자 하는 욕구를 말한다. 이는 인간이 사랑과 관심을 받고 싶어하는 기본욕구라고 할 수 있다.
- 존경욕구(esteem needs): 존경욕구는 타인으로부터 존경과 칭찬을 받고자 하는 인간의 기본욕구를 말한다.
- 자아실현욕구(self-actualization needs): 이는 계속적인 자기발전을 위해서 자신의 잠재력과 능력을 극대화하려는 욕구이다. 이는 인간의 최상위 욕구라고 할 수 있다.

그림 5-1 매슬로우의 욕구 5단계

높은 수준 욕구

자아실현 욕구	• 창의적이며 도전적인 업무 • 의사결정과정 참여 • 직무유연성과 자율
존경 요구	• 중요 직무에 대한 책임 • 승진 • 칭찬과 인정

낮은 수준 요구

사회적 요구	• 우호적인 동료관계 • 고객과의 상호작용 • 상사와 원만한 관계 유지
안전 욕구	• 안전한 작업상태 • 직무안전성 • 기본적인 보상과 혜택
생리적 욕구	• 휴식과 기분전환 • 직무에서 물리적 안정감 • 기본적인 의 · 식 · 주 문제해결

개인에게 있어 인간의 기본적인 욕구를 충족하고 타인으로부터 사랑과

존경을 받는 것은 축복받는 일이라고 할 수 있다. 다음에서는 사랑에 대하여 알아보기로 한다.

2. 사랑의 욕구

다음 빈칸에 공통으로 들어갈 말을 상상해보자. "□□은 심각한 정신질환이다." "□□해 달라는 요구는 오만불손한 요구 가운데 가장 오만불손하다(니체)." "사람들은 할 수 있는 모든 곳에서 □□을 한다(클로드 아네 · 프랑스 작가)." "결혼을 하지 않으면 □□이 훨씬 더 아름답다." "□□하는 여자와 함께 사느니 그녀를 위해 죽는게 훨씬 쉽다(바이런)."

정답은 '사랑'이다.

살면서(live) 사랑(love)하고 사랑받는 것은 행복한 일이다. '살다'와 '사랑하다'라는 영어 단어에서 한 철자만이 다른 것은 우연의 일치인가 아니면 이유가 있는 것일까? 사람과 사람의 'ㅁ'들끼리 만나 부딪치고 부서지고 깨지면서 자신을 내려놓고 잠잠해지면서 둥글둥글 'ㅇ'으로 나아가면서 사람이 되는 것이다.

사랑의 정의는 매우 광범위하다. 사치앤사치의 CEO 케빈 로버츠(2004)는 사랑에 대하여 다음과 같이 언급하였다. "인간은 사랑을 필요로 한다. 사랑이 없으면 죽는다. 사랑은 대답이 미미하지만 직관적인 감지다. 사랑은 상호적이다. 그렇지 않으면, 사랑이라는 이름에 맞지 않다. 사랑은 명령하거나 요구할 수 없다. 그것은 오직 베풀 뿐이다."

사랑하는 것도 쉽지 않지만 사랑받기도 그리 쉬운 일은 아니다. 사랑은 인간 삶에서 윤활유와 같은 작용을 한다. 사랑은 삶에 활력을 불어 넣는다. 미래학자 롤프 옌센(Rolf Jensen, 2005)은 다가올 드림 소사이어티(Dream

Society)에서는 고객의 머리보다는 마음을 자극하는 상품이 더 중요할 것이라고 이야기하였다. 개인이나 조직이 타인과 고객으로부터 사랑을 받는다는 것은 이미 개인적인 공간(personal spot)에 들어가는 것이기 때문에 일을 처리하거나 제품과 서비스를 어필하는 데 보다 용이하게 접근할 수 있다. 사랑을 하면서 개인이나 조직은 친밀감을 갖게 되고 약속을 잘 지키게 되며 열정을 갖게 된다.

사치앤사치의 CEO 케빈 로버츠(2005)는 기존의 브랜드와 차별화하기 위해서 '러브마크'라는 고유상표를 만들게 된다. 그는 존경과 사랑의 정도가 매우 높은 영역을 '러브마크'라고 명명하였다. 그는 또한 '러브마크(www.lovemarks.com)'에서 광적인 사랑과 존경을 함께 받는 브랜드를 기존 브랜드라는 표현과 차별화하기 위해서 '러브마크'라고 부른다. 독자들은 이 사이트에서 세계적인 브랜드의 러브마크 순위를 확인할 수 있다. 존경과 사랑의 정도에 따른 명칭은 다음 그림으로 나타낼 수 있다.

그림 5-2 러브마크

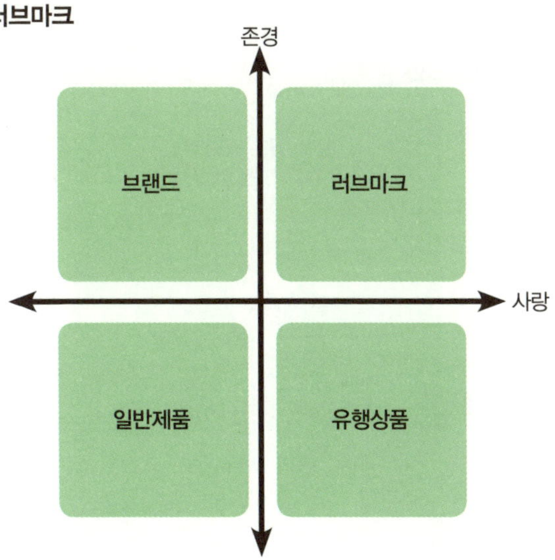

인간은 항상 행복의 최적점을 찾아 균형을 이룰 수 있을 것인가? 이런 일은 '호모 이코노미쿠스(경제적인 인간)'에게 선택을 맡기면 가능할 것이다. 그러나 인간은 이렇게 '아인슈타인+컴퓨터+간디'의 행동주체가 아니라는 사실이 이론이나 경험적인 사실로 증명되고 있다.

행동경제학(Behavioral Economics)은 행동경제학적 접근을 통해 마케팅과 구매욕 분석에 중점을 두는 신경마케팅이론이다. 신경마케팅(Neuromarketing)이란 뇌과학과 마케팅을 결합한 신종학문으로, 소비자의 구매와 소비행태를 뇌(腦)과학과 신경심리학으로 풀어내는 것이다. 세계 주요 기업들이 경제위기에 따른 극심한 판매부진으로 골머리를 앓으면서, 마케팅 기법의 '대안(代案)'으로 주목받고 있다.

독일의 한스-게오르크 호이젤(Hans-Georg Häusel, 2008) 박사는 이 신경마케팅 분야의 세계적인 대가이다. 그의 이론의 핵심은 "소비자의 구매결정은 거의 언제나 뇌에서 무의식적으로 감정적으로 내린다"는 것이다. 따라서, 마케팅에 성공하려면 소비자의 뇌 속을 들여다 봐야 한다는 것이

그림 5-3 오른쪽 뇌와 왼쪽 뇌

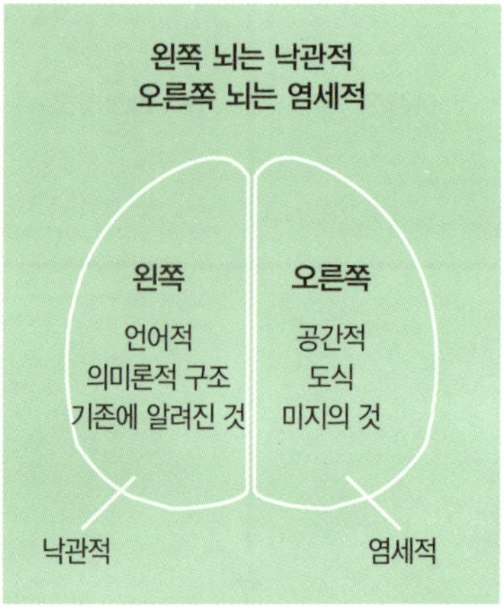

다. 일반적으로 뇌 관련 연구학자들에 의하면, 왼쪽 뇌는 낙관적인 사고를, 오른쪽 뇌는 염세적인 사고를 관장하는 것으로 알려져 있다.

한스-게오르크 호이젤에 의하면 모든 소비자는 감정에 지배되는 존재이며 모든 소비자는 서로 성향이 다르기 때문에 소비자의 마음속을 제대로 들여다보려고 노력해야 한다고 주장했다. 그의 연구에 의하면, 사람의 뇌는 두뇌활동을 위해서 많은 에너지가 필요하다. 뇌는 에너지를 불필요하게 낭비하지 않기 위해서 각종 정보를 자동모드로 저장한다. 소비자들의 막연한 예감, 직관에 따른 구매결정 등은 모두 뇌의 자동모드와 관련이 있다.

고객은 뇌의 사용을 줄이기 위해서 브랜드를 통해 의사소통한다. 뇌에는 브랜드에 대해 2개의 메커니즘이 존재한다. 첫째, 인지도 높은 브랜드를 대할 때는 따로 생각할 필요없이 '자동모드'로 전환되는 메커니즘이다. 둘째, 브랜드에 대한 긍정적인 감정에 관한 메커니즘이다. 예를 들어, 새 상품을 봤을 땐 뇌의 학습을 담당하는 안와전두피질(眼窩前頭皮質)이 활성화되지만, 폴크스바겐처럼 오래된 브랜드는 뇌의 깊숙한 부분, 즉 편도(扁桃)라는 뇌 부위에 저장된다. 강력한 브랜드를 구축하려면 뇌의 깊숙한 부분인 감정영역에 자리를 잡아야 한다.

그림 5-4 **두뇌활동**

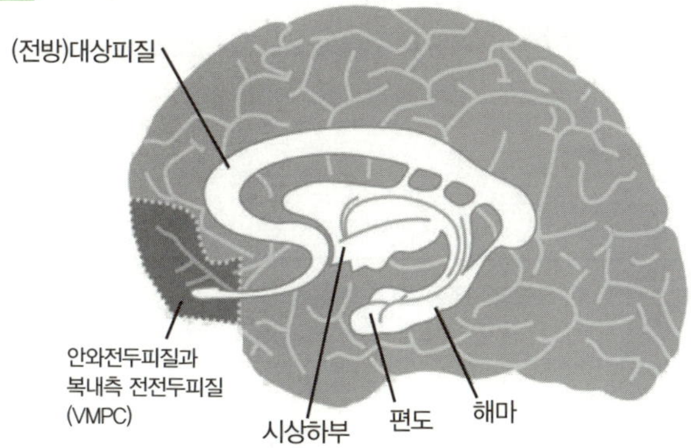

여성과 남성의 두뇌구조를 이해하면 소비자행동을 연구하는 전문가는 큰 도움을 받을 수 있다. 여성과 남성의 뇌가 다르기 때문에 마케팅전략도 성별에 따라 상이하게 전개되어야 한다. 남성과 여성의 뇌는 호르몬과 해부학적 측면에서 300여 가지나 차이점을 갖고 있다. 여성의 뇌는 더 많은 에스트로겐을 갖고 있다. 이는 상호교감적 사고, 직관적 사고, 감정적 느낌을 증가시켜 더 감정적인 삶을 살게 한다. 그래서 여성은 건강제품이나 소설, 예술품 등 환상을 자극하는 상품에 잘 반응한다. 디자인 측면에서 보면 여성은 부드럽고 따뜻한 형태를 좋아한다. 오스트리아의 생수업체 푀스라우어(Voslauer)는 용기를 부드러운 곡선 형태로 바꾸는 것만으로 여성고객 시장점유율을 획기적으로 높였다고 한다.

반면에 남성의 뇌는 테스토스테론의 지배를 더 많이 받으므로 지배적 · 분석적인 기능이 활성화된다. 그래서 스포츠, 포로쉐(스포츠카), 컴퓨터와 같은 제품에 관심을 갖게 만든다. 디자인 측면에서 보면 남성은 사각형 모형의 직선적이고 실용적인 형태를 선호한다.

| 표 5-1 | 여성과 남성의 두뇌차이

여성	내용	남성
에스트로겐	호르몬	테스토스테론
상호교감적 · 직관적 사고, 감정적 느낌	테스토스테론사고	지배적 · 분석적인 사고
부드럽고 따뜻한 형태	디자인측면	사각형 모양의 직선적이고 실용적인 형태 선호
건강제품, 소설, 예술품	관심제품	스포츠, 스포츠카, 컴퓨터

출처: 한스-게오르크 호이젤, 뇌, 욕망의 비밀을 풀다, 흐름출판, 2008.

읽을거리

'화성男–금성女' 차이 뇌구조 때문?…성별보다 교육 · 환경이 더 큰 영향

미국 심리학자인 존 그레이 박사는 자신의 책『화성에서 온 남자, 금성에서 온 여자』에서 남자와 여자는 다른 행성에서 온 것처럼 느껴질 정도로 언어와 사고방식이 다를 수밖에 없다고 했다. 뇌의 인지구조가 근본적으로 서로 달라 사고방식에 차이가 나타난다고 본 것이다. 여기에 근거해 흔히 남성의 뇌는 돈을 벌기에 익숙한 사고구조를, 여성의 뇌는 남성보다 동시에 여러 가지 일을 하기에 적합한 사고구조를 갖고 있다는 것이다. 과연 이런 속설은 맞는 것일까?

■ 성별 치우친 뇌영역 발달은 8%

이전까지는 태아가 남성 호르몬인 테스토스테론을 분비해 남성적인 뇌로 성장하면서 남녀 간 뇌 차이가 발생한다는 이론이 정설처럼 받아들여졌다. 대프너 조엘 이스라엘 텔아비브대 교수 연구진은 남성과 여성의 뇌를 비교한 실험에서 남녀 간 뇌 구조에 성 차이는 없다고 미국립과학원회보(PNAS)에서 지난달 30일자에 발표했다. 대부분 사람은 남성과 여성의 사고구조 특성을 동시에 지니고 있다는 것이다.

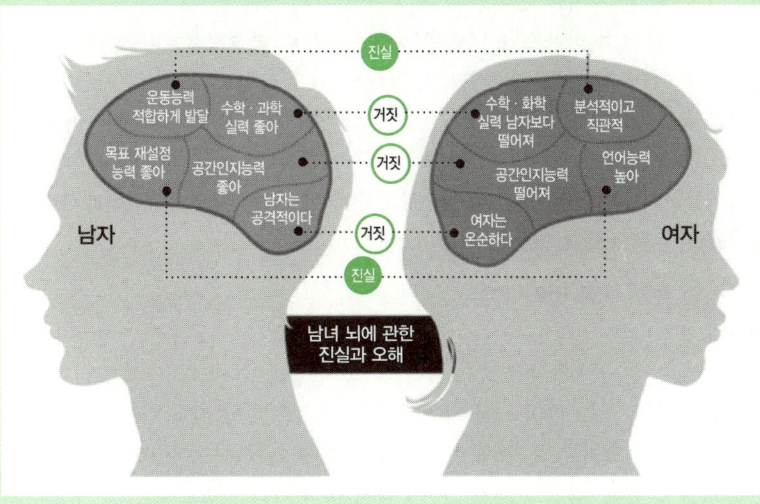

연구진은 13~85세 남녀 1,400명의 뇌를 자기공명영상(MRI) 장치로 두뇌영

역의 크기를 측정하고 성별에 따라 주로 발달하는 부위를 구분했다. 그리고 성별에 따라 주로 나타나는 특성에 따라 남성영역과 여성영역, 중간영역으로 나눴다. 분석결과 남성과 여성은 뇌의 161개 영역 가운데 기억을 관장하는 해마와 위험을 회피하는 능력을 관할하는 하측 전두회를 포함해 29개 뇌 영역에서 차이가 나타났다.

하지만 자신의 성별에 치우친 뇌 영역이 발달한 사람은 고작 8%에 머무는 것으로 나타났다. 대부분은 자신의 성별뿐 아니라 반대 성별에서 발달하는 영역이 발달한 경우가 많았다. 조엘 교수는 "대부분 사람은 성별에 상관없이 두뇌가 중간적인 성질을 지닌다"고 말했다.

■ 공간인지능력도 남녀 차이 없어

이번 연구는 남녀 간 뇌의 구조적 차이에만 초점을 뒀다. 하지만 그동안 지나치게 성별에 근거해 뇌의 메커니즘을 분석하는 방식에 한계가 있다는 사실을 처음으로 제시했다. 다른 뇌연구에서도 남녀 간 차이가 별로 없다는 결과들이 속속 보고되고 있다. 남성이 여성보다 운전을 잘하거나 길을 잘 찾는다는 속설도 그 중 하나다. 남녀 간 공간지각에서 뚜렷한 차이가 나타난다는 것이다. 하지만 과학자들은 이 역시 절대적이지 않다고 말한다. 영국 더럼대 연구진은 남녀 간 공간인지능력의 차이를 분석한 결과 성별에 거의 영향을 받지 않는다는 사실을 알아냈다. 매커스 하우스만 더럼대 교수는 "일부 공간지각능력에서는 여성이 남성보다 더 뛰어난 경우도 있다"며 "뇌구조와 기능에서 남녀 간 차이가 거의 없다고 본다"고 말했다. 여학생이 남학생보다 수학과 과학 실력이 떨어진다는 주장도 근거가 약하다. 마거릿 매커티 미국 메릴랜드대 교수는 "이런 주장은 문화적 인식을 넘어 생물학적 차이를 강조하고 있다"며 "남녀 간 성별에 따라 선입견을 가지고 능력을 따지는 경향이 있다"고 지적했다.

■ 성별 중시 풍토 벗어나야

이에 대한 일부 반론도 있다. 일부 신경과학자들은 기능적인 측면에서 남녀 간 차이가 나타난다고 주장하고 있다. 미국 펜실베이니아대 연구진은 2013년 20~30대 남녀 1,000명의 뇌를 촬영한 결과 남성은 두뇌 반구 안에서 신경신호가 활발하게 오고가는 데 반해 여성은 두뇌 반구 간에 신호전달이 더 활발하다는 결과를 얻었다. 남성의 뇌가 운동능력에 더 적합하게 발달해 있고 여성의 뇌는 분석적이고 직관적인 일에 적합하다는 의미다.

알렉산드라 카우츠키 윌러 오스트리아 빈 의대 교수는 "대규모 집단에서 진단과 치료를 해야 할 경우 남녀 간 차이를 고려해야 한다"면서 "그럼에도 같은 성별 내에서 더 복잡한 차이가 나타난다는 점도 주목해야 한다"고 말했다. 성별만을 고려할 게 아니라 문화와 환경, 교육, 사회적 위치에 따른 뇌기능 차이에 주목해야 한다는 것이다.

출처: 박근태, 한국경제신문, 2015. 12. 7.

고객 관련 분야를 연구하는 종사자는 고객의 머릿속에 이루어지는 권력투쟁을 이해하여야 한다. 인간의 두뇌에서 벌어지는 권력투쟁은 자극시스템, 지배시스템, 균형시스템 간의 경쟁으로 구성된다. 의, 식, 주, 성욕 등의 자극에 대하여 인간의 두뇌에서는 지배시스템과 균형시스템이 작동하여 합리적인 선택대안을 찾게 된다. 지금까지 설명한 것은 [그림 5-5]와 같이 나타낼 수 있다.

그림 5-5 의사결정구조와 성별 선호도 차이

고객의 제품이나 서비스 선택 패턴이 이성보다는 감성에 의존하는 경향이 커짐에 따라 인간의 본질적인 특성이라 할 수 있는 사랑(love), 감성(heart), 존중(respect), 영혼(spirit)이 있는 스토리를 제품과 서비스에 스며들도록 노력하여야 한다.

실제 경기침체로 소비심리가 얼어붙는 경우, 기업들은 제품광고는 줄이고 미래를 대비한 기업들의 이미지광고를 꾸준히 늘린다. 이는 광고에 있어 과거 수치를 앞세운 이성적인 내용보다는 소비자에게 긍정적인 인상을 심기 위한 감성적인 내용이 더 호소력이 높고 신뢰감을 확보할 수 있기 때문이다. 감성광고를 노출하는 기업들의 주된 키워드는 '믿음', '사랑', '희망' 등이다.

3. 사랑받는 기업의 이해당사자

존 페퍼(2008)에 의하면, 사랑받는 기업이란 단기간의 이윤추구만을 목적으로 하는 기업이 아니다. 사랑받는 기업은 소비자와 직원은 물론이고 지역사회에도 이익과 혜택을 주는 것을 최대 가치로 추구하는 기업을 말한다. P&G의 성공비결에는 '소비자에게 사랑받는 것'이라는 모토의 끊임없는 실천에서 이유를 찾을 수 있다. P&G는 세계 148개국 25억 명이 사용하는 일상용품을 만들면서 130년 동안이나 성장을 거듭해 오고 있다.

라젠드라 시소디어 교수(2008)는 『위대한 기업을 넘어 사랑받는 기업으로』라는 책을 통해 사랑받는 기업의 정의를 내렸다. '사랑받는 기업'이란 단기적으로 수익을 끌어올리는 기업이 아니라 사회(Society)와 파트너(협력업체, Partner), 투자자(Investor), 고객(Customer), 종업원(Employee)

등 기업을 둘러싼 모든 이해관계자들이 고루 이익을 얻도록 하는 것이 중요하다고 생각하는 기업을 의미한다. 사랑받는 기업의 이해관계자를 영문의 첫 글자를 줄여 SPICE(양념)라고 한다. 시소디어 교수는 사랑받는 기업이 되고 싶으면 'SPICE'를 모두 만족시킬 수 있는 방법이 무엇인지 끊임없이 생각해 봐야 한다고 주장한다. 사랑받는 기업은 이윤의 극대화가 아니라 더 큰 이상과 목적을 갖고 운영해 나간다. 단순히 주주들의 이익만이 아니라 고객과 직원, 협력업체, 사회 등 모든 이해당사자(stakeholder)의 이익의 극대화를 위해서 노력한다.

일본에서 '살아있는 경영의 신'으로 불리우는 이나모리 가즈오 교세라 그룹의 명예회장은 국내의 한 신문과의 인터뷰에서 "기업이 단순히 돈을 버는 이상 레종 데트로(불어로 '존재이유')를 가져야 한다"고 주장한다. 이나모리 가즈오 명예회장은 '경영의 베이스'에는 거래처, 종업원, 고객 모두를 사랑해 모두가 잘돼야 한다는 자비(慈悲)의 마음이 깔려있어야 한다고 강조한다. 앞에서 사랑받는 기업과 이해관계자를 그림으로 나타내면 다음과 같다.

그림 5-6 사랑받는 기업

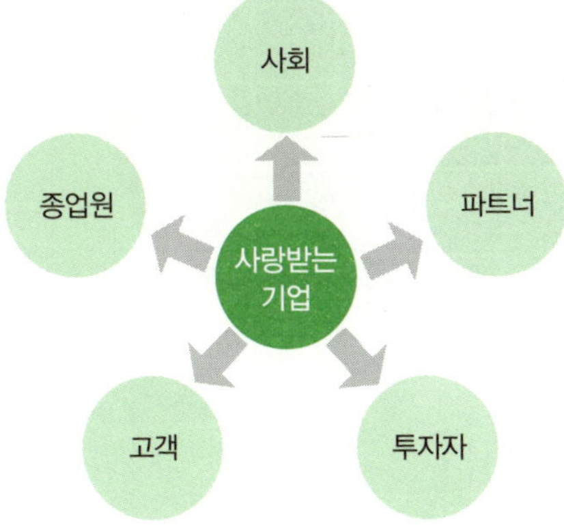

시소디어 교수는 구글, BMW, 사우스웨스트항공, 아마존, 이베이, 코스트코, 할리데이비슨, 홀푸드 등 28개사를 '사랑받는 기업'으로 분류하였다. 사랑받는 기업들의 공통된 특징은 이들 회사들이 모두 인본주의적 영혼을 갖고 있다는 사실이다. 바로 이 영혼에서부터 서비스를 제공하려는 의지가 나온다. 이런 기업들은 사회 전체에, 지역사회에, 환경에, 고객들에게 그리고 직원들에게 도움을 준다는 즐거움으로 가득하다.

그림 5-7 사랑받는 기업의 특징

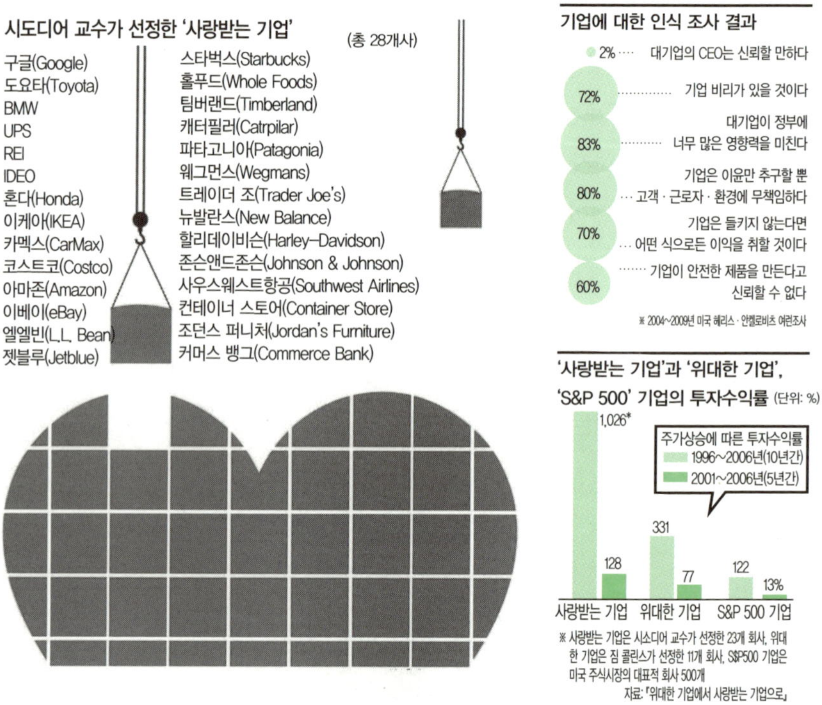

3.1 사회

사랑받는 기업이 되기 위한 첫 번째 단계는 사회와의 원만한 관계유지라고 할 수 있다. 사회란 작게는 지역사회에서 크게는 지구촌을 모두 포괄하는 개념이다. 글로벌화된 경영환경에서 단기간의 눈속임이나 졸속으로 마케팅하는 것은 한계가 있다. '올바른 일'을 하는 기업이 결국에는 승리하게 되어 있다.

라젠드라 시소디어 교수(2008)는 세금내기 좋아하는 기업은 당연히 없다고 전제하면서, 사랑받은 기업은 일반적으로 납세를 공정한 의무로 생각한다고 이야기한다. 예를 들어, 구글은 자신들의 기업이 납세자 세금으로 축적한 연구와 개발을 바탕으로 세워졌다고 생각한다. 구글은 스탠퍼드대학교와 실리콘밸리의 연구와 기술의 시너지효과 덕을 봤다. 구글과 같은 사랑받는 기업은 사회를 궁극적인 이해당사자로 바라보며, 세금을 정당하게 내는 것을 공정한 놀이라고 생각한다.

워렌 버핏은 작은 돈에는 인색한 것으로 알려져 있다. 이런 그가 천문학적인 액수의 재산을 모은 것은 '사회의 각 분야에 효율적으로 나눠 주기 위한' 것이었다. 자신은 그것을 잠시 맡아두는 '보관증'일 뿐으로 생각한다(앨리스 슈뢰더, 2009). 2006년 그는 전 재산의 85%를 자신의 재단이 아닌 빌앤 멜린다 게이츠 재단에 기부하며 돈을 어떻게 벌고 써야 하는지를 세상 사람들에게 보여주고 있다.

사랑받는 기업은 전 세계적으로 고민하는 문제를 해결하기 위해서 끊임없이 노력을 해야 한다. 사랑받는 기업은 환경문제, 빈곤퇴치 등 전 세계가 고민하고 있는 문제들을 적극적으로 해결하려는 태도를 가져야 한다.

3.2 파트너

사랑받는 기업의 리더들은 이해당사자들을 이용해먹는 대상이 아니라 파트너라고 생각한다(라젠드라 시소디어, 2008). 파트너와 관련하여 상생경영이 중요하다. 말로만 상생경영이 아닌 실천이 중요하다.

홀푸드는 5년마다 기업의 주요 이해당사자 그룹의 대표들을 한데 모아 다음 5년의 전략적 비전을 짜는 일을 함께 한다. 이것은 이 기업이 미래조사(future search)라고 부르는 절차이다. 고객들과 외주업자들은 12개의 기업 내부 이해당사자 소그룹들과 나란히 홀푸드의 미래를 위한 계획을 세우는 작업에 참여한다.

기업에 있어 중요한 파트너는 협력업체이다. 협력업체는 마이클 포터(1985)의 가치사슬(value chain)모델의 상류(upstream)에 위치한 개체이다. 협력업체와 지속적인 의사소통을 통한 품질관리, 공급계획, 생산일정조율은 가치사슬관리에서 매우 중요하다. 사랑받는 기업은 협력업자들이 생산성을 높이고 재무적으로도 더욱 성공할 수 있도록 도우며 그들을 가치있는 파트너라고 생각한다.

사랑받는 기업들은 지역의 위기에 빨리 반응함으로써 지역사회의 사랑을 받는다. 예를 들어, 프로그레시브(Progressive) 손해보험회사는 콜로라도 스프링스에서 볼티모어로 회사를 옮기면서 일자리를 잃게 된 취리히 보험회사의 직원 300명을 고용하였다.

사랑받는 기업들은 환경적으로 친근한 방식으로 활동하기 위해 노력한다. 그들의 철학은 운동선수들이 자주 인용하는 "만약 당신이 숲속을 달린다면, 나무 한 그루를 심어라"이다. 따라서 사랑받는 기업들은 친환경 정책이나 정부의 정책을 추진하는 데 적극 앞장선다.

3.3 투자자

불확실한 상황에서 영속적인 기업으로 존재한다는 것은 매우 의미있는 일이다. 사랑받는 기업의 이해당사자는 다양하다. 이들은 고객에서 지역사회에 이르기까지 이해당사자들의 가치창출을 위해서 노력한다. 특히 사랑받는 기업들은 이해관계자들을 소중한 존재로 대우하려고 노력한다.

앞에서 예를 든, 워렌 버핏은 투자의 귀재로 정평이 나 있다. 그는 투자자와 자산운용가의 이해관계를 일치시키며 '빈틈없는 구축된 신뢰의 거미줄'로 사업을 펼쳤다(앨리스 슈뢰더, 2009). 마음이 통하는 주주들과 진정한 동반자 의식을 바탕으로 벅셔 해서웨이를 키웠고 '복리의 엔진'으로 주주들에게 부를 안겨줬다. 워렌 버핏에게 주주들은 단순한 고객이 아니라 그의 '투자철학'과 '인생철학'을 배우는 학생이자 인생의 동반자였다. 1980년대에 그는 벅셔 해서웨이의 연차 보고서에 "우리 회사는 주식회사의 형태이지만 우리는 동업자들로 구성된 합자회사를 대한다는 태도를 갖고 있다. 우리는 회계로 장난을 치지 않는다"고 썼다.

이나모리 가즈오 교세라 그룹의 명예회장은 국내 한 신문과의 인터뷰에서 금융위기의 원인을 언급하면서 "땀흘려 번돈만이 진짜 이익"이라며 "일은 생활의 수단이 아니라 영혼을 닦기 위한 장"이라고 강조하였다. 사랑받는 기업들은 주주들이 인본주의적 문화를 가진 기업에 투자함으로써 수익을 얻을 수 있다는 것을 보여주기 위해서 노력한다. 사랑받는 기업들은 지난 10년, 5년, 3년 동안 투자자들에게 큰 수익을 가져다 준다는 사실에 관해서는 다음 절 사랑받는 기업의 성과부분에서 자세히 언급할 것이다.

3.4 고객

"고객을 만족시켜라 처음에도, 나중에도, 그리고 항상." 이는 루치아노 베네통(Luciano Benetton), 베네통 그룹 회장의 이야기이다. 우리는 항상 누가 우리에게 월급을 주는가? 고민해 봐야 한다. 대부분의 사람은 조직의 수장이 월급을 준다고 생각한다. 그렇지 않다. 고객이 우리에게 월급을 주는 것이다. 고객이 있기에 회사가 건재한 것이고, 회사가 건재하기에 내가 월급을 받는 것이다. 회사의 제품, 기술과 서비스는 나의 지원자이다. 우리는 이 협력자들을 들고 나가 고객에게 만족한 경험을 만들어내야 한다. 왜냐하면 고객은 제품이나 콘텐츠를 자신들이 경험한 지각(知覺)으로 선택하기 때문이다.

백화점에 가보면 버버리, 닥스, 입생로랑, 나이키 등 명품브랜드 제품들을 주저없이 선택하는 보통의 사람들을 볼 수 있다. 우리는 한번도 나이키 공장에 가본 적은 없지만 그 브랜드가 품질과 디자인 등이 좋을 것이라고 간접적으로 지각하고 있기 때문이다.

외부고객과 접촉하는 우리는 끊임없이 '탁월성'을 갖추어야 한다. 외부고객이 회사의 대표에게 전화를 걸어 "사장님, 김 대리 좀 바꿔 주세요. 그분과 상담했더니 최고의 전문성을 갖고 있어서 문제가 바로 해결되었어요"라고 할 수 있을 정도의 능력을 겸비해야 한다. 이것이 고객만족지향적인 마인드를 가진 개인의 기본자세이다.

얼마 전 한 가수가 자신의 공연 컨디션이 마음에 들지 않는다는 이유로 관람료를 환불해 준 일이 있다. 서비스제공자가 진정으로 고객을 사랑하지 않으면 절대로 실행에 옮길 수 없는 것이다. 서비스제공자가 고객에게 사랑을 베풀면 고객은 언젠가 서비스제공자에게 사랑을 베푸는 것이 인지상정이다.

시소디어 교수는 단기적으로 많은 이윤을 얻으려고 '고객의 믿음'을 저버려선 안 된다고 주문했다. 코스트코는 의약품 마진율을 40%까지 높인 다른 할인점과 달리 20% 이내로 유지하고 있다. 이런 가격정책으로 코스트코는 고객들로부터 강한 신뢰를 얻고 있다.

3.5 종업원

종업원은 고객을 위해서 제품과 서비스를 제공하는 출발점이다. 올바른 종업원을 채용하는 것에서 이들이 직장에 만족하여 탁월한 품질과 생산성을 발휘하도록 하는 것이 무엇보다 중요하다.

조직구성원인 종업원에 대한 존중과 임파워먼트는 조직의 몰입과 생산성 향상에 기여한다. 프로세스지향적인 사고에 의해 고객을 중시하는 조직이라면, 신속하고 효율적인 업무수행을 위해서 구성원들이 스스로 의사결정을 처리하도록 권한위임(empowerment)을 하게 된다. 리츠 칼튼(Ritz Carton)호텔의 경우, 직급을 불문하고 직원들은 고객불만 발생 시 1인당 2천 달러까지는 상사의 승인없이도 집행할 수 있는 권한을 부여받는다. 이러한 권한위임을 통해 고객불만에 대한 대응속도 제고와 함께 호텔 서비스 수준에 대한 높은 만족도를 달성할 수 있다.

미국의 코스트코는 월마트와 다른 경영방식으로 종업원만족에 노력하고 있다. 코스트코의 월급은 월마트의 두 배에 달한다. 얼핏 코스트코가 낭비를 하고 있는 것처럼 보이지만 실상은 반대다. 월마트는 높은 이직률로 매년 직원들을 새로 뽑고 교육시키는 데 천문학적인 비용을 쏟아 붓는다.

종업원으로부터 사랑받는 기업은 대내외적으로 높은 평가를 받게 된다. 2009년 미국 시가주간지 포천이 매년 선정하는 미국 최고의 직장 1위로 넷엡을 선정하였다. 넷엡(http://www.netapp.com/us)의 사례를 통해서 종업원 중심경영의 중요성을 일깨워 준다. 포천은 직원들에 대한 복지혜택과 조직적이고 합리적인 경영문화, 종업원에 대한 감원 여부와 매출 및 수익 등을 근거로 최고의 직장을 선정한다(이미아, 2009).

미국 캘리포니아주 실리콘밸리 지역 서니베일에 본사를 둔 넷앱은 일반인들에겐 비교적 생소한 이름의 회사지만 최근 6년간 포천의 '최고의 직장' 명단에 이름을 올리고, S&P 500지수에도 편입돼 있는 우량기업이다. 경기침체의 와중에도 넷앱은 시장점유율을 높이고 20억 달러 이상의 현금을 확보해 유동성을 높였고, 지난해 고용을 12% 늘린 반면 직원정리해고 등 구조조정을 하지 않았다.

미국 내 직원 5,014명을 보유한 넷앱은 "근검절약하는 풍토가 중요하지만 1달러를 아끼기 위해 직원들이 녹초가 되도록 일할 필요는 없다. 상식을 활용하라"라는 경영관을 내세운다. 또 이를 바탕으로 다른 회사들과 차별화된 다양한 직원복지정책을 실시하고 있다.

넷앱은 직원들이 자녀를 입양할 때 1인당 연간 1만 달러(약 1,390만원)의 보조금을 지급한다. 2006년부터는 직원 자녀들 가운데 자폐증을 앓고 있는 어린이들에게 치료비를 지원해 주고 있다. 아울러 전 직원들에게 1년에 5일씩 자원봉사를 위한 유급휴가를 제공한다. 탄력근무제를 도입해 출퇴근 시간을 자유롭게 조정할 수 있으며, 사내 피트니스센터와 세차장을 무료로 이용할 수 있다. 또 분기별로 최고경영자에서부터 말단사원에 이르기까지 전 직원이 한자리에 모여 허심탄회하게 회사경영에 대해 논의하는 자리도 마련한다.

직원교육에도 세심한 정성을 기울인다. 넷앱은 신입사원들을 대상으로 경영진이 직접 교육에 나서는 토스트프로그램(TOAST · 사내 전체 업무를 익히는 특별훈련)을 실시한다. 또 직원 재교육 시설인 '넷앱U'를 통해 전문적인 인재양성을 진행하고 있다.

『일본의 상도』의 저자 홍하상(2009)은 일본이 경제불황과 경제난국을 타개할 수 있었던 요인을 언급한다. 일본의 기업들은 경영위기에 처할 때마다 회사가 종업원들이 불안해 하지 않도록 오히려 믿음과 희망을 주고 각고의 노력으로 기술혁신과 아이디어 쇄신을 통해 위기를 성공의 기회로 삼은 데 있다.

4. 사랑받는 기업의 성과

사랑받는 기업은 단기적으로는 성과를 내지 못한다고 할지라도 중장기적으로는 이윤추구에 매달리는 기업보다 훨씬 높은 이익을 낸다. 사랑받는 기업의 최근 10년간 수익률은 평균 1,100%, 국제신용평가기관인 스탠더드 앤드 푸어스(S&P)가 S&P 500지수를 산정하기 위해 정한 미국 500대 우량기업의 평균보다 8배나 높았다. 이러한 사랑받는 기업의 성과는 짐 콜린스가『좋은 기업을 넘어 위대한 기업으로』라는 저서에서 정의한 '위대한 기업'(성과, 영향력, 명성, 지속성 등을 기준으로 뽑은 우량기업)에 비해서도 3배가량 많은 이익을 남겼다.

경영에서 신뢰는 중요한 요소이다. 신뢰가 바탕이 된 사랑은 상호의존관계를 갖게 해주는 토대가 된다. 다음은 회사와 기업 간의 신뢰상실이 경영성과에 미치는『설득의 심리학(로버트 치알디니)』책에 나오는 사례이다.

2000년 봄 영국은 심각한 위기에 처했었다. 온 나라의 기업들이 절망적인 비명을 질렀고 학교는 텅텅 비었다. 상점들은 손님을 끌어들이려고 발버둥을 쳤고 공공서비스는 붕괴 직전이었다. 위기의 원인은 무엇이었을까? 석유가 없었기 때문이었다. 아니 이 말은 부분적으로 진실이다. 석유는 충분했다. 단지 엄청나게 치솟은 가격에 분노한 사람들이 정유소를 봉쇄함에 따라, 주유소에 공급되는 물량이 없었을 뿐이다.

석유 부족의 영향은 순식간에 일파만파로 퍼져나갔다. 자동차 수만 대가 연료를 채우기 위해 주유소 밖에 줄을 섰다. 부족 현상이 점점 더 심해지자, 자가운전자들의 행동이 달라지기 시작했다. 지역 신문 및 전국 신문, 라디오와 TV방송국은 운전자들이 연료통에 석유를 채우기 위해 한 주유소에 줄을 섰다가, 불과 몇 마일을 못 가서 또 다른 주유소에 줄을 서 있는 상황을 묘사하는 기사들을 보도했다. 또 어떤 운전자들은 봉쇄를 뚫고 나온 소량의 석유라도 운 좋게 구할 수 있지 않을까 싶어서 주유소 급유장 옆에 차를 대놓고 밤을 새기도 했다. 희귀성법칙은 이처럼 놀라운 능력을 발휘한다.

위기가 최고조에 달했을 때, 그 귀한 석유를 확보했다고 알려진 주유소가 있었다. 실제로 그곳은 인근에서 석유가 있는 유일한 주유소였고 삽시간에 소문이 퍼졌다. 주유소 밖에 늘어선 긴 줄을 보면서 자신의 독보적인 입장을 인식한 사업가는 당연히 이 상황을 이용해 가격을 올릴 마음을 먹었을 것이다. 그러나 이 주유소의 업주는 가격을 어지간히 올린 것이 아니라 무려 10배나 올렸다. 리터당 6파운드가 넘는 가격이었다. 치사하고 더럽지만 여전히 석유가 꼭 필요한 운전자들이 그런 부당한 가격을 집단으로 거부했을까? 그렇지는 않았다. 그들은 화가 났지만 조금이라도 석유를 더 얻기 위해 계속 줄을 서 있었다. 얼마 후 주유소 탱크에서 마지막 석유 한 방울까지 다 흘러나왔을 때, 주인은 보통 2주일 동안 벌었을 돈을 단 하루 만에 벌었다.

그러나 2주일 후 위기가 지나갔을 때 그의 사업은 어떻게 됐을까? 한 마디로 결과는 참담했다. 석유의 희소성을 이용해 절박한 운전자들을 상대로 터무니없는 가격을 부르며 단기적인 이익을 얻었으나 장기적으로는 완전히 실패하고 말았던 것이다. 사람들은 그의 주유소에 가지 않았다. 한술 더 떠서 어떤 사람은 아예 발 벗고 나서서 친구, 이웃, 동료들에게 이 주유소의 만행에 대해 알리고 다녔다. 그는 거의 모든 고객을 잃었다. 그는 눈 깜짝할 새 망가진 평판 때문에 사업을 접을 수밖에 없었다."

이러한 사례는 신뢰할 수 없는 행동을 하는 사람들이 공적인 신뢰를 되찾을 방법은 거의 없다는 점을 보여주고 있다. 이 예는 신뢰를 잃는 행동이 원점으로 회복하는 데 많은 어려움이 뒤따른다는 수많은 연구결과와 완전히 일치하는 사례이다.

읽을거리

고객과의 약속을 지켜라

'상식'은 고객과의 신뢰를 이어주는 중요한 끈이다. 가만히 있어서는 고객이 어떻게 생각하는지 알 수 없다. 고객과 만나서 대화를 통해 필요한 것이 무엇인지 체크하고 어떻게 개선할지 생각해야 한다. 또한 개선점을 약속했다면 반드시 지켜야 한다. 그것이 바로 고객과의 상식을 지키는 일이기 때문이다.

한번은 고객 한 명이 내게 전화를 걸어 "골프장 가는 길에 타이어가 펑크 났는데 판매를 담당하는 딜러에게 문의했더니 가까운 정비소에 가보라는 답변이 왔습니다. 1억 원이 넘는 차를 샀는데 서비스가 이 정도밖에 안됩니까?"라고 항의했다. 순간 나는 화가 나기보다 전화한 고객에게 부끄러운 마음이 먼저 들었다.

이대로 안되겠다는 생각에 직원들을 설득해 고객입장에서 어떤 서비스를 받으면 좋을지 연구에 들어갔다. 이렇게 해서 생긴 것이 바로 전국을 하나로 묶는 24시간 긴급출동서비스다. 서울 · 경기지역에서 운행하다 타이거가 펑크나면 평균 19분이면 BMW 서비스차가 출동해 무상교체서비스를 제공한다.

또한 수입차 업계 최초로 전국 29개 정비센터에 골프 퍼팅장, DVD, 인터넷, 전동 안마의자 등 각종 편의시설을 갖췄다. 차를 맡긴 고객들이 대기실에서 편의시설을 즐기며 '기다리는 즐거움'을 누릴 수 있도록 했다. 이런 시스템은 다른 경쟁 브랜들에게까지 확산됐다. 내가 시작한 작은 일 하나하나가 수입차 업계 전체를 바꾸는 새로운 기준을 제시하게 된 것이다.

고객은 단순히 '자동차'만 사는 게 아니었다. 제품의 가치를 사고, 서비스를 사고 남들과 다른 대우를 구매한다. 특정 브랜드를 산다는 것은 해당 제품이나 서비스를 줄 수 있는 특정 혜택을 뜻하고, 고객의 욕구는 계속 높아지므로, 계속 질 높은 서비스를 제공할 수밖에 없다. 단순하게 생각하면, 이런 일을 하려면 막대한 돈과 사람이 투자되므로 손해일 것 같지만 그렇지 않다. 기업은 그저 물건만 파는 곳이 아니라 브랜드의 철학과 가치를 함께 전달한다. 이것이 바로 고객에게 지켜야 할 상식인 것이다.

출처: 김종식외 4인, 젊은 심장, 세계를 꿈꿔라, 이코노미스트, 2009.

참고문헌

김종식 외 4인, 젊은 심장, 세계를 꿈꿔라, 이코노미스트, 2009.

라젠드라 시소디어 · 데이비드 울프 · 잭디시 세스 지음, 권영설 · 최리아 옮김, 위대한 기업을 넘어 사랑받는 기업으로, 럭스미디어, 2008.

로버트 치알디니 · 노아 골드스타인 · 스티브 마틴 지음, 윤미나 옮김, 설득의 심리학2, 21세기북스, 2008.

롤프 옌센, 드림 소사이어티, 리드리드출판, 2005.

앨리스 슈뢰더 지음, 이경식 옮김, 스노볼 1, 2, 랜덤하우스코리아, 2009.

이미아, 구글보다 좋은 '천사표 기업' 넷엡을 아시나요, 한국경제신문, 2009. 1. 24.

이성훈, 조선일보, 2009. 6. 20.

존 페퍼 지음, 권오열 옮김, 사랑받는 기업의 조건, 비즈니스맵, 2008.

캐빈 로버츠, 러브마크, 서돌, 2005.

한스-게오르크 호이젤, 뇌, 욕망의 비밀을 풀다, 흐름출판, 2008.

홍하상, 일본의 상도, 창해, 2009.

Harvard Business Review, January 2009, p.25.

Kevin Roberts, Lovemarks: The Future Beyond Brands, *PowerHouse Books*, New York, 2004.

Porter, M. E., "Strategy and the Internet," *Harvard Business Review*, March 2001.

자가 진단표

다음 문항에 대하여 자기 자신이나 자신이 속한 조직을 평가해 보자. 강점과 약점은 무엇인지 서로 토의해 보자. 채점방법은 '전혀 그렇지 않다' 1점, '그렇지 않다' 2점, '중간이다' 3점, '그런 편이다' 4점, '매우 그렇다' 5점

01 우리 기업은 소비자들과 친하다.

02 우리는 진정으로 고객의 마음을 존중하고 좋아한다.

03 우리 조직은 고객을 진정으로 배려한다.

04 우리 조직은 제품이나 서비스에 대한 불만사항의 근본원인을 끝까지 추적해서 시정한다.

05 우리 조직은 종업원을 가족처럼 여기며 즐겁게 일하는 분위기를 조성한다.

06 우리 조직은 사회를 중요한 이해관계자로 생각한다.

07 우리 조직은 협력업체를 중요한 파트너라고 생각한다.

08 우리 조직은 투자자를 중요하게 생각한다.

09 우리 조직은 고객만족을 위해서 진정으로 노력한다.

10 우리 조직은 종업원을 진정으로 사랑한다.

해석방법

45점 이상: 사랑받는 기업, 44점 이하: 사랑받는 기업을 위해서 노력할 기업임.

Chapter 06

고객 리더십

1. 리더십 정의
2. 고객 리더십

CRM 톡톡

리더는 타인을 사랑하는 마음이 있어야 한다.

Chapter 06

고객 리더십

읽을거리

내부고객만족경영 리더십

사우스웨스트항공의 성공요인에 대하여 질문을 하게 되면, 대부분의 사람들은 합리적인 가격, 위대한 서비스, 불황산업에 성장하는 기업이라고 이야기할 것이다. 사우스웨스트항공사가 이 모든 일에서 가능하게 할 수 있었던 이유는 무엇인가? 한마디로 요약한다면 리더십에서 찾을 수 있을 것이다.

사우스웨스트항공의 설립자이며 전 CEO였던 허브 컬리허(Herb Kellehr)에 의해서 시작된 경영방식 및 리더십 스타일을 현재 CEO 바렛(Barrett)도 계승 · 발전시키고 있다. 바렛은 이야기한다. "고객은 세 부류(종업원, 이용자, 그리고 주주) 있다. 세 부류의 고객 중 종업원이 최고"이다.

여러분은 "대부분의 CEO들은 그렇게 이야기하지 않는다"며 의아하게 생각할 것이다. 많은 사람들이 조직구성원이 가장 중요한 고객이라고 정의한 것이 이상하거나 잘못 정의한 것이라고 이야기할 것이다. 그러나 바렛은 이야기한다. "만약 최고경영자가 종업원과 정기적으로 의사소통을 하게 되면, 우리가 진실되고 진정으로 종업원을 대우하면 그들은 작업환경에 대하여 좋게 인식하고 이용자들에게 보다 나은 서비스를 제공할 것이다." CEO인 바렛은 항공서비스 산업에서 발전의 자극제는 '고객불만족'과 '고객불평'을 효과적으로 관리하고 사우스웨스트항공사가 "고객과 종업원을 사랑으로 돌보는 최고의 TLC(Tender Loving Care for employees and customers)"가 되기를 기원한다. 이러한 일이 가능하도록 하기 위해서 사우스웨스트항공은 리더십 수업, 세미나, 외부강연, 중역층과 지속적인 모임, 원탁회의, 종업원과의 도시락 모임 등을 지속적으로 제공한다.

만약, 사우스웨스트항공의 전 CEO였던 컬리허에게, 현재 CEO인 바렛과 리더들에게 충고할 것이 무엇이냐고 묻는다면 그들은 이렇게 이야기할 것이다. "종업원들에게 가장 중요한 것이 무엇인지 물어라. 고객들에게도 무엇이 가장 중요한 것인지 물어라. 그리고 실천하라."

출처: Schermerhorn, *Exploring Management in modules*, Wiley, 2007.

1. 리더십 정의

만약, 우리가 대형서점의 경영 관련 도서코너를 방문하게 되면 리더십 관련 책들이 섬으로 진열된 것을 볼 수 있다. 리더십은 모든 사람들이 관심을 갖는 중요한 주제이다. 중요한 주제임에도 불구하고 리더의 경영비전과 판단, 그리고 능력에 따라 조직의 운명이 변화하게 된다.

경영은 목표달성(골인지점)을 향해 치닫는 마라톤과 같다. 한 발 한 발 디디는 그 발걸음, 관문 하나하나를 통과하는 과정, 모든 것이 완성품으로 향하는 시도이다. 리더의 자리는 분명 대범함, 순발력, 그리고 남다른 혜안을 갖고 있어야 한다. 그러나 리더도 인간인지라 모든 리더가 모든 역량을 다 가지고 있기는 만무하다.

그간 리더십 관련 연구에서 효과적인 리더의 특성에 관한 관심이 많았다. 연구결과 신체적인 특성(몸무게, 키, 외형)은 중요하지 않은 것으로 나타났다(Stogdill, 1948; Ghiselli, 1971; Kirkpatric, Locke, 1991).

3,400여 명의 경영자를 조사한 자료를 보면, 팔로워(follower)들은 정직(honest), 역량(competent), 선견지명(forward-looking), 고무(inspiring), 그리고 신뢰(credible) 등을 지닌 CEO를 지속적으로 존경할

수 있는 리더라고 생각한다(Gardner, 1988; Kotter, 1988; Bass, 1990). 『현실을 직시하라』의 저자인 보시디와 차란(2004)에 의하면, 리더는 "마치 머릿속의 영화 한 편처럼 기회와 위험의 시나리오를 시각화할 수 있어야 한다"고 주장한다. 이는 리더는 미래에 닥쳐올 일을 볼 줄 아는 능력이 있어야 함을 강조한 말이라고 할 수 있다. 다른 종합적인 연구에서 효과적인 리더에 관해 자주 거론되는 중요 속성을 발견해 낼 수 있다(Kirkpatric, Locke, 1991).

| 표 6-1 | 효과적인 리더의 속성

중요 속성	설명
열정(drive)	성공적인 리더는 높은 에너지, 불굴의 의지, 열정이 있음
자신감 (self-confidence)	성공적인 리더는 그들 자신을 믿으며 능력에 대하여 자신감을 가짐
창의성(creativity)	성공적인 리더는 창의적이고 생각이 다름
인지 능력 (cognitive ability)	성공적인 리더는 정보를 통합하고 해석하는 재능을 가짐
경영 지식 (business knowledge)	성공적인 리더는 관련 산업을 이해하고 기술적인 기본을 이해함
동기부여(motivation)	성공적인 리더들은 공유목표를 달성하도록 타인에게 영향을 미침
유연성(flexibility)	성공적인 리더들은 상황요구와 팔로어의 요구를 적합시킴
정직과 일관성 (honesty, integrity)	성공적인 리더들은 믿음직스럽고 예측가능하고 의존가능함

반면, 효과적이지 못한 리더에 관한 연구도 있었다. 젠저와 포크만(2009)은 미국 포춘지 선정 500대 기업의 450명 이상의 CEO 자료를 이용하였다. 이 중 다음에 회사에서 해고당한 리더들의 일반적인 특징을 확인

하였다. 경제전문지 포브스(2012)는 '실패한 CEO들의 7가지 습관'에 관해 소개한 적이 있다. 과거의 성공방식에 집착하는 CEO들은 대부분 쓴맛을 보는 것으로 나타났다. 이들은 장애물을 과소평가하고, 과거의 성공방식에 지나치게 집착하고, 자신과 회사가 업계를 장악하고 있다고 착각하며, 자신이 모든 답을 알고 있다고 생각하고, 본인의 의견에 반대하는 사람을 쫓아내고, 언론에 노출되는 것을 지나치게 즐기고, 본인과 회사를 지나치게 동일시하는 경향이 있다. 또한 젠저와 포크만(2009)은 11,000명 이상의 CEO 관련 자료를 확인하였고 이 중 효과적이지 못하는 리더 10%를 집중적으로 연구하여 소위 최악의 리더의 특징을 발표하였다.

최악의 리더들의 10가지 특징

- 열정과 감동부족: 그들은 새로운 창의성을 부담으로 생각하고 거의 자발적이지 못하다. 또한 창의성에 압도당하는 것을 두려워하고 있다. 이들은 창의성을 방에 가두는 능력을 갖고 있다.
- 평균적인 성과에 치중: 이들은 달성한 성과에 대하여 과대평가하는 특성이 있다. 최악의 리더들은 많은 것을 달성한 것처럼 보이기 위해서 작게 약속하고 많이 전달하려 한다.
- 비전과 방향성 부족: 최악의 리더는 그들의 주된 임무가 실행에만 있다고 생각한다. 따라서 이들은 조직구성원들에게 분명한 비전과 방향성을 제공하지 못한다.
- 부실한 판단력: 최악의 리더는 조직구성원이나 종업원이 관심 갖지 않는 일을 자주 결정한다.
- 무협력: 최악의 리더는 동료를 피하고 독립적으로 행동하고 다른 리더를 경쟁자로 생각한다. 결과적으로 그들에게 필요한 지원과 통찰력을 흘려 보낸다.
- 무정직: 최악의 리더는 행동의 표준과 성과의 기대를 정한다. 그러나 그들이 무시한다. 심지어 정직성까지 잃는다.
- 아이디어 부재: 최악의 리더는 종업원이나 동료로부터의 제안을 무시한다. 좋은 아이디어는 실행되지 않고 조직은 정체된다.
- 실수로부터 배우지 않음: 최악의 리더는 동료보다 실수가 적다. 대신 실수로부터 배울 수 있는 기회가 없다.

- 부족한 대인관계능력: 최악의 리더는 고집이 세고 타인에 대해 인정하거나 칭찬하는 데 인색하다.
- 새로운 인물발굴 실패: 최악의 리더는 참신하고 능력있는 직원의 발굴을 등한시 하고 그들 자신에 집중한다. 이러한 것은 조직구성원과 팀원들이 리더를 무시하게 되는 원인이 된다.

리더십에 관련하여 『성공하는 기업들의 8가지 습관(Build to Last)』과 『좋은 기업을 넘어 위대한 기업(Good to Great)』의 저자 짐 콜린스는 이해하기 쉽게 정리하였다. 그는 상호모순을 끌어안아야 진리를 발견할 수 있다고 주장했다.

짐 콜린스는 『성공하는 기업들의 8가지 습관』에서 위대한 기업은 '둘 중에 하나'라는 'OR의 생각'을 버리고 '둘 다'를 선택하는 'AND의 사고방식'을 가진다고 이야기했다. 이들은 수백년이 지나도 바뀌지 않는 핵심가치와 함께 끊임없이 변화와 혁신을 촉진하는 BHAG(Big Hairy Audacious Goal · 크고 어렵고 대담한 목표)를 추구한다. 콜린스는 좋은 회사를 위대한 회사로 탈바꿈시킨 리더들의 공통적 특징으로 '5 Level 리더십(Level 5 Leadership)'을 강조했다. 레벨 5의 리더는 강력한 성공의지에 어울리는, 부풀려진 자의식을 가진 4단계 카리스마 리더와 달리 눈에 잘 띄지 않는다. 하지만 5단계 리더의 수줍기까지 한 겸손함은 집요한 성공의지와 '모순의 조합'을 이뤄 기업을 성공으로 이끈다.

일찍이 마키아벨리는 리더의 세 가지 조건으로 역량, 운, 시대와의 부합성을 꼽았다. 독일의 대문호 괴테는 "사람들이 그들의 가장 바람직한 모습이 되도록 도와 주어라. 그리고 그들이 이미 가장 바람직한 모습이 된 것처럼 대하라"라고 말한 적이 있다. 마찬가지로 효과적인 리더십은 리더가 중요한 과업을 달성하도록 구성원들에게 비전을 소통하고 공감대를 형성하도록 몰입하게 하고 열정으로 자극을 주는 것이라고 정리할 수 있을 것이다.

- 비전소통
- 공감대 형성
- 몰입, 열정자극

2. 고객 리더십

사막에 물이 긴요하듯이 리더십은 사막에서 물과 같은 역할을 한다. 조직에 진정한 리더가 있느냐 없느냐에 따라 쓸모없어 보이던 사막이 변화를 하게 된다.

학자마다 리더십의 유형을 이야기한다. 이제 리더십의 유형에 관한 논의도 중요하지만 고객을 위해서 실제 행동하는 리더십이 우리 사회에서 많아져야 한다. 행동하는 고객지향적인 리더는 조직에는 활력을 불어넣고 파트너들에게는 삶의 의미와 생기를 찾게 해준다. 본서에서는 고객과 관련된 리더십을 '고객 리더십'이라고 명명하기로 한다. 고객의 분류를 일반적으로 내부고객과 외부고객으로 하는 것과 마찬가지로 리더십의 유형을 내부고객 리더십과 외부고객 리더십으로 분류하기로 한다.

조직의 성공 여부는 고객만족경영에 의해서 결정된다. 우수한 리더십과 시스템의 반영결과이다. 기업의 목표는 고객만족이다. 고객만족을 창출해내는 사람은 '내부고객(종업원)'이다. 이 내부고객을 만족시키는 사람은 '리더'이다. 조직 내부의 리더십에 만족한 내부고객에 대한 리더십 행위는 최고의 서비스를 통해서 외부고객을 만족시킨다. 리더의 내부고객에 대한 리더십 행위는 기업의 목표인 고객만족과 직접 연결된다.

리더 ⇒ 내부고객 ⇒ 외부고객

그러나 아직도 많은 리더들이 이 평범한 이치를 외면한 채 고객만족경영을 부르짖고 있는 실정이다. 대다수의 리더들이 고객에게 최고의 서비스를 해야 한다고 또 내부고객도 고객이라고 수없이 강조하면서도 외부고객에만 이를 적용하고 있는 모순을 범하고 있다. 내부고객은 고객으로 취급하지 않으면서 외부고객만족을 위해 현장으로 내몰고 있는 경영자나 기업이 많은 것이 현실이다.

한 신문과의 인터뷰에서 아모레퍼시픽 서경배 회장은 아모레퍼시픽의 주된 경쟁상대가 어느 회사인지를 묻는 기자의 질문에 다음과 같이 이야기한 적이 있다. "아모레퍼시픽의 라이벌은 없다. 제품을 사주느냐 아니냐로 고객과 경쟁하는 것이다. 운전할 때 80%는 앞(고객)을 보고, 15%는 옆(경쟁사)을, 5%는 뒤(과거)를 본다." 서경배 회장이 이야기하는 것처럼, 고객은 제품의 매출을 결정하고 회사의 미래를 결정한다.

서울 강남에 김영모과자점을 개점한 빵의 황제 김영모 사장은 한 신문과의 인터뷰에서 이런 이야기를 한 적이 있다. "제품의 빵종류가 하루에 하나씩 출시된다고 봐야죠. 상품화되는 건 10% 정도입니다. 저는 매장에서 손님들이 '무엇이 있었으면…' 하고 중얼거리는 소리를 놓치지 않습니다." 김영모과자점의 김영모 사장은 고객의 반응 하나하나를 주의깊게 듣고 이를 제품개발에 적극 반영하고 있다.

고객 리더십은 리더가 내부고객만족과 외부고객만족을 통해 내부고객과 외부고객의 만족과 행복이 선순환되도록 하는 리더십을 말한다. 고객 리더십은 기업의 내부고객과 외부고객을 생각하면서 비전을 설명하고 공감을 이끌어내고 헌신하도록 동기부여를 하는 것이라고 할 수 있다. 내부고객과 외부고객의 만족 정도 여부에 따라 다음 네 가지 영역으로 매트릭스를 만들 수 있다.

그림 6-1 고객만족에 따른 리더십 유형

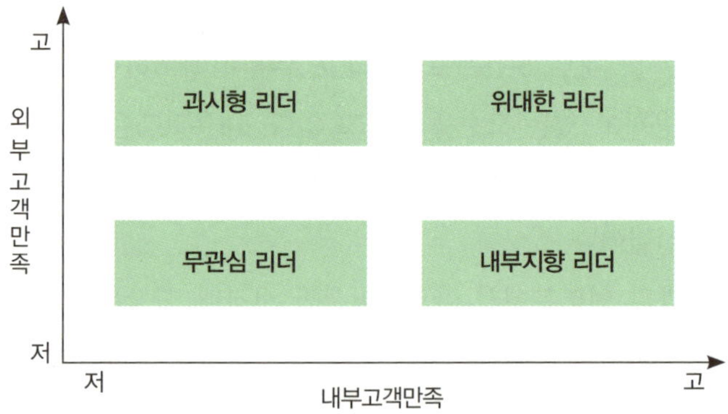

고객만족을 지향하는 이상적인 리더십은 내부고객만족도와 외부고객만족도를 동시에 높이는 '위대한 리더'이다, 내부고객만족도와 외부고객만족도가 모두 낮은 경우는 '무관심 리더'라고 명명할 수 있다. 내부고객만족 정도가 낮고 외부고객만족에만 신경쓰는 리더는 '과시형 리더'라고 명명할 수 있다. 마지막으로 내부고객만족도는 높으나 외부고객만족이 낮은 경우는 '내부지향 리더'라고 부른다.

리더로부터 아무런 만족감과 진정어린 서비스를 받지 못한 내부고객은 외부고객에게 감동은커녕 기본적인 서비스를 제공할 의욕이나 흥미조차 없이 그저 지루한 하루의 일상이 끝나기만을 기다리게 된다. 현대 기업의 성과는 종업원들의 의욕과 사기에 좌우되기 때문에 리더는 내부고객만족도 향상에 신경을 써야 한다.

고객만족 리더십은 리더가 수평적인 사고를 바탕으로 내부고객에게 서비스를 할 때 진정한 고객만족이 달성될 수 있다. 국내에서 고객만족 리더십의 전형적인 예는 LG 구본무 회장이라고 판단된다. 구본무 회장은 "최고경영자(CEO)가 고객가치의 중요성을 절실히 느끼고 행동에 옮기는 것이 LG의 미래를 결정한다"고 자주 강조한다(부형권, 2008). 또한 그는 CEO들이 고객가치 혁신을 위해 경쟁사 대비 우위에 있는 부분까지도 창조적 파괴를 통해 차별화된 가치를 제공할 수 있도록 사업모델을 개선하라고 강조한다. 구본무 회장이 중요하게 생각하는 것은 고객가치를 최우선으로 생각하고 철저한 실행을 통해 이를 완성하려는 기업문화가 조직에 뿌리내리고 면면히 이어가는 것을 기대한다. 고객만족 리더십 강화를 위해서 리더는 수직적 구조가 아닌 수평적 구조의 중심에 서서 외부고객에게 서비스하듯, 바로 자신의 내부고객인 파트너에게 서비스하는 서비스맨이 되어야 한다.

리더가 외부고객에 대하여 파트너이듯 내부고객인 종업원도 리더의 파트너가 되어야 한다. 파트너는 서비스를 주고받으며 서로의 만족을 극대화시켜 나가야 한다. 조직 내부에서 리더가 군림하는 한 내부고객의 만족은 요원하다. 진정성을 갖고 종업원을 파트너로 인정할 때 진정한 고객만족이 시작되는 것이다.

21세기에 영속하는 조직은 리더십에 의해서 결정된다. 진정한 리더는 내부고객을 파트너로 인정하고 외부고객을 만족시키고자 끊임없이 노력하는 사람이다. 조직의 목표가 고객만족인 기업은 탁월한 서비스와 고객감동을 우선적으로 내부고객이 느낄 수 있도록 내부고객만족 프로그램에 신경을 써야 한다.

피터 드러커(2005)는 리더들의 덕목을 8가지로 정리하였다. 이를 토대로 고객 리더십에 적용할 수 있다. 고객 리더십은 '무엇을 해야 하는 가?'를 묻고, '무엇이 기업을 위한 것인가?'를 물으며, 계획에 따라 행동하고, 기꺼이 책임을 떠맡고 결정을 내리며, 효과적인 커뮤니케이션 구조를 마련하면서, 기회를 놓치지 않으며, 생산적인 미팅시스템을 구축하고, 항상 '우리'라고 말한다.

고객 리더십을 십분 발휘하고 있는 대표적인 CEO는 델컴퓨터의 창업자 마이클 델이라고 할 수 있다. 그는 어린 시절부터 돈을 버는 일에 몰두했지만 그것을 사업으로 생각한 적이 없었으나 고객에게 받은 만큼 고객을 섬겨야 한다는 경영철학으로 PC제국 델을 이룩하였다(빌 게이츠, 2009).

정리하면, '고객 리더십'은 내부고객을 고객으로 대접하고 회사의 실질 고객인 외부고객의 만족과 감동을 위해서 끊임없이 노력하는 리더십 스타일을 말한다. 즉, 고객 리더십은 조직을 생각하고 직원들과 끊임없이 소통하고 일체감을 조성하고 고객과 상생하기 위해서 끊임없이 노력하는 것이다. 리더는 외부고객과 함께 하는 직원을 지속적으로 깨어 있게 해야 한다. 그러기 위해서는 진정성있고 투명한 영향력을 가져야 한다. 리더가 해야 할 일은 모든 것을 챙기는 것이 아니라 직원들이 주의를 기울이도록 하는 것이다. 잭 웰치 전 GE의 CEO가 "열 번 말하지 않으면 한 번도 말하지 않은 것과 같다"라고 이야기한 것처럼 리더는 눈을 뜨면 고객을 생각하고 고객의 중요성을 끊임없이 전파해야 한다. 다음 그림은 고객 리더십을 보유하기 위해 CEO가 갖추어야 할 역량을 나타낸 것이다.

그림 6-2 고객 리더십

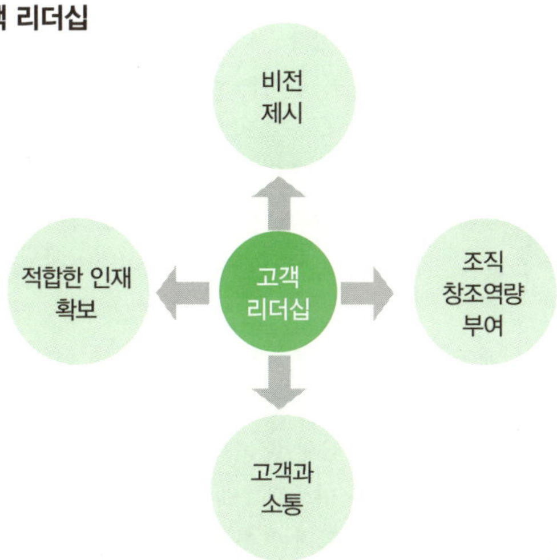

읽을거리

아웃사이트 리더

"생각을 멈추고 지금 당장 행동하라 … 생각만으로는 아무것도 바꿀 수 없다."

한 가지 업무에 집중하면 전문가가 되는 게 아니라 그 일밖에 못하는 바보가 된다. 현재의 위치에서 한 발 더 나아가 리더의 역할을 하기 위해서는 더 크고 중요한 문제와 마주해야 한다. 일에 대해서나 자신에 대해서 더 많은 사실을 알아야 한다." 이는 신간 『아웃사이트(outsight)』를 낸 허미니아 아이바라(Herminia Ibarra) 프랑스 인시아드(INSEAD) 경영대학원 조직행동론 교수의 이야기다.

아리스토텔레스는 사람들이 도덕적인 행동을 함으로써 도덕적인 인품을 갖추어가는 것을 관찰했다. 좋은 일을 하면 어느새 좋은 사람이 되는 것이다. 세계적인 경영사상가 리처드 파스칼은 "성인은 생각을 통해서 새로운 행동방식을 얻는 것이 아니라 행동을 통해서 새로운 사고방식을 얻는다"고 말했다.

아이바라 교수는 "일반적인 논리로는 생각한 뒤 행동하는 것이 옳다. 하지만 성인의 학습방법에 대한 연구에 따르면 더 나은 리더가 되기 위한 개인적 변화 과정에서 이러한 배열이 전도된다. 역설적이지만, 우리는 변화를 만드는 '과정에서만' 자기인식을 증진시킬 수 있다. 새로운 것을 시도한 뒤에 그 경험을 통해 배운 것을 내면화하는 것이죠. 즉, 우리는 리더처럼 행동하고 난 후에야 리더처럼 생각할 수 있다"라고 했다.

아웃사이트의 원리는 리더처럼 생각하는 유일한 방법이 행동을 우선시하는 것이다. 즉, 동호회, 과외활동, 타부서 협력, 콘퍼런스 참석 및 연설시도 등 새로운 활동에 스스로 뛰어들고 새로운 사람을 만나 익숙하지 않은 방법을 시도하는 것이다.

셰릴 샌드버그 페이스북 최고운영책임자가 아웃사이트의 대표적인 예라 할 수 있다. 하지만 그녀가 지금처럼 이렇게 영향력 있는 인물이 된 것은 그녀의 본업과는 전혀 관련 없는 TED 연설 때문이다. 샌드버그는 실리콘밸리에 여성이 부족하다는 것을 알아차리곤 비즈니스에서 여성들의 발목을 잡고 있다고 생각되는 몇 가지 사안을 찾았다. 그녀는 우선 자신이 관찰한 결과를 비공식적으로 작은 모임을 통해서 공유했다. 그녀의 아이디어가 반향을 불러일으키자 TED의 강연 기회가 생기게 된 것이다. TED 강연은 입소문을 타고 멀리 퍼졌고, 버나드대학, 하버드 경영대학원 등에서도 강연할 기회가 주어졌다. 이 강연은 조회수가 각각 백만을 넘었다. 스티브 잡스 이후 이 정도의 영향력을 발휘하는 기업 대표는 거의 없다. 이후 그녀가 쓴 『린인(Lean In)』은 세계적인 베스트셀러가 됐다.

출처: 허미니아 아이바라 지음, 이영래 옮김, 아웃사이트: 변화를 이끄는 행동 리더십, 시그마북스. 2016.

참고문헌

김정은, 한국경제신문, 2009. 4. 27.

래리 보시디 · 램 차란, 현실을 직시하라, 21세기북스, 2004.

부형권, LG 고객가치 존중, 동아일보, 2008.

빌 게이츠, 위대함의 법칙, 랜덤하우스코리아, 2009. 8.

삼성에버랜드 서비스아카데미, 에버랜드 서비스 리더십, 21세기북스, 2001.

포브스, 실패하는 CEO들의 7가지 습관, 2012. 1. 3.

피터 드러커, 피트 드러커의 CEO의 8가지 덕목, 시대의 창, 2005.

Bass, B. M., *Stogdill's Handbook of Leadership*, New York: Free Press, 1900.

Gardner, J. W., "The Context and Attributes of Leadership," *New Management*, Vol.5, 1988, pp.18–22.

Ghiselli, E. E., *Explorations in Management Talent*, Santa Monica, CA: Goodyear, 1971.

Kirkpatric, Locke, "Leadership: Do Traits Really Matter?," *Academy of Management Executive*, 1991, pp.48–60.

Kotter, J. P., *The Leadership Factor*, New York: Free Press, 1988.

Stogdill, R. M., "Personal Factors Associated with Leadership: A Survey of Literature," *Journal of Pshchology*, Vol.25, 1948, pp.35–71.

Zenger, J., Folkman, J., Ten Fatal Flaws That Derail Leaders, *Harvard Business Review*, 2009.

자가 진단표

[1] 다음 문항에 대하여 자기 자신이나 자신이 속한 조직을 평가해 보자. 강점과 약점은 무엇인지 서로 토의해 보자. 채점방법은 '매우 동의 못함'은 1점, '보통'은 5점, '매우 동의함'은 10점으로 점수를 배점하면 된다. 항목별로 평가한 후 합산한 점수가 실제 개인과 조직의 현재 모습이 된다.

01 우리 조직의 리더는 정직하다.

02 우리 조직의 리더는 고객에 대한 조직의 미션(존재이유)을 갖고 있다.

03 우리 조직의 리더는 고객 관련 목표를 설정하고 있다.

04 우리 조직의 리더는 서열이 아닌 고객에 대한 책임으로 리더십을 인식한다.

05 우리 조직의 리더는 내부고객을 파트너라고 생각한다.

06 우리 조직의 리더는 외부고객을 파트너라고 생각한다.

07 우리 조직의 리더는 고객에 대한 열정을 갖고 있다.

08 우리 조직의 리더는 끊임없이 고객과 소통한다.

09 우리 조직의 리더는 훌륭한 인재의 도움을 받는다.

10 우리 조직의 리더는 고객문제 해결에 최우선이다.

[2] 혹시 직장에서 부하직원들에게 '왕따'를 당하고 있다고 느낀 적이 있습니까? 맞다면 십중팔구 당신의 '갑질' 때문일 것이다. 당신은 자신도 모르게 갑질을 하고 있을지 모른다. 한국경제신문이 '갑질 상사'인지를 스스로 진단할 수 있는 체크리스트를 만들었다. 좋은 상사라고 자부하는 당신이 혹시 갑질 상사는 아닌지 체크해 보기 바란다.

당신의 갑질 지수는?

갑질 상사 자기진단 체크리스트

		□ 예	□ 아니오
1	부서 회식을 할 때 자신이 좋아하는 메뉴나 식당을 고집하는 편이다.	□	□
2	부하직원에게 술을 강제로 권하거나 붙잡고 밤늦게까지 마시는 편이다.	□	□
3	주말에 부하직원을 불러 운동, 등산 등 야외활동을 한 적이 있다.	□	□
4	가끔 업무와 관련 없는 개인적인 일을 부하직원에게 시키기도 한다.	□	□
5	부하직원이 올린 아이디어나 보고서를 가로채거나 함께 이름을 올린 경험이 있다.	□	□
6	부하직원의 외모나 의상에 대해 얘기하거나 이를 업무와 관련시켜 말한 적이 있다.	□	□
7	부하직원의 의견을 아무런 이유없이 묵살한 경험이 있다.	□	□
8	업무를 지시할 때 가끔 화를 내거나 욕설 등을 쓴 적이 있다.	□	□
9	직장에서 부하직원에게 손찌검을 하거나 물건을 던진 적이 있다.	□	□
10	부하직원에게 자신의 밥값 혹은 술값을 떠넘긴 적이 있다.	□	□

'예'로 대답한 수

처방

'갑질 상사' 여부를 진단해 보는 체크리스트에서 '예'가 8개 이상이라면 당신은 '심각한 갑질 상사'에 해당한다. 부하직원들을 탓하지 말고 즉시 언행부터 고쳐야 한다. 이대로면 퇴출 대상에 오를 수도 있다. 숨 한 번 들이마시고 속으로 '참자' 한 번 외치면 참아진다. '예'가 6~7개 나와도 위험하다. 지금부터 태도를 바꿔야 한다. 이대로 가면 '심각한 갑질 상사'가 된다. '예'가 3~5개이면 경고등이 들어온 것이다. '예'가 하나도 없는 상사도 아주 가끔 있다. 다른 측면에서 위험할 수 있다. '좋기만 할 뿐 무능하다'는 평가를 받을 수도 있다. 대다수 직장인은 능력 있고, 리더십 있으며, 인격적으로 대해주는 직장 상사를 원한다. 이런 상사의 호통이나 지적은 달게 받겠다고 한다.

Chapter 07

서비스 회복전략

1. 서비스 회복 개념
2. 서비스 회복시스템
3. 서비스 회복의 성과

CRM 톡톡

고객만족을 위한 지속적인 개선은 성장의 원천이다.

Chapter 07

서비스 회복전략

읽을거리

고객 불친절

- 직원: (고객의 말을 끊으며) 말을 듣고 있으니 간단히 말하세요.
- 고객: (잠시 침묵) 무슨 말을 그렇게 하는 거예요? 당신네들 업무 아닌가요?
- 직원: 그러니까 업무방해 하지 마! 댁 같은 사람은 고객이 아니라 예비 클레이머(상습불평꾼)야. 이건 업무방해죄라구. 알았어? 끊어요.

일본의 한 전자회사에 비디오 수리를 요청한 고객이 회사직원으로부터 당한 폭언을 녹음한 내용이다. 이 음성파일이 인터넷에 유포되자 이 업체에 대한 소비자들의 항의가 빗발쳤고, 급기야 소비자 불매운동까지 일어났다. 처음에는 고객에게 문제가 있다며 발뺌을 하던 회사는 불매운동까지 일어나자 부사장이 직접 나서 공식적인 사과를 했다. 연매출 3조 5천억원의 거대 기업의 평판이 급격하게 실추되었음은 두말할 나위가 없다.

출처: 국내 각 신문사 기사(1999. 7. 21).

1. 서비스 회복 개념

"평판을 쌓는 데는 20년이 걸리지만 무너지는 데는 단 5분도 걸리지 않는다." 이는 투자의 귀재 워런 버핏이 한 말이다. 서비스 실패와 관련하여 다양한 리스크에 대비하기 위해서 서비스 회복은 아무리 강조해도 지나치지 않다.

서비스 기업에서 서비스는 고객지향적인 시각에서 구조와 프로세스를 통합하는 방향으로 전달되어야 한다. 많은 기업이 개별 고객에게 서비스를 전달하는 과정에 전혀 예측하지 못한 문제에 봉착하는 경우가 있다.

미국품질학회(1995)의 연구자료에 의하면 고객이 거래를 중단하는 이유는 주로 고객서비스상의 문제, 품질 문제가 주를 이루는 것으로 나타났다. 이를 그림으로 나타내면 다음과 같다.

그림 7-1 고객거래 중단이유

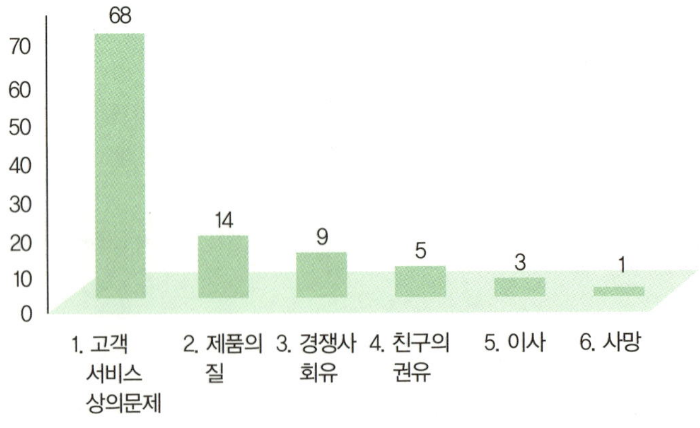

출처: 미국품질학회, 1995.

서비스 기업이 갖은 노력에도 불구하고 완벽한 서비스를 제공한다는 것은 불가능하다. 그러므로 서비스 기업은 서비스 실패로 인한 피해가 심각하다는 것을 인식하고 서비스 실패에 대하여 즉각적인 대응으로 피해를 최소화하여야 한다. 즉, 서비스 실패를 교정하고 시정하는 것이 서비스 회복이다. 서비스 회복이 중요한 이유는 서비스 전달과정에서 서비스 실패는 불가피하고, 고객의 기억에 오래 남으며, 결국 고객의 이탈을 가져오기 때문이다.

일반적으로 불만족한 고객은 여러 행태를 보인다. 와튼연구소(2006)의 조사자료에 의하면, 불만족한 고객은 63%가 침묵을 하고, 31%는 친구, 가족, 그리고 동료 등에게 서비스 시설물에 대하여 구전을 하는 것으로 나타났다. 단지 6%만이 가게에 직접 항의하는 것으로 나타났다. 이를 그림으로 나타내면 다음과 같다.

그림 7-2 불만족한 고객의 행동패턴

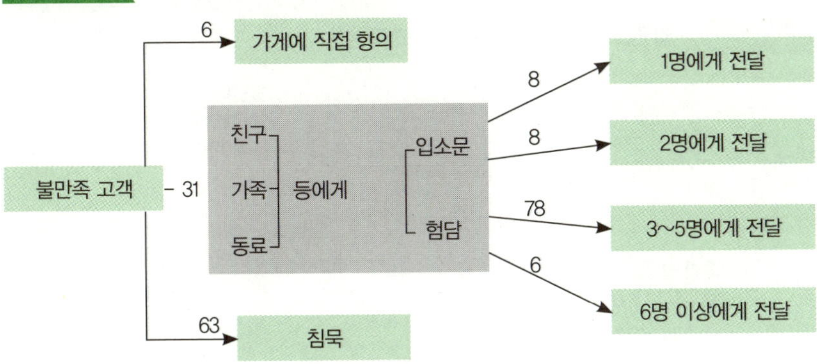

출처: 와튼연구소, Retail Customer Dissatisfaction Study, 2006.

불만족한 고객의 다른 통계자료(Fitzsimmons, Fitzsimmons, 2007)는 앞에서 언급한 와튼연구소(2006)의 자료와 비슷한 연구결과를 보여주고 있다. 이를 표로 나타내면 다음과 같다.

| 표 7-1 | 불만고객에 대한 피드백과 고객반응

- 제품이나 서비스에 대해 불만을 갖고 있는 고객은 단지 4%만이 불평한다. 나머지 96%는 불평하는 것이 귀찮다고 생각한다.
- 불평하는 4%는 불평하지 않는 96%의 사람들보다 서비스 제공자와 관계를 지속하고 싶어한다.
- 불평하는 사람 중의 60%는 불평하는 문제가 해결되면 계속 남을 것이며 95%는 문제가 신속하게 해결되면 계속 남을 것이다.
- 불만고객은 그들이 경험한 문제에 대하여 10~20명에게 이야기한다.
- 문제가 해결된 고객들은 약 5명의 사람들에게 그들의 경험에 대해 이야기한다.

이것을 그림으로 나타내면 다음과 같다.

그림 7-3 불만고객에 대한 피드백과 고객반응

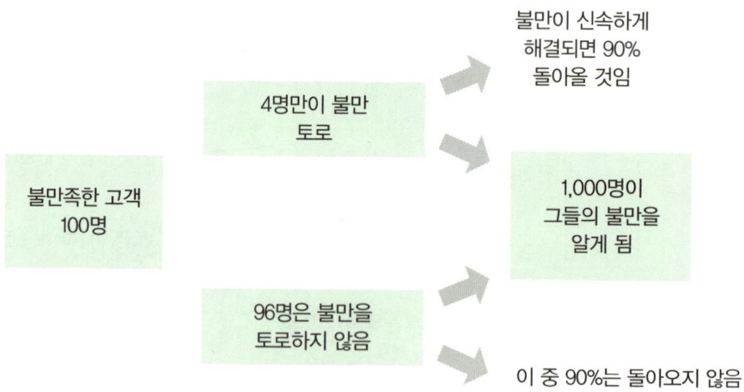

이 통계자료를 통해서 알 수 있는 것은 서비스 실패에 대하여 신속한 해결과 문제해결 노력은 충성고객을 확보하는 데 결정적인 수단임을 알 수 있다. 서비스 회복이 서비스품질과 고객의 충성도를 결정하는 가장 중요한 요인 중의 하나이다. 그러나 기업의 수익률에 직접적인 영향을 미치고 있음에도 많은 기업의 경영자들은 서비스 회복에 대하여 거의 관심을 두지 않거나 완전히 무시하고 있다(Heskett, Sasser and Hart, 1990). 다음의 유머 내용이 우리 회사와 관련은 없는 것인지 생각해보는 시간이 되었으면 한다.

읽을거리

Department-store automatic answering machine: "If you are calling to order or send money, press 5. If you are calling to register a complaint, press 6459834822 955392. Have a good day."

백화점 전화 자동응답기: "주문을 하시거나 돈을 입금하시려면 5번을 눌러 주십시오. 불평하실 것이 있어서 신고하시려면 6459834822955392번을 눌러 주십시오. 좋은 하루 되십시오."

출처: 한국경제신문, 2008. 7. 13.

SOCAP/Yankelovich(2000) 연구에 의하면, 불만을 갖고 있는 고객들은 실제로 거래 기업과 문제가 발생하였을 경우, 이를 해결하기 위해서 인간적인 접촉을 선호하는 것으로 나타났다. 즉, 고객들은 다양한 채널 중 인간적인 도움을 주는 접촉방법(수신자 부담전화, E-메일, 개인적 대화)을 선호한다. 이를 그림으로 나타내면 다음과 같다.

그림 7-4 고객들이 선호하는 접촉방법

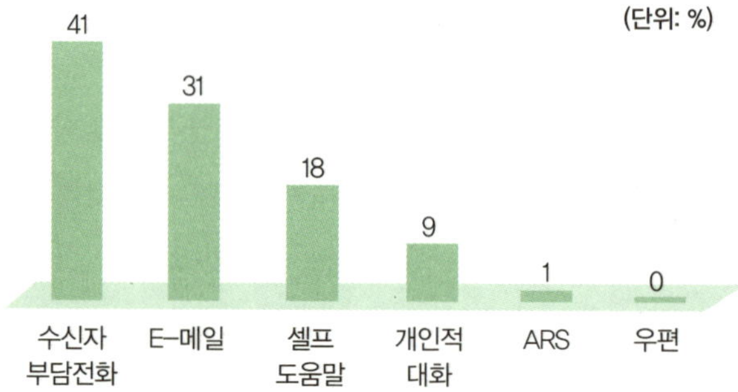

서비스 기업들의 과제는 서비스제공 실패에 따른 효과적인 서비스 회복 전략을 통해서 잃어버린 고객을 되찾고 고객충성도를 높이는 일이다. 고객과 기업은 영원한 동반자로서, 기업이 영속하기 위해서는 지속적인 서비스 회복활동이 전개되어야 한다. 서비스 회복은 가치창출 실패에서 발생한 문제를 해결하고 고객관점에서 기업에 대한 신뢰성을 재구축하려는 노력을 말한다.

고객에게 제공되는 서비스가 고객의 기대효용을 충족시키기 못한 경우 기업은 효과적 서비스 회복전략을 수행하여야 한다. 서비스 제공 상황에서 소비자가 직면하게 되는 서비스 실패는 고객 불만족을 불러오고 이는 기업에 부정적인 영향을 끼칠 수 있다. 기업은 서비스 실패가 발생했을 때 효과적인 회복전략을 수행함으로써 고객을 만족시킬 수 있다.

서비스 회복(service recovery)이란 서비스 실패에 대응하여 기업이 취하는 행동을 말한다. 효과적인 회복전략을 기업이 수행하게 되면, 처음 거래가 시작되었을 때 약속된 성과나 효용을 제공하는 것보다 서비스 실패를 회복시켜 주었을 때 고객이 더욱 호의적으로 반응을 하게 되는 상황이 나온다(Gronroos, 1988).

많은 경우에 서비스 실패는 기업과 고객의 관계를 장기적으로 구축시켜 주는 긍정적인 기회를 제공해 준다. 그러므로 제대로 된 서비스 회복은 고객의 만족을 증가시키고, 고객과의 관계를 공고히 하며, 고객의 전환행동이나 이탈을 방지하는 등의 중요한 역할을 한다.

기업은 서비스가 실패하였을 경우 서비스 실패로 인한 피해가 심각하다는 것을 인식하고 서비스 실패에 즉각적으로 대응해 피해를 최소화하여야 한다. 서비스 실패가 발생하면 고객은 적절한 수준의 서비스 회복을 기대하고 요구하게 된다. 서비스 회복은 이러한 실패에 있어 고객의 요구에 대해 서비스 제공자가 취하는 조치로 개념화할 수 있다(Gronroos, 1988). 즉, 제공된 서비스에 문제가 발생했을 경우 서비스 제공자가 그 문제를 적극적으로 해결함으로써 고객만족을 다시 유도해 내는 것을 말한다. Hart et al.(1990)은 서비스 실패를 통하여 학습하고 해결한 바를 적용해 고객의 기업에 대한 신뢰도를 구축하기 위한 노력으로 정의하고 있다. 서비스 회복은 서비스 제공 기업이 서비스 실패로 잃어버린 고객의 신뢰를 최소한 서비스 실패가 일어나기 이전의 상태로 또는 그 이상으로 복원하고자 하는 것이다(Gronroos, 1988). Kelly, Davis(1944)는 서비스 회복을 서비스 실패에 대하여 서비스 제공자가 취하는 일련의 행동이라고 정의하였고, Parasuraman et al.(1993)은 고객이 처음 제공된 서비스가 인내영역 이하로 떨어지는 것을 인지하게 되는 결과로서 취하는 제 행동이라고 정의한다. 원석희(1988)에 의하면, 서비스 회복은 서비스 제공이 잘못되거나 예기치 못한 비상사태가 발생했을 때 조직의 전 구성원이 상황에 대처하는 특별한 노력을 말한다.

정리하면, 서비스 회복(service recovery)은 서비스 제공자가 고객들에게 범한 실수와 과실을 바로 잡고 고객들의 불만과 불평에 대하여 효과적으로 대처하는 일련의 서비스 활동이라고 할 수 있다. 서비스 실패에 대한 예방, 감지, 대응 등은 경영의 연속성, 리스크관리, 서비스 회복 탄력성 등이 서비스 회복관리에 해당하는 영역이라고 할 수 있다.

| 표 7-3 | 서비스 회복에 대한 정의

연구자	서비스 회복에 대한 정의
Hart et al.(1990)	서비스 실패를 통하여 학습한 바를 적용해 고객의 기업에 대한 신뢰도를 구축하기 위한 노력
Kelly, Davis(1944)	서비스 실패에 대하여 서비스 제공자가 취하는 일련의 행동
Parasuraman, Zeithaml and Berry (1993)	고객이 지각하는 인내영역 이하로 떨어진 서비스에 대하여 서비스 제공자가 취하는 행동
Gronroos(1988)	서비스 실패를 수정하기 위해 서비스 제공자가 취하는 일련의 조치
원석희(1988)	서비스 제공이 잘못되거나 예기치 못한 비상사태가 발생했을 때 조직이나 직원이 상황에 대처하는 특별한 노력

2. 서비스 회복시스템

기업이 제공하는 수많은 서비스 제공시스템에 대하여 경영자나 관리자는 서비스 결과가 잘못될 수 있다는 사실을 예측하지 못하거나 잘못을 인지 못하는 경우가 많다(Albrecht, Zemke, 2003). 서비스 기업이 아무리 완벽 품질을 목표로 제품을 생산하고 서비스 프로세스를 전개한다 하더라도 파손, 손상, 불량품 또는 환경적인 요소 등으로 인해 고객 불만족이나 고객불편이 발생할 수밖에 없다.

고객불만족이나 고객불평이 발생할 경우, 기업은 고객문제와 서비스 제공 결정을 가능한 신속하고 완벽하게 해결하는 노력을 강구해야 한다. 예상하지 못했지만 피할 수 없는 일이 발생하였을 경우, 고객중심의 기업은 바로 행동으로 옮길 수 있는 능력과 자세가 뛰어나다.

서비스 회복시스템은 고객관점에서 고객 관련 문제를 파악하고 신속하고 체계적으로 관리하는 서비스 회복 전반에 관한 것을 말한다. 서비스 기업이 서비스 회복시스템을 구축해야 하는 이유는 고객 관련 문제에 대하여 단순한 관리 차원을 넘어 문제를 진정으로 해결하고 완벽한 품질을 제공하려는 모습 속에서 돌아선 고객이 다시 찾아오기 때문이다.

Miller et al.(2000)의 서비스 회복 프레임워크(Service recovery framework)를 이용하여 다섯 가지의 서비스 회복 프로세스를 도출하였다. 서비스 회복 프레임워크를 '서비스 회복시스템'이라고 바꿔서 부르기로 한다. 이것을 [그림 7-5]와 같이 나타낼 수 있다.

그림 7-5 서비스 회복시스템

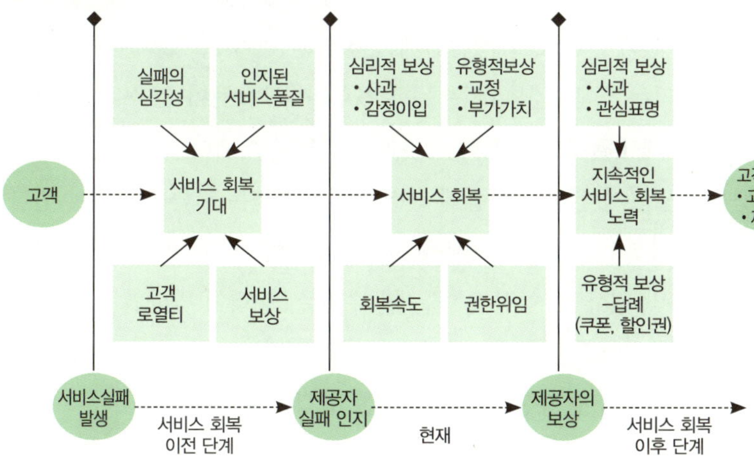

2.1 심리적인 사죄

사죄는 불만족한 서비스를 복구하려 할 때 서비스 부재 직후 고객에게 곧바로 실수를 인정하는 것이다. 심리적인 회복의 효과는 밖으로 표출되는 고객의 욕구를 직접적으로 해결할 수 있다. 서비스 회복의 심리적인 사죄의 기법으로 감정이입과 사과가 있다. 21세기는 사회적으로 투명성을 강조한다. 개인, 집단, 그리고 국가 간의 세력 균형도 달라져 과오를 은폐하기 어려운 시대가 되었다. 우리는 "분별 있는 자는 결코 사과하는 법이 없다"(19세기 영국 시인 랠프 에머슨)는 데서 이제 "책임의 시대에는 실수를 인정하고 다시는 그런 실수를 하지 않도록 하는 것"(버락 오바마 미국 대통령)으로 '사과 패러다임'이 바뀐 시대를 살고 있다(아론 라자르, 2009).

회사 측의 사과는 고객의 손상된 자존심과 명예를 회복시켜 준다. 회사가 고객의 보편적 가치를 공유하고 있음을 보여준다. 이를 통해서 고객은 미래의 안전에 대한 확신을 갖도록 한다.

사과의 첫 단계는 잘못을 진솔하게 인정하는 것이다. "불쾌감을 줬다니 유감입니다"라는 식의 선심 쓰는 듯한 표현이나 "잘못이 있을 수 있다"는 수동적 표현 역시 잘못을 인정하는 것이라고 보기 어렵다.

잘못을 진솔하게 인정한 다음에 진심으로 후회하는 모습을 보여야 한다. 예를 들면, "저희는 고객님을 불편하게 해드린 것을 깊이 후회합니다. 시계를 되감을 수만 있다면, 어떤 일이든 할 수 있는 능력이 있다면, 일이 이렇게 되는 것만은 피했을 것입니다"라고 말하는 것이다. 이런 진심어린 회사 측의 후회하는 모습에 평정심을 갖지 않는 고객은 없을 것이다.

심리적인 사죄 방법으로 일선 직원이 서비스 실수를 인정하고 책임있는 행동을 할 경우, 서비스 회복 속도는 예상보다 빠를 수 있다. 심리적 사죄는 다른 어떠한 서비스 회복 노력보다 간단하고 저렴하며 고객에게는 강력한 서비스 회복 효과를 줄 수 있다(Bell and Ridg, 1992; Zemke, 1994). 결국 고객에게 진정성 있는 사과로 인정받으려면 사과가 신속하고 사과내용 또한 구체적이어야 한다.

읽을거리

용서는 관계를 위한 씨앗

사과를 할 때 조심스럽게 사용해야 할 표현이 '우리도 인간이라 실수를 한다'는 것이다. 몇 년 전 한 외과의사가 수술 중에 환자 뱃속에 가위를 넣고 봉합한 사건이 일어났다. 그는 한 TV 시사프로그램에서 "의사도 인간인 이상 실수를 한다"는 변명을 늘어 놓았다. 프로그램의 시청자 게시판은 의사가 한 말 때문에 쑥대밭이 됐다.

의사도 인간인지라 실수를 한다는 말은 아무 정보를 담고 있지 않다. 그들도 인간이긴 하지만 한 치의 실수를 용납하지 않는 곳이 병원이기에 의사는 사회적 명예를 얻고 큰 돈을 벌지 않는가? 그러니 인간인지라 실수를 한다는 말은 전혀 공감을 이끌어 낼 수 없는 표현일 뿐 아니라 그들이 전문가적인 노력을 전혀 기울이지 않았다는 것을 자인하는 것으로 비쳐 오히려 역효과가 났다. 의사도 인간인지라 실수를 한다는 말은 피해자의 입에서 나올 때 비로소 의미가 있다.

출처: 김호 · 정재승, 이코노미스트, 2009. 7. 28.

2.2 교정

서비스 관리자는 서비스 제공의 결과와 서비스 제공 프로세스상에서 발생하는 서비스 실패에 항상 대비하여야 한다. 교정은 즉각적으로 고객 서비스 실패를 바로잡고 지체없이 서비스 상황을 균형상태로 전환하는 것이다.

고객은 서비스 기업의 호의적인 서비스 회복 노력이나 고객중심의 교정에 만족할 수 있다. 화가 난 고객은 서비스 기업의 진정한 사과와 긴급 교정노력으로도 정상으로 되돌릴 수 있다. 대부분의 서비스 실패는 교정을 통하여 회복될 수 있다. 즉각적인 교정은 고객을 이해하는 마음에서 즉각적으로 이루어져야 한다. 즉 교정을 하면서 진심어린 공감이 무엇보다 중요하다.

세계적인 기업 삼성전자는 2016년 10월 11일에 충격적인 갤럭시 노트7의 단종 계획을 발표하였다. 애플에 앞서기 위해 야심차게 내놨던 노트7이 품질결함으로 출시 50여 일 만에 시장에서 퇴출되고 '품질의 삼성'이란 신뢰의 위기까지 겪게 됐다.

읽을거리

갤럭시 노트7과 교정

2016년 10월 11일 노트7 단종이 공식 발표되자 이에 대한 의견이 다양하다. '스피드'와 '혁신'에만 집착하다 정작 핵심인 '품질'을 놓쳤다는 지적도 나온다. "'양보다 질'이라는 이건희 회장의 제품 철학을 잊고 '무조건 빨리 하라'고 압박해 품질 테스트를 제대로 못한 것"이라는 게 중론이다. 문제를 일으킨 배터리 제조 과정에서도 무리한 제조 압박과 지나친 조급증이 제품결함을 불렀다는 내부평가가 나오고 있다.

삼성전자가 납품업체인 삼성SDI와 중국 ATL사에 노트7용 배터리를 주문하면서 "스마트폰 사용시간이 많은 사용자가 하루종일 충전 없이 쓸 수 있을 정도로 만들라"고 무리한 요구를 했다는 것이다. 전작(前作)인 노트5보다 두께와 크기는 작아졌는데도 더 오래가는 배터리를 만들라고 했다는 이야기다. 당초부터 기술적 한계를 뛰어넘는 무리한 요구로 배터리 제조사를 압박한 측면이 있다.

삼성전자 내 · 외부에서는 그동안 지켜왔던 품질 1등의 신화가 사라지고 있다는 자성의 목소리도 나온다. 과거 이건희 회장은 무엇보다 품질을 중요시했고 2010년 처음 '갤럭시S'를 선보일 때만 해도 품질을 최우선으로 생각했지만 지금은 품질보다는 수익성 강화가 더 중요한 경영목표가 됐다는 것이다. 삼성은 애플의 아이폰7보다 먼저 출시하려 무리하게 공정을 앞당기다 제품결함을 자초했다. 1차 발화 때도 빨리 수습하려는 조급증에 빠져 원인을 제대로 규명하지 못한 채 성급하게 '배터리 결함'이라는 틀린 결론을 내린 것이다. 글로벌 문화와 맞지 않는 관료주의적인 의사결정이 사태를 걷잡을 수 없게 만들었다.

위기는 위협과 기회요인을 말한다. 이를 통해서 삼성 제품을 다시 신뢰할 수 있도록 반드시 근본 원인을 철저히 규명해야 한다. 기본적인 것들을 다시 돌아보고 꼼꼼히 반복해서 점검해야 한다. 제품개발과 디자인, 제조, 내부 품질점검 · 프로세스 점검에 따른 개편이 이어져야 한다. 시간이 걸리더라도 끝까지 밝혀내 품질 1등에 대한 자존심과 신뢰를 되찾아야 한다. 그래야 고객들로부터 더 사랑받고 믿음을 주는 기업으로 돌아올 수 있다.

2.3 유형적인 보상

유형적인 보상은 고객에게 제공되는 서비스 실패로 인한 문제와 불편에 대한 시각적인 보상을 말한다. 유형적인 보상에는 무료, 할인, 끼워주기식 보상이 있다. 유형적인 보상과정에서 서비스 기업의 기본적인 자세는 "고객에게 보상을 해드리고 싶습니다"라는 서비스 회복 의사를 정확하게 전달하는 것이다. 또한 "회사가 모두 다하겠습니다. 그것도 무료로 말입니다"라는 적극적인 서비스 회복노력을 보여야 한다.

이러한 유형적인 보상을 통해서 돌아선 고객이 되돌아 올 수 있다. 즉 고객은 기존 거래를 정상화하여 서비스 기업과 관계를 지속하게 된다.

2.4 회복속도

서비스에 문제가 발생할 경우 그 즉시 처리를 한다면 서비스 실패는 좀 더 성공적으로 해결할 수 있다. 그리고 고객이 서비스 실패를 알아차리기 전에 먼저 확인하고 문제를 해결하여야 한다(Hart et al., 1990). 소위 서비스 제공과정에서 발생하는 서비스 실패를 선행적으로 회복하려는 기업의 노력이 중요한 것이다.

실제, e-Satisfy.com의 회장인 Goodman(1988)에 따르면 고객의 문제나 불만이 적절히 다루어지고 해결된다면 이들 고객들의 고객충성도나 재구매의향은 매우 높은 것으로 나타났다. 불만이 신속히 해결되는 경우를 살펴보면, 불만의 정도가 큰 경우가 불만의 정도가 작은 경우보다 고객의 재구매확률은 95%로 매우 높게 나타났다. 반면 불만의 정도가 작은 경우의 재구매확률은 82%로 나타났다.

그림 7-6 불만을 경험한 고객이 재구매할 확률

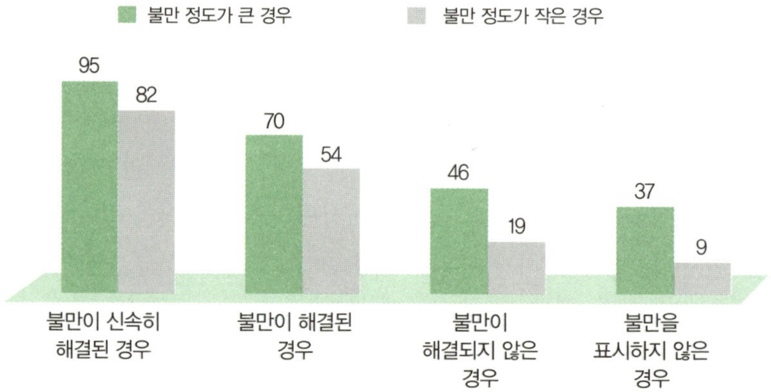

서비스 회복과정에서 서비스 기업은 서비스 회복이 종결되어간다는 느낌을 고객에게 주어야 한다. 이 과정에서 서비스 회복시스템에 대한 반응과 신뢰성 여부를 확인하는 과정을 거쳐야 한다. 즉 제대로 된 사후 확인(Follow-up)과정을 통해서 서비스 제공자는 서비스 회복에 따른 긍지, 자신감을 얻을 수 있다. 고객은 사후 확인과정을 통해서 '서비스 제공자가 진정으로 고객을 생각한다'라는 마음을 갖게 된다.

고객이 체험하는 불만과 불편을 즉각적으로 처리할 경우, 이는 서비스 기업의 자산화가 될 수 있다. 즉각적인 서비스 회복은 문제가 불거진 이후에 수습하는 것보다 훨씬 낫다.

회복속도가 더딘 경우도 있다. 나이키 사례이다. 하루 6센트를 받으며 나이키 축구공을 바느질하는 파키스탄 소년의 사진 한 장이 1996년 '라이프'지의 표지에 실렸다. 이 사진은 세계적인 공분을 불러일으키며 나이키 불매운동을 촉발시켰다. 그해 시가총액의 절반 이상을 잃었고 시장의 신뢰를 회복하기 위해서 6년여에 걸쳐 대규모 사회공헌 활동을 펼쳐야만 했다.

당시 나이키의 필 나이트 창업자가 "우리가 처음 공장에 갔을 때보다 작업환경이 많이 좋아졌다"고 주장하였다. 이는 불에 기름을 끼얹은 꼴이었다. 이 일로 회사직원들도 상처를 받았다. 좋은 회사에서 일한다고 생각했는데, 갑자기 주변에서 '그런 회사 왜 다니니?' 같은 비아냥이 들린 것이다. 나이키는 공장 근로환경을 개선하고 회사를 재정비하는 기회로 삼았다. 공장에서 신발 제도 때 유독가스를 많이 배출하는 접착제 대신 더 안전한 수성 접착제를 쓰도록 했다. 지금은 다른 회사들도 나이키가 개발한 수성 접착제를 사용한다. 나이키는 빈곤국의 어린 소녀들을 교육하는 '걸 이펙트(Girl Effect)' 프로그램을 만들었다. 또한 기초교육과 질병치료를 위한 재정적 기부도 적극적이다.

2.5 종업원 권한위임

종업원 권한으로 총체적인 서비스관리는 고객에게 가장 가까이 있는 종업원들로 하여금 서비스 실패를 발견하여 치료하는 것이 가장 효과적이다. 일선 창구에서 종업원들은 서비스 실패를 발견하고, 조정할 수 있도록 교육이 되어져야 하며, 서비스 실패의 상황이 발생하고 해결할 때 종업원들에게 권한이 부여되어야 한다.

3. 서비스 회복의 성과

앞의 Fitzsimmons과 Fitzsimmons(2007)의 연구결과에서 밝힌 바와 같이, 불만처리에 만족한 고객이 동일한 브랜드를 구매할 확률은 불만을 참고 있는 고객의 재구매확률보다 훨씬 큼을 알 수 있다. 기업이 서비스 회복을 전략적으로 관리해야 하는 이유가 여기에 있다. 우리는 서비스 회복노력이 고객만족과 고객충성도를 결정하는 중요한 요인임을 알 수 있다.

고객만족은 '제품과 서비스를 이용하고 고객이 느끼는 누적된 경험결과로부터 사전에 갖고 있던 기대감이 충족된 정도'로 정의할 수 있다. 서비스에 만족한 고객은 사후에 두 가지 차원의 긍정적인 구매행위를 한다. 첫 번째 재구매 행위이다. 두 번째 행위는 타인에게 긍정적인 구전과 추천을 하는 행위이다.

진정으로 만족한 고객은 재구매 행위를 하며 높은 고객충성도를 보이게 된다. 기업은 고객을 만족시킴으로 소비를 이끌어 낼 수 있고 추가비용을 발생시키지 않으면서 자사를 홍보하는 간접 영업맨을 양성할 수 있는 것이다. 고객이 행하는 이 두 가지 충성행동은 기업성장에 필요불가결한 요소이다. 신규고객 60% 이상은 구전에 영향을 받는 것으로 나타났다(Reichheld, Sasser, 1990).

만족한 고객은 높은 충성도와 향후에 재구매와 연결된다는 연구가 대부분이다. Smith, Bolton(1998)에 의하면, 서비스 회복과정에 만족한 고객은 재구매와 호의적인 구전행위에 유의한 영향을 미치는 것으로 나타났다. 따라서, 효과적인 서비스 회복노력은 고객들의 재구매, 구전효과, 그리고 서비스 제공자들의 성과에도 상당한 영향력을 미치게 된다. 특히 고객과의 접촉성이 강한 서비스 기업들은 서비스 운영관리 과정에 서비스 회복노력을 더욱 더 강조한다.

정리하면, 서비스 제공기업에 있어서 고객을 유지하는 가장 효과적인 방법은 고객을 만족시키는 것인데 서비스의 속성상 실패는 불가피한 것이므로 고객을 유지하고 충성적인 고객으로 만들 수 있느냐의 관건은 서비스실패에 대하여 불만족 하는 고객들을 어떻게 빨리 회복시킬 수 있느냐 하는 것이다. 고객은 자신이 치른 희생에 대하여 보상을 받았다고 느끼는 심리적이고 인지적인 상태를 통해서 고객만족 여부를 가늠한다. 만족한 고객은 재구매를 하며 충성도도 높아진다. 서비스 회복은 서비스 실패에 대하여 불만족 하는 고객들이 다른 경쟁기업으로 이탈하려는 성향을 막아줌으로써 실질적으로 기업의 수익에 긍정적인 영향을 미친다.

읽을거리

아마존 닷컴에는 하루 2만 명 이상의 고객들로부터 불평과 제안, 질문 등이 접수된다. 그들은 모두 확실하게 계획되었으며, 그러면서도 놀라울 정도로 융통성 있는 방식에 의해 대우를 받는다.

고객들에게 놀라울 정도의 대응 서비스를 제공하기 위해서 아마존 닷컴은 세 가지의 경영철학을 지킨다.

첫째, 고객을 위해 열정을 나눌 수 있는 사람만 고용한다.

둘째, 그들이 항상 최첨단의 해결책, 프로세스, 기술을 사용해서 일할 수 있도록 교육한다.

셋째, 서비스 담당 직원들에게 자신의 판단력을 이용할 수 있도록 권한을 이임한다.

출처: 론 젬키 · 톰 커넬런 지음, BIT컨설팅 옮김, e서비스, 세종연구원, 2001.

참고문헌

김호 · 정재승, 이코노미스트, 2009. 7. 28.

론 젬키 · 톰 커넬런 지음, BIT컨설팅 옮김, e서비스, 세종연구원, 2001.

미국품질학회, 1995.

아론 라자르 지음, 윤창현 옮김, 사과 솔루션, 지안, 2009.

와튼연구소, Retail Customer Dissatisfaction Study, 2006.

원석희, 서비스품질경영, 형설출판사, 1998.

한국경제신문, 2008. 7. 13.

Albrecht, K., Zemke, R., *Service America in the New Economy*, McGraw-Hill, 2003.

Bell, Chip R. and Katy Ridge, "Service Recovery for Trainers," *Training and Development*, May 1992, pp.58-63.

Fitzsimmons, J. A., Fitzsimmons, J. F., *Service Management*, McGraw-Hill, 2007.

Goodman, J., "Don't Fix the Product, Fix the Customer," *Quality Review*, Fall 1988, pp.8-11.

Gronroos, C., Service quality: the six criteria of good perceived service quality. rev Bus, 1988.

Hart, Christopher W. L., James L. Heskette and W. Earl Sasser, Jr., "The Profitable Art of Service Recovery," *Harvard Business Review*, July-August 1990, pp.148-156.

Heskett, J. L., Saser, Jr., W. E., Hart, C. W., "The Profitable Art of Service Recovery," *Harvard Business Review*, July-August 1990, pp.148-156.

Kelley, Scott W. and Mark A. Davis, "Antecedents to Customer Expectations for Service Recovery," *Journal of the Academy of Marketing Science*, 22(1), 1994, pp.52–61.

Miller, J. L., Christopher W. Craighead, Kirk R. Karwan, "Service recovery: a framework and empirical investigation," *Journal of Operations Management* 18, 2000, pp.387–400.

Parasuraman, A., Zeithaml, Valarn A, Berry, L., "The Nature and Determinants of Customer Expectations of Service," *Journal of the Academy of Marketing Science*, 21(Winter), 1993, pp.1–12.

Reichheld, Frederick F. and W. Earl Sasser, Jr., "Zero Defection: Quality Comes to Services," *Harvard Business Review* (9–10), 1990, pp.105–111.

Smith, A. K., Bolton, R. N., "An experimental investigation of customer reactions to service failure and recovery encounters: paradox of peril?," *Journal of Service Research*, Vol.1, 1998, pp.65–81.

Yankelovich Partners, "Internet Customer Care: A SOCAP Study," May 2000.

Zemke, R., Service recovery. Executive Excellence, 11(9), 1994, pp.17–18.

자가 진단표

다음 문항에 대하여 자기 자신이나 자신 속한 조직을 평가해 보자. 강점과 약점은 무엇인지 서로 토의해 보자. 채점방법은 '매우 동의 못함'은 1점, '보통'은 5점, '매우 동의함'은 10점으로 점수를 배점하면 된다. 항목별로 평가한 후 합산한 점수가 실제 개인과 조직의 현재 모습이 된다.

01 우리 조직은 서비스 불량 시 심리적인 사죄를 중요시한다.

02 우리 서비스 관리자는 지체없이 사죄한다.

03 우리 조직은 서비스 실패를 경험한 고객에 대하여 진심어린 공감을 표시한다.

04 우리 조직은 금전적인 보상도 마다하지 않는다.

05 우리 조직의 서비스 실패에 대한 회복속도는 경쟁사에 비해 빠른 편이다.

06 우리 조직은 서비스 회복시스템이 전반적으로 잘 작동한다.

07 우리 조직은 서비스 회복 이후 고객과의 관계가 지속적으로 증가하고 있다.

08 우리 조직은 서비스 실패에 대해 최고경영자가 사과할 준비가 되어 있다.

09 우리 조직은 불만족한 고객의 행동 패턴을 이해하고 있다.

10 우리 조직은 종업원 위임시스템이 잘 되어 있다.

Chapter 08

혁신전략

1. 혁신과 경쟁우위
2. 혁신의 원천
3. 혁신의 종류

CRM 톡톡

탁월함을 향한 혁신은 성공의 원천이다.

Chapter 08

혁신전략

읽을거리

혁신의 이유

세계 1위 기업에게는 남다른 점이 있다. 1위 기업들은 끊임없는 경영혁신을 통해 축적과 돌파를 거듭하여 성과를 거둔다. 사회가 하드파워 대신에 창의성과 아이디어를 바탕으로 한 소프트파워 중심으로 이동하고 있는 가운데 우리는 세계 최고의 혁신기업인 애플(Apple)을 통해서 소프트파워 혁신의 중요성을 터득할 수 있다.

두 명의 괴짜 스티브(Steve)는 1976년 각자 500달러를 투자해서 애플컴퓨터를 설립하였다. 스티브 잡스(53)와 그의 고교 선배이던 스티브 워즈니악(58)은 유명한 록그룹 '비틀스'가 배출한 두 명의 스타에 비유되곤 한다. 스티브 잡스가 폴 매카트니라면 스티브 워즈니악은 존 레논이다. 스티브 워즈니악은 세상을 더 좋은 곳으로 만드는 것이 엔지니어의 사명이라는 신념 아래 불법 전화 해킹 장치인 블루박스, 30개의 칩만으로 구성된 애플컴퓨터 I, 그리고 PC의 원형이 된 애플 II 등을 개발한다. 이러한 제품들을 상품화하고 마케팅하며 오늘날의 애플로 성장시킨 이가 스티브 잡스 회장이다. 애플은 아이맥(i-mac), MP3 플레이어 아이팟(i-pod), 휴대전화 아이폰(i-phone)까지 연달아 히트작을 출시하고 있다.

애플에는 명문화된 사명 명세서(mission statement)나 비전 명세서(vision statement)가 따로 없다. 그러나 애플의 투자보고(IR: Investment Relationship) 자료나 각종 보도 자료를 보면 애플의 존재이유인 사명과 장래 애플의 희망인 비전을 확인할 수 있다. 애플의 존재이유는 '혁신적인 하드웨어, 소프트웨어 그리고 인터넷 서비스를 통해서 전 세계 사용자들에게 최고의 컴퓨팅 경험을 제공하는 것'이다. 애플의 향후 비전은 새로운 디지털 라이프스타일에서 '디지털 허브(중심축)'가 되는 것이다.

애플 혁신에 있어서 핵심성공요인(CSF: Critical Success Factors)으로는 패러다임 창조, 강력한 리더십, 실패를 통한 학습, 고객지향적인 제품개발 등을 들 수 있다.

첫째, 패러다임 창조이다. 패러다임은 사물과 현상을 보는 틀이라고 할 수 있다. 애플은 패러다임을 독자적으로 창조하고 구축해 나간다. 애플은 기존 사업의 영역에서 머무르지 않고 고객의 문제해결을 위한 사회적 · 문화적 아이디어 공간으로 사업영역을 확장한다. 평소 실리콘밸리의 관련 단체, 개발업자들과 끊임없는 네트워크를 구축하여 탄탄한 사업기반을 마련한다. 애플은 연구개발(R&D), 디자인, 마케팅만 전담하고 100% 외주생산체제에 의존한다. MP3시장을 석권하고 있는 아이팟의 성공은 애플의 외부 컨설턴트가 제시한 아이디어를 수용한 결과이다. 또한 아이팟의 음악파일을 다운할 수 있는 아이튠즈는 외부에서 아이디어를 사들여 와 개선한 것이다. 학교와 관계를 돈독하게 유지하며 중 · 고등학생들을 위한 컴퓨터 관련 교육 프로그램을 진행한다. 이처럼 애플의 경쟁력은 안과 밖의 아이디어를 활용하여 탁월한 제품과 서비스를 제공하는 패러다임 창조에 있다.

둘째, 스티브 잡스의 강력한 리더십을 들 수 있다. 세계 각국의 최고경영자들은 변화와 혁신을 열망하고 있지만 점점 빨라지는 속도 때문에 고전하고 있는 것 또한 사실이다. 애플 하면 스티브 잡스를 연상하는 것처럼 스티브 잡스의 영향력은 강력하다. 포천은 지난 3월 애플을 '세계에서 가장 존경받는 기업 1위'로 선정하면서 역대 1위 기업 중 CEO의 의존도가 가장 높은 기업이라고 평가하였다. 스티브 잡스는 열정을 통해서 애플의 혁신을 주도한다. 위기를 기회로 전환하고 급진적인 혁신도 마다하지 않는다. 보다 개방적이고 도전적인 애플의 조직문화를 구축하기 위해서 노력한다.

스티브 잡스의 변신과 혁신의지가 애플의 혁신 성공의 자양분이 된 것이다. 스티브 잡스는 새롭게 떠오르는 트렌드를 재빠르게 간파해 내는 천부적인 능력을 갖고 있다. 또한 스티브 잡스는 '프레젠테이션의 귀재'라고 불릴 정도로 남을 잘 설득하는 것으로 알려져 있다.

셋째, 애플은 현명하게 실패하기(fail wisely)를 장려한다. 애플이 항상 성공한 것만은 아니다. 매킨토시는 리사, 아이폰은 뮤직폰의 실패를 통한 지속적인 학습에서 탄생된 것이다. 애플은 실패를 비난하지 않고 이를 참아내는 기업문화를 가지고 있다. 애플에서 쫓겨났던 스티브 잡스는 다시 경영에 복귀하여 과거를 단절하고 고정관념을 깨는 혁신경영을 채택한다. 1973년 미국 제록스(Xerox)사의 팔로알토연구소(PARC)는 세계 최초의 그래픽 사용자 인터페이스(GUI: Graphic User Interface) 방식의 PC를 개발한다. 그러나 제록스 본사는 시제품을 실패한 모델로 치부하였다. 1980년 이 연구소를 방문한 스티브 잡스는 그래픽 환경이 PC산업을 혁명적으로 바꿀 것이라 직감하고 매킨토시라는 혁신적인 PC를 개발한다. "효율성을 강조하는 과거의 권위적인 조직과 혁신에 중점을 둔 학습조직의 결정적인 차이는 실패에 대한 태도에 있다"라는 에드먼슨(Edmondson) 하버드 경영대학원 교수의 지적을 다시금 되새겨 볼 필요가 있다.

넷째, 고객지향적인 제품개발에 있다. 애플은 하드웨어와 소프트웨어의 조화를 통한 고객지향적인 제품개발을 위해 노력한다. IBM 호환기종 PC보다 애플 컴퓨터가 더 뛰어나고 호평을 받은 이유가 여기에 있다. 마찬가지로 아이팟의 성공이유도 아이튠즈라는 소프트웨어와 아이팟이라는 하드웨어가 서로 조화를 이루며 작동하기 때문이다. 아이팟은 최초의 MP3 플레이어가 아니었음에도 누구나 쉽게 이용할 수 있도록 설계되어 있는 장점을 가지고 있다. 아이폰이 주목받는 것은 터치스크린 기술을 이용한 조작의 단순함에 있다. 스티브 잡스가 기술 이외에도 디자인의 중요성을 지속적으로 강조한 이유가 여기에 있다. 또한 애플은 직영 유통망인 애플 스토어를 운영하고 있다. 애플은 이곳에서 고객체험 프로그램을 제공하며 고객의 목소리를 듣는다. 고객의 잠재요구를 충족시키기 위한 애플의 제품개발 노력은 할리데이비슨과 같이 컬트적인 충성고객을 만들어낸다. 이 충성고객들은 애플과 지속적으로 감정적인 관계를 맺는 애플의 옹호자들이다.

스티브 잡스는 2005년 스탠퍼드대학교에서 졸업식 축사를 한 적이 있다. "매일매일을 인생의 마지막 날처럼 살아가십시오. 항상 갈망하고 언제나 우직하게(stay hungry, stay foolish….)" 애플의 혁신성과는 항상 갈망하고 언제나 우직하게 실천한 결과인 셈이다.

출처: 김계수, 우리집, 대한주택공사 사보, 2008. 8.

1. 혁신과 경쟁우위

우리는 예나 지금이나 같은 처지에 머물고 있는 개인, 조직, 그리고 국가를 보게 된다. 작가 루이스 캐럴(Lewis Carrol)의 『이상한 나라의 앨리스』에는 이런 글이 나온다. "만약 어디론가 이동하고 싶다면, 당신은 적어도 두배 이상 빠르게 뛰어야 한다." 이 글에서 언급한 것처럼, 개인이나 조직이 고객을 만족시키고 이를 통해서 성장하고 싶다면 빠르게 움직여야 한다.

보는 사람에 따라 다소 시각의 차이가 있겠지만 생태계는 약육강식의 현장이며 공동체이기도 하다. 새로운 종이 탄생하고 삶의 터전이 변화하기도 한다. 생명체수가 적어졌다가 갑자기 다양해지기도 한다. 이는 오늘날 기업환경과 유사하다. 자연의 모든 시스템은 혁신–성장–향상–방출된다.

그림 8-1 자연시스템의 운영원리

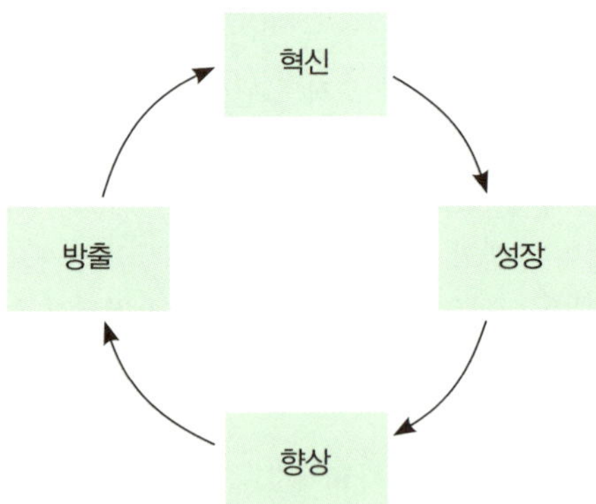

첫째, 혁신은 종의 탄생이다. 이로 인해 자연의 요소들이 특정 종을 중심으로 재배치되며 새로운 환경을 만들어낸다. 이는 새로운 기업을 만들거나 새로운 제품, 아이디어를 만드는 과정이다.

둘째, 성장이다. 혁신단계의 새로운 구조가 성공하면서 이 성공과정이 널리 전파되는 과정은 기업이나 제품이 성공가도를 달리는 것을 의미한다.

셋째, 향상이다. 자연에서 성공적이었던 구조가 한계에 직면하고 종의 개체수가 점점 분화된다. 제품다각화, 기업의 다각화로 이어지는 과정이다.

넷째, 방출이다. 성장 불가능한 한계에 도달하면서 특정 종이 소멸되고 이 과정에서 새로운 자원이 방출된다. 이는 특정 기업이나 제품의 사멸과정과 유사하다. 비록 기존 기업과 제품의 형태, 이름은 사라지지만 이와 동일한 분야의 새로운 기업과 제품이 곧이어 탄생하게 되는 것이다.

기업은 상황에 맞게 매번 다른 방식으로 각 단계에 맞는 전략을 세우고 이에 대응해야 한다. 이것이 가능한 기업은 지속적인 향상과 탁월한 위기관리능력이 있음을 의미한다.

혁신은 새로운 부가가치를 창출하는 창조의 과정이지만 주변의 기본 기업들을 파괴하는 부작용도 있다. 그 이후에는 혁신을 모방하는 기업들이 등장하여 혁신기업과 경쟁하며, 새로운 혁신기업이 나타날 때까지 기존 기업들끼리 경쟁하면서 성장한다. 새로운 혁신기업이 나타났을 때 혁신에 적응하지 못하면 시장에서 퇴출되는 파괴과정을 거친다.

세계적인 컨설팅 회사 맥킨지(Mckinsey) 조사에 따르면, 기업의 평균 존속연도가 1935년에 90년이던 것이, 1955년에는 45년으로 줄었다. 1975년에는 다시 30년으로 떨어졌으며 1995년에는 22년, 2005년에는 평균 15년으로 줄어들었다.

우리나라의 경우는 약 37만 개의 주식회사가 존재한다. 매년 8만여 개의 회사가 새롭게 태어나고 또한 비슷한 숫자만큼 도산을 반복하고 있다. 따라서 우리나라 기업의 평균수명은 약 5년 정도라고 보는 견해도 있다.

끊임없는 창조와 혁신은 개인은 물론 국가의 경쟁우위에 결정적인 역할을 한다. 변화화 혁신은 시간이 흐르면 흐를수록 광풍처럼 다가올 것이다. 경영전략의 대가 게리 하멜(Gary Hamel)은 저서 『꿀벌과 게릴라(Leading the Revolution)』에서 현재 우리가 살고 있는 시대를 '혁명의 시대'라고 명명하였다.

우리는 자고 일어나면 새로운 지식, 기술 등이 끊임없이 업데이트되는 시대를 살고 있다. 우리가 살고 있는 시대의 변화는 불연속적이고 돌발적이다. 이러한 시대에 우리는 고객만족을 통한 고객과의 관계를 지속하기 위해서 지속적으로 혁신을 해야 한다. 제아무리 세계적인 기업이라도 한순간 방심을 하면 곧바로 생존을 위협받은 것이 현실이다.

역사적으로 위대한 개인이나 기업들은 변화와 혁신을 즐겼다. 음악의 거장 루빈스타인은 다음과 같이 이야기했다. "하루를 연습하지 않으면 내가 알고, 이틀을 연습하지 않으면 오케스트라가 안다. 그리고 사흘을 연습하지 않으면 세상이 안다." 끊임없는 자기혁신과 자기개발만이 통제가 불가능한 환경변화에 대비할 수 있는 유일한 방법이다. 마이크로소프트사의 창립자 빌 게이츠는 "Change(변화)의 g를 c로 바꿔보라. Chance(기회)가 되지 않는가? 변화 속에는 반드시 기회가 숨어 있다"며 자신은 변화를 즐기고 있다고 말한 적이 있다.

혁신(innovation)은 생각과 행동의 방법의 변화이다. 새로운 사고를 받아들이고 그것을 실천하는 행위이며 과정이다(Schermerhorn, 2010). 혁신을 통해서 조직은 성과를 차별화시킬 수 있다. 혁신(革新)의 혁은 '가죽 혁'이다. 혁신이란 갓 벗겨낸 가죽(皮)을 무두질(짐승의 날가죽에서 털과 기름을 뽑고 가죽을 부드럽게 다루는 일)해서 새롭게 만든다는 뜻에서 유래한 것이다. 혁신은 가죽을 벗기는 아픔을 이겨내야 한다는 의미이기도 하다. 혁신은 창조적인 작업이며 지금까지 없는 새로운 상품, 새로운 서비스를 고안하여 지금까지 접촉하지 않은 고객까지 새로이 창출해야 하는 힘든 일이다. 로저스(Rogers, 2003)는 '새로운 것' 혹은 '새로운 아이디어'를 혁신으로 정의하였다. 그는 혁신을 확산의 대상으로 간주하였다.

혁신을 이야기하면서 슘페터를 이야기하지 않을 수 없다. 우리는 슘페터를 혁신의 아버지라고 부른다. 오스트리아 출신의 미국 경제학자 슘페터(Joseph Alois Schampeter, 1883~1950)는 "경제발전은 낡고 비효율적인 기술을 파괴하고 신기술에 의해 이루어진다"고 주장했다.

읽을거리

슘페터: 혁신의 아버지

슘페터는 오스트리아 정부의 재무장관이면서 경제학자로 탁월한 경력을 소유하였다. 슘페터는 '기업가는 기술적인 혁신을 추구하는데 이것이 전략적 우위를 가져다 준다'라고 보았다. 끊임없이 혁신을 추구하는 기업은 이윤을 확보하는데 이를 독점적 이윤(monopoly profits)이라고 한다. 이러한 혁신은 다른 경쟁자들이 답습을 하게 되어 독점이윤이 평형상태에 도달하게 된다. 끊임없는 혁신의 과정 속에서 창업가나 기업가는 새로운 게임의 규칙을 쓰고 발전하게 된다.

슘페터는 과거의 규칙을 파괴하고 새로운 규칙을 마련하는 것을 지속적으로 하는 것을 '창조적 파괴(creative destruction)'라고 명명한다. 조직은 창조적 파괴를 통해서 새로운 이윤 원천을 마련한다.

또한 슘페터는 오래전에 생태계와 경제의 관계를 강조하지 않으면서도 기업의 생로병사 이야기를 경제이론으로 승화시켜 '창조적 파괴(creative destruction)'라는 개념을 도입하였다. 슘페터의 경제이론은 '새로운 혁신은 기존의 방식을 고집하는 기업들을 파괴시킨다'고 주장한다.

인간은 본래 변화보다는 안정을 추구하는 속성을 갖고 있어 변화와 혁신을 달가워하지 않는다. 앞에서 언급한 혁신의 아버지 슘페터가 주장하는 것처럼, 현실에 안주하다보면 개인이나 조직이 갖고 있던 핵심역량도 잃게 된다.

우리나라를 방문하여 강연한 『마시멜로 이야기』의 저자 호아킴 데 포사다(Joachin de Posada)는 변화와 혁신을 강조한 적이 있다. 그는 "서커스장에 있는 코끼리가 왜 도망가지 못하는지 아느냐?"라는 질문을 하고 청중들에게 스스로 답변하기를 "그것은 바로 노력해봤자 소용이 없다는 생각 때문이다. 얼마나 많은 사람들이 스스로의 생각 때문에 제약을 받게 되는지 아느냐"며 변화화 혁신을 강조하였다.

혁신이 성공하면 대박을 터뜨릴 수 있지만 그리 쉽게 혁신의 성과가 달성되는 것이 아니다. 혁신을 통해서 큰 성과를 가져오는 것에 누구도 의심하지 않는다. 혁신은 기업이 처한 환경, 보유자산 정도 등에 의해서 결정될 수 있다. 짐 콜린스(Jim Collins)는 『성공하는 기업들의 8가지 습관(Built to last)』에서 '기업이 살아남기 위해선 수많은 시험을 거친 뒤 제대로 된 것을 취하는 방법밖에 없다'고 주장하였다. 이런 난관을 통과한 혁신만이 제품과 서비스 전달의 효율과 성과를 높인다. 신제품개발(NPD: New Product Development)과 시장성과 사이에는 높은 상관관계를 갖는다. 신제품은 시장점유율 확보에 도움을 주고 시장에서 이윤의 증가를 가져온다. 기업들이 경쟁자보다 빠르게 신제품을 출시하려는 이유가 여기에 있다.

지속적으로 환경이 변화하기 때문에 신제품개발 역량이 기업의 경쟁우위요소로 작용할 수 있다. 사회-경제분야에서 사람들의 믿음, 기대, 소망, 열망 등이 변하기 때문에 기대와 제약이 발생한다. 예를 들어, 정부규제나 새로운 법률은 사업의 기회를 접기도 하고 새로운 사업을 시작하게 하는 계기가 된다. 정부의 친환경적인 정책(예: 녹색성장)은 기업의 사업방향 진출 모색으로 이어지고 이는 소위 관심주 종목으로 선정되는 계기가 되기도 한다.

끊임없는 창조적 파괴를 통해 혁신을 추구하는 기업은 낡고 비효율적인 기업에 비해 더 빨리 움직이고 새로운 제품과 프로세스를 개발한다. 새로운 기술과 변화에 적응하지 못하는 기업들은 경쟁에서 뒤처지고 창조적 파괴의 위협에 속수무책일 수 있다. 혁신은 다음과 같은 경쟁우위를 지속적으로 확보할 수 있게 해 준다.

| 표 8-1 | 혁신으로부터의 경쟁우위

- 제품과 서비스 차별성
- 프로세스 혁신성
- 진입장벽 구축
- 내부 자산의 법적 보호장치 마련
- 경쟁요소의 추가
- 시간축 경쟁우위 확보
- 플랫폼 디자인의 강화
- 규칙의 재설정(표준 정립)
- 프로세스 재확정
- 차별성 제시

2. 혁신의 원천

피터 드러커는 저서 『21세기 지식경영(Management Challenge for the 21st Century)』에서 변화의 중요성에 대하여 언급하였다. "누구도 변화를 관리할 수 없다. 다만 변화에 앞서 대응할 수는 있다. 요즘과 같은 격변기에는 변화가 당연한 것으로 받아들여지지만, 변화는 고통스럽고 위험하며 무엇보다 엄청난 양의 강도 높은 노동을 요구한다. 하지만 변화를 선도하는 것을 임무로 받아들이지 않은 조직은 결코 살아남을 수 없다."

'필요는 발명의 어머니다'라는 말이 있다. 기업이 영속하고 성장하기 위해서는 끊임없는 혁신을 해야 한다. 혁신은 변화 리더십(change leadership), 자원(resource), 추진력(drive) 등의 함수이다. 지속적인 혁신을 위해서는 이 세 가지 요인이 선순환 구조가 되도록 만들어야 한다. 자원은 항상 혁신 활동에 투입된다. 혁신 리더십에 자원과 추진력이 결합되면 지속적인 혁신을 창출하는 선순환 구조를 갖는다.

그림 8-2 혁신의 원천

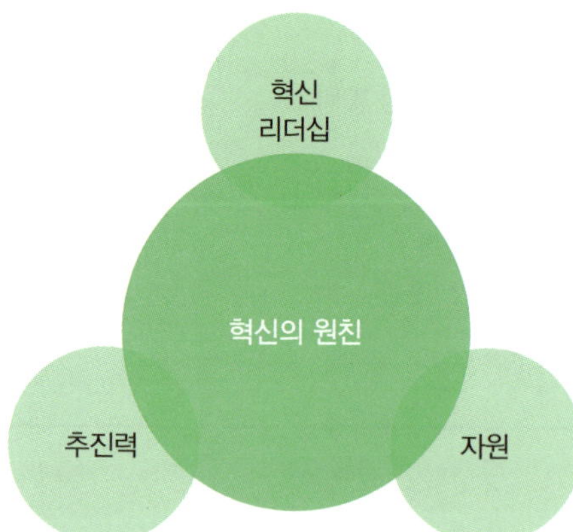

2.1 혁신 리더십

혁신적인 기업들은 제품을 개선하거나 제품과 서비스를 차별화할 수 있다. 혁신의 결과는 경쟁자를 능가하거나 시장점유율과 이윤의 성장 등과 연관이 있다.

혁신을 추구하는 주체는 개인과 조직구성원이다. 개인은 자기 스스로가 리더(self-leader)이다. 조직의 리더는 CEO이다. 리더가 혁신을 추진하면서 타파해야 할 일은 매너리즘, 소위 사고의 관성이라고 할 수 있다. 이는 개인이나 조직구성원들이 한번 일정한 경로에 의존하기 시작하면 나중에 그 경로가 비효율적이라는 것을 알고도 여전히 그 경로를 벗어나지 못하는 사고의 관습을 일컫는 말이다. 이를 경로의존성(path dependence)이라고 부른다(Nelson, Winter, 1982). 리더는 경로의존성에서 벗어나도록 조직구성원들을 독려하여야 한다. 조직구성원들은 지금 당장 해야 할 일을 처리하느라 혁신의 중요성을 간과할 수 있다.

혁신 리더(innovation leader)는 조직구성원들이 혁신가치, 목표, 에너지를 갖도록 코치하고 지원하고 용기를 북돋우는 역할을 한다. 혁신 리더는 혁신전략, 혁신을 존중하는 문화, 반응적인 제도와 시스템, 창의성과 혁신을 담당하는 부서 등을 갖는다. 혁신 리더는 회사의 목적, 가치관, 기준이 현재 및 미래와 동떨어지거나 자사가 속해 있는 비즈니스와 동떨어지지 않도록 신경써야 하는 특수한 입장에 놓여 있다. 또한 외부 세계를 중시하는 목적과 가치관을 유지하고 개입할 수 있고 필요한 경우 반드시 개입해야 한다. 혁신을 통해서 경쟁우위를 유지하고 지속적인 성장을 추구하려면, 혁신 리더는 가장 중요한 고객의 마음을 사로잡고 가장 강력한 경쟁업체와의 대결에서 승리하도록 노력하여야 한다. 혁신 기업의 리더들은 혁신 아이디어가 나올 수 있는 여유를 마련하는 데 많은 신경을 쓴다. 3M이 모든 연구원들에게 업무시간의 15%는 일과 관련없는 데 쓸 수 있도록 배려한 '15%규칙'을 만들었다. 이 회사는 종업원의 창의적 아이디어나 기술혁신 결과를 제품화하여 시장에 시험적으로 출시해 본다. 그 가운데 일부인 포스트잇, 접착용 셀로판테이프 등은 지금도 고객들로부터 폭발적인 사랑을 받고 있다. 구글도 '20%규칙'으로 높여 여유롭게 혁신 아이디어를 도출하도록 적극 장려하고 있다.

버진그룹(Virgin Group)의 리처드 브랜슨 회장이 창조경영의 대명사이다(매일경제 세계지식포럼, 2009). 브랜슨 회장은 "혁신이란 시장에서 채워지지 않고 있는 틈새(gap)를 찾아 이를 새롭고 창의적인 아이디어로 신속하게 채우는 것"이라고 말한다. 그는 "버진그룹을 이끌어온 양대 축은 혁신과 창의력"이라고 말한다. "버진 직원들은 매일 똑같은 업무를 반복적으로 한다는 것은 지루해서 죽는 것(death by boredom)과 같다고 생각한다"고 이야기한다.

GE의 이멜트 회장은 GE 내부에 상상돌파 프로그램을 도입하여 GE 직원들이 매년 성장을 지속할 수 있는 새로운 사업아이디어를 세 가지씩 내도록 하고 있다. 이멜트는 "이 프로그램에 참여하지 않아도 되는 사람은 아무도 없다"고 단언한다. "이것이 GE가 변화를 꾀하는 방식"이라고 설명하고 있다. 이멜트는 "GE라는 거대 조직이 시스템적으로 작동하기 위해서 'GE를 길모퉁이 식료품 가게라고 생각하고 운영한다"라고 이야기한다. 이를 위해서 구성원 모두가 참여하는 변화와 혁신, 성장시스템 구축을 끊임없이 노력한다.

혁신 리더는 조직혁신에 책임을 지고 있는 사람이다. 혁신 리더는 일을 만들고 창의적인 아이디어를 존중하며 실제 적용에 노력한다. 혁신 리더는 미래지향적인 사고를 갖고 새로운 아이디어에 대해 적극 지원한다. 반면에 현상유지 리더는 과거지향적인 사고, 반응적이고 습관적인 행동에 익숙한 사람이다.

최태원 SK그룹 회장은 "글로벌 사업에서 성공하려면 담당 임직원뿐 아

그림 8-3 혁신 리더와 현상유지 리더

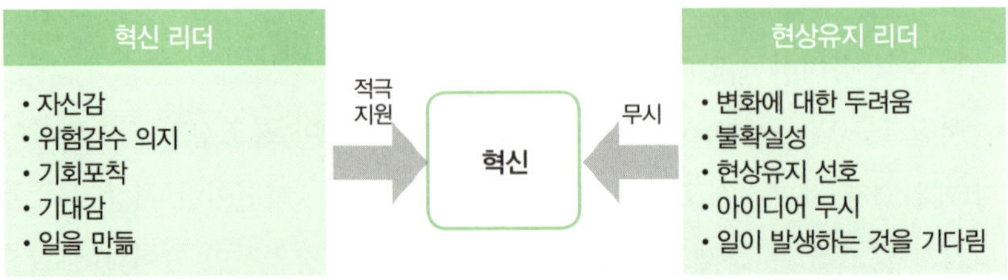

니라 CEO나 적어도 CEO 후보군이 직접 챙겨야 한다"며 "성과가 나오기 전까지는 돌아오지 않겠다는 각오로 임해달라"고 자주 주문한다. 지금보다 더 독해져야 한다는 것이다. 임직원 회의에서 "변하지 않으면 서든데스(sudden death · 돌연사)할 수 있다"며 근본적 혁신을 요구한 적이 있다. 돈 버는 방식, 자산관리 방식, 일하는 방식을 확 바꾸자고 했다. 강연도 그동안 '회장님 강연'과는 거리가 먼 TED 형식으로 이루어졌다. 와이셔츠 차림에 넥타이를 푼 채였다. 그만큼 변화와 혁신이 절박하다는 메시지다. 최 회장의 혁신안의 핵심은 업(業)을 선도하거나 판을 바꿀 사업모델 구축이다. 글로벌시장에 과감히 진출해 새로운 성장 돌파구를 열어야 한다고 주장한다. 이를 위해 과감한 인수합병(M&A)을 통한 신성장 동력 확보, 주요 사업조직의 중국 · 미국 등 글로벌 전진 배치, 핵심사업의 글로벌 파트너링(제휴) 강화, 4차 산업혁명을 주도할 사물인터넷(IoT), 인공지능 등 신기술 확보, 리소스 풀링(관계사 자산을 합쳐 사업)의 사업구조전략을 중요시한다. 일하는 방식도 근본적으로 바꾸기로 했다. 우선 회의 · 보고절차 간소화와 복장자율화, 자율출퇴근제를 그룹 차원에서 도입하기로 했다. 임직원 사이에 필요성에 공감하는 분위기가 충분히 형성됐다는 판단에서다. 연공서열식 보상체계는 성과중심으로 바꿀 계획이다. 성과가 있는 곳에 확실한 승진과 보상이 뒤따르도록 하겠다는 것이다. 최 회장은 "리더는 자신을 객관적으로 볼 수 있는 자기 초월성이 있어야 한다"며 "근본적 혁신의 방향성과 방법을 그려낼 설계 능력을 갖춘 뒤 끈질기고 열정적이면서 자기 희생적으로 임해야 성공할 수 있다"고 말했다.

변화와 혁신 분야의 세계적 대가인 존 코터(John Kotter, 2009)는 조직 혁신을 시도하려 할 때 경영진이 범하는 가장 큰 실수는 동료 경영진이나 직원들에게 충분한 위기의식을 불어넣기도 전에 혁신을 시작해 버리는 것이다. 이런 실수를 범하는 것은 매우 치명적인데, 자만심과 무사안일이 팽

배해 있는 조직에서 경영혁신의 목적을 달성하는 것은 거의 불가능하기 때문이다. 리더는 급변하는 환경 속에서 변화하지 않는 조직은 더 이상 살아남을 수 없음에도 불구하고 인간은 본능적으로 변화를 싫어하기에 변화·혁신을 위해서는 조직에 없는 위기라도 만들어야 한다.

존 코터(1999)는『기업이 원하는 변화의 리더(Leading Change)』에서 변화와 혁신을 즐기는 조직을 만들기 위한 8단계 관리방안을 제시한다. 다음은 존 코터가 주장한 내용이다.

| 표 8-2 | 기업혁신의 8단계 변화관리 방안

- 기업 내에 변화하지 않으면 공멸한다는 위기의식을 전파한다.
- 변화와 혁신을 이끌고 갈 강력한 변화 추진세력을 구축한다.
- 변화 후에 도달해야 할 바람직한 모습, 즉 비전을 창조한다.
- 이러한 비전을 전체 조직구성원이 공유할 수 있도록 모든 수단을 강구한다.
- 현장에서 변화를 추진하는 조직구성원에게 적절한 권한을 부여하고 장애물을 제거해 주는 등 이들이 주인의식을 갖고 책임 있게 변화를 추진하도록 한다.
- 변화와 혁신은 매우 힘든 과정이므로 지치지 않고 자신감을 유지하면서 꾸준히 변화를 추진할 수 있도록 단기적 성과(small wins)를 만들어낸다.
- 샴페인을 일찍 터트리지 말고 달성한 성과를 통합한 다음 후속 변화를 창출한다.
- 변화와 혁신을 즐기는 문화를 조직 내에 깊이 뿌리 박는다.

반바지를 입는다고 혁신이 되는 게 아니다. 100년을 넘어 지속가능한 기업이 되려면 체질과 문화를 바꿔야 한다. 형식에만 매달리는 혁신은 실패하기 마련이다. 우리 대한민국은 수십년간 추진한 '패스트 팔로어(fast follower · 빠른 추격자)' 전략 덕분에 빠르게 성장해 왔다. 이 과정에서 강력한 리더십이 도움이 됐지만 이제는 이런 체질을 바꿔야 한다. 체질개선은 형식으로 되는 것이 아니라 인내가 필요하다.

혁신은 최고경영자의 리더십에서 나온다. 혁신 문화를 키우고 유지하는 것이 리더의 역할이다. 경영자가 현상유지 성향에서 벗어나지 못하면 기업은 망할 수밖에 없다. 또한 경영진은 끊임없이 고객을 만나야 한다. 고객은 제품개발과 개선의 아이디어를 제공한다.

정리하면, 혁신 리더는 조직구성원들이 끊임없이 혁신할 수 있도록 혁신의 비전과 에너지를 부여하는 사람이다. 변화에 빠르게 대처하는 리더가 진정한 승자가 될 수 있다. 따라서 리더는 조직구성원들에게 환경변화에 적절하게 대응하고 고객 마음의 틀(mental frame)을 정확하게 파악하도록 끊임없이 주문하여야 한다.

2.2 자원

우리는 잘 사는 집안, 잘 사는 시골마을에 가보면 유난히 유실수가 많이 집안을 감싸고 있는 것을 볼 수 있다. 이는 조상들의 후대에 대한 배려결과이다. 깨어 있는 조상들은 후대(後代)가 성장한 유실수의 과실(果實)로 인해 경제적인 이득을 보도록 하였다.

'생각이 에너지다'라는 광고카피를 본적이 있을 것이다. 천연자원이 절대 부족한 우리나라는 부존자원을 맹신할 수 없는 실정이다. 우리는 자원이 부족해도 창의성과 지식을 통해 혁신을 추진할 수 있다. 창의성과 지식은 경제발전의 원동력이다. 창의성은 개인과 조직의 경쟁력을 높여줄 수 있는 요소이다. 최고의 창의적 경영자인 애플의 스티브 잡스는 창의성의 원천으로 철학을 강조하였다. 그는 "소크라테스와 점심식사를 할 수 있으면 우리 회사의 모든 것을 걸겠다"고 말하였다. 이는 경영이란 창의성을 요구하는데 창의성은 곧 사람들을 대상으로 하는 고도의 철학적 행위라는 생각에서 연유하였다고 볼 수 있다.

개인은 새로운 아이디어가 없으면 치열한 경쟁사회에서 뒤질 수밖에 없다. 지식정보화 사회에서 경쟁력의 원천은 창의성이다. 개인이나 조직은 새로운 아이디어를 내기 위해서 고민에 고민을 거듭해야 한다. 우리는 갑자기 떠오르는 아이디어를 휴지, 빈 메모지 등에 열심히 메모하여야 한다. 우리 개인은 하루도 빠짐없이 아이디어를 떠올리고 그 중에 우수한 것을 직접 실행하도록 노력해야 한다.

조직에서 혁신 아이디어를 구하는 것은 그리 쉽지 않다. 특히나 집단적 성향이 강한 우리 동양문화에서 혁신 아이디어 도출이 생각만큼 쉬운 것이 아니다. 이를 위해서 조직에서 혁신을 책임지고 있는 팀장이나 리더는 진정한 혁신을 위해서 넓은 시야를 갖고, 인터넷 아이디어 장터를 개설하는 것이 하나의 아이디어가 될 수 있다. 이 아이디어 장터에는 사내고객은 물론 외부고객도 접근할 수 있도록 해야 한다. 고객의 경험이나 좋은 아이디어에 대해서 인센티브를 지급하는 방법은 참신한 고객 아이디어를 확보하는 방법이다. 또한 미래성장과 혁신을 위해서 강력한 혁신 전담팀을 만들 수도 있다. 예를 들어, 웅진씽크빅의 혁신 전담팀 '이노오션(이노베이션 + 블루오션)'은 1년 내내 혁신 아이디어만 고민한다. 전 직원의 10% 정도가 이 팀에 소속되어 있다.

혁신적인 아이디어는 좁은 시야보다는 넓은 시야를 갖고 있는 경우에 많이 도출될 가능성이 높다. 다른 업종, 협력업자 등과 같이 미래 사업의 방향을 논하다 보면 의외로 실마리를 풀어나갈 수 있다. 자원이 절대 부족한 국가에 살고 있는 우리는 기존의 사고틀에서 벗어난 사고, 즉 상자를 벗어난 사고를 해야 한다.

2.3 추진력

삶에서 추진력이 중요한 것처럼 혁신에서도 추진력이 매우 중요하다.

"구슬이 서 말이라도 꿰어야 보배다"라는 속담이 있지 않은가? 우리는 프로스트의 시를 자주 인용한다.

> 노란 숲 속에 길이 두 갈래 났었습니다.
> 나는 두 길을 다 가지 못하는 것을 안타깝게 생각하면서
> 오랫동안 서서 한길이 굽어 꺾여 내려간 데까지
> 바라볼 수 있는 데까지 멀리 바라봤습니다….

우리 인간은 프로스트의 시처럼 누구나 가슴에 '가지 않은 길' 하나쯤은 품고 살아간다. 그러나 대부분은 그 길을 평생 바라보기만 하다가 여생을 마감한다. 여건이 안 된다고, 환경이 뒷받침 되지 못해서, 등등이다. 그러나 실제는 용기가 없거나 추진력이 없기 때문이다. 혹시나 잘못되지는 않을까? 이대로가 좋은 것 같은데…. 등등

앤드 앤드루스(2009)가 쓴 『오렌지 비치』에는 이런 글이 나온다.

> "오늘 밤 어디에 눕더라도 비옥한 땅에 누워서 잔다고 생각하세요. 틀림없는 사실이니까. 생각하고 배우세요. 기도하고 계획을 세우세요. 그리고 꿈을 가지세요. 그럼 반드시 변할테니까."

저자는 이 책에서 아무리 힘든 상황에서도 관점만 조금 바꾸면 희망의 빛을 찾아낼 수 있으며, 관점을 바꿀 때 진정한 변화도 가능하다고 강조한다. 즉 관점의 변화와 행동이 필요하다는 이야기다.

3. 혁신의 종류

3.1 네 가지 혁신

혁신의 유형은 소위 4Ps로 나타낼 수 있다. 제품혁신(product innovation), 프로세스혁신(process innovation), 패러다임혁신(paradigm innovation), 포지션혁신(position innovation) 등이 있다(Bessant, Tidd, 2011).

- 제품혁신(production innovation or service): 조직이 제공하는 제품과 서비스의 변화
- 프로세스혁신(process innovation): 제품과 서비스의 창출 및 배달방법의 변화
- 패러다임혁신(paradigm innovation): 조직업무에 내재한 정신적 모델의 변화
- 포지션혁신(position innovation): 수익창출원의 새로운 발굴

그림 8-4 네 가지 혁신

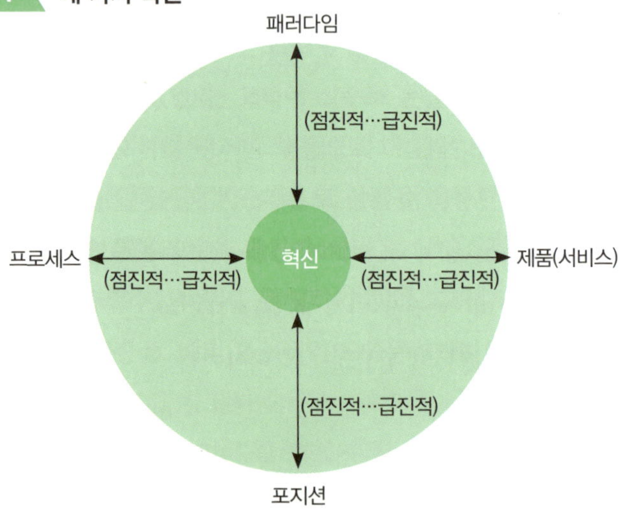

네 가지 혁신과 관련한 세계적인 혁신의 예를 살펴보자.

제품혁신 애플은 'ipod world'를 세상에 출시하였다. 도요타자동차는 하이브리드 차를 출시하며 시장선도자(market mover)로 자리매김하고 있다. 인도의 타타그룹(Tata Group)은 저임금 계층을 위해서 2,500달러의 Nano자동차를 개발하였다. 세계 1위 투자은행 골드만삭스는 데이터분석으로 대출받을 만한 사람을 골라내 이메일을 보낸 후 대출하는 서비스모델을 개발하였다. 인공지능이나 IT 등을 이용하는 골드만삭스는 IT기업으로 탈바꿈하고 있다.

프로세스혁신 사우스웨스트항공은 기존의 일반항공사가 아닌 자동차 여행을 생각하는 고객을 기준으로 서비스전략을 수립한다. 몇 가지 경쟁요소를 줄이고 친절한 서비스, 속도, 소도시 간 빈번한 운행 등으로 운영의 효율성을 달성한다. 아마존(Amazon)은 온라인 쇼핑경험을 지속적으로 향상시키고 있다. 글로벌 생활용품업체인 P&G는 자신들의 연구개발이 'R&D(Research & Development)'가 아니라 외부의 이질적인 아이디어와 지식, 기술을 네트워크로 연결하는 'C&D(Connect and Development)'로 프로세스혁신을 도모하고 있다. 스웨덴의 가구회사 '이케아(IKEA)'는 모듈화된 가구 부품을 판매하며 가구점 유통구조를 혁신적으로 개선하였다. 글로벌 다국적기업인 시멕스(Cemex)는 어느 나라를 가든 유통 관련하여 동일한 색깔을 사용한다. 천연가스를 운송하는 파이프는 파란색, 공기를 수송하는 파이프는 흰색으로 통일하여 유통의 효율성을 유지하고 있다.

패러다임혁신 패러다임혁신에 성공한 기업들은 대부분 핵심가치 집중, 체질 개선, 재빠른 실행의 특징이 있다. 고모리 시케타카 후지필름 최고경영자(CEO)는 2003년 취임 후 '탈(脫)필름'이란 경영목표를 세웠다. 필름이 사양산업이라는 것을 알고, 신속하게 2,000억 엔을 들여 필름공장 문을 닫고 판매 · 유통망을 정리했다. 약 3년에 걸쳐 사진부문에서 5,000여 명을 감축했다. 필름에서 비(非)필름으로 기업의 핵심가치를 옮긴 것이다. 고모리 CEO는 화학, 약품, 화장품, 의료기기회사 등을 빠르게 인수하며 의료 · 소재회사로 후지필름을 탈바꿈시켰다. 2008년, 창업 이래 첫 영업적자를 기록하며 위기에 몰린 스타벅스를 맡은 하워드 슐츠 CEO는 '과도한 양적 성장'을 위기 원인으로 인정하고 6개월 만에 미국 내 매장 600곳을 접었다. '다시 커피로(Refocus to Coffee)'라는 경영목표를 세우고 고급 커피를 핵심가치로 삼았다. 슐츠 CEO는 고급 커피라는 핵심가치를 고객에게 전달하기 위해 내부 직원에 투자하기 시작했다. 바리스타들에 대한 커피 교육을 늘렸고, 파트타임 종업원을 포함한 전 종업원에게 의료보험 혜택을 제공하였다. 세계 최대 커피체인으로 도약한 스타벅스는 신규매장 증가, 모바일주문 앱(응용프로그램) 활성화, 신제품 출시 등으로 커피문화를 선도하기 위해서 노력하고 있다.

포지션혁신 버진그룹(Virgin Group)의 리처드 브랜슨 회장은 창조적인 사업아이디어로 차별화된 서비스를 통해서 버진항공사를 설립한다. 소위 기존 항공사들이 제공하는 맛없는 기내식, 불친절한 승무원, 턱없이 비싼 항공료, 형편없는 서비스 등을 접한 그는 기존 항공산업에 새로운 비즈니스모델을 도입한다. 스타벅스(Stabucks)는 글로벌 커피 브랜드 비즈니스 모델로 세계시장에서 선전하고 있다. 구글은 클라우딩 컴퓨팅(crowding computing: 중앙 서버에서 프로그램을 다운해서 사용할 수 있는 방법)과 웹기술을 이용하여 높은 광고수익을 얻고 있다. 잭 웰치에 이어 2001년 9월부터 GE를 이끌고 있는 이멜트 회장은 GE의 핵심사업이던 가전사업을 버리고 금융, 인프라, 미디어, 환경사업 등을 개척하고 있다. 특히 에코매지네이션(ecomagination)이라 부르는 친환경사업에 진출하여 환경문제 해결과 성장이라는 두 마리 토끼를 잡고 있다. 현대자동차는 미국 시장에서 중고차를 팔고 연비가 좋은 새 차를 구매하는 소비자에게 대당 3,500~4,500달러씩 지급하는 미국 신차 구입 보상금을 미리 앞당겨 제공하여 비즈니스모델을 혁신하고 있다.

일반적으로 혁신 하면 대단하고 거창한 것으로 생각하는 경향이 있다. 혁신은 거창할 필요가 없다. 혁신은 전략이자 차별화다. 혁신은 고객과 관련된 일상의 삶 속에서 일관된 법칙이나 행동과 판단기준을 찾아내어 고객에게 유리하도록 도움을 주는 것이다. 혁신은 제품혁신, 프로세스혁신, 비즈니스모델혁신 등으로 나눌 수 있다. 이러한 혁신에 대한 성공의 의사결정자는 결국 '고객'이다. 고객의 요구를 충족시키는 혁신이 결국 성공한다. 우리는 성공적인 혁신에 대하여 고객적합성(customer fitness)이 높은 혁신이라고 평가할 수 있다.

3.2 점진적인 혁신과 파괴적인 혁신

혁신은 어제의 고정관념과 어제의 세계로부터 자신과 조직을 창조할 자유를 확보하는 것이다. 클레이튼 크리스텐슨(2006)은 혁신을 점진적인 혁신(sustainable innovation)과 파괴적인 혁신(disruptive innovation)으로 나누어 설명한다. 점진적인 혁신은 기존에 존재하던 것들을 더 나은 쪽으로 변화시키는 것으로 개선을 의미한다. 예를 들어, 제품개발과 브랜드 파워의 확대와 같은 것은 점진적 혁신에 해당된다고 할 수 있다. 이러한 작은 혁신이 모여 큰 혁신이 이루어진다. 파괴적인 혁신은 회사의 조직구조와 시장 자체를 바꿔야 하는 상황을 말한다. 이는 사고의 틀을 바꾸는 것을 말한다. 신규 사업모델의 개발을 통해 수익창출모형을 전개하는 것이 파괴적인 혁신의 예라고 할 수 있다.

이후 클레이튼 크리스텐슨은 사회변화를 위한 파괴적 혁신(disruptive innovation for social change)과 관련한 촉매적 혁신(catalytic innovation)을 강조하였다(christensen et al., 2006). 그에 의하면, 모든 혁신의 시작은 고객에서 출발한다. 촉매적 혁신의 시작은 근본적인 시스템 변화를 통해서 소외받는 사회적인 약자(고객)들에게 진정한 가치를 전달하는 것이다. 촉매적인 혁신을 하는 조직은 체계적으로 사회를 변화시키거나 소외된 계층에 관심을 갖는다. 촉매적인 혁신자들은 간단하고 저렴한 제품과 서비스를 제공한다. 또한 기존 시장참여자가 사업성이 없다고 판단하는 세분시장이나 비즈니스모형에 관계 없는 기부, 증여, 자원봉사 등의 활동을 전개한다.

혁신은 특정 목적을 이루기 위한 수단이 될 수도 있고 그 자체가 목적이 될 수도 있다. 크리스텐슨은 사회 변화를 위한 파괴적인 혁신에서 소외받은 사람들에게 가치를 전달하는 촉매적인 혁신의 중요성을 강조하였다. 예를 들어, 의료부문의 투자가 최첨단 기술에 집중된 반면에 촉매적인 혁신은 보통 수준의 기술을 더 많은 사람들과 소외받은 사람들에게 전파하는 것이 목적이다.

- 점진적 혁신(sustainable innovation)
- 파괴적 혁신(disruptive innovation) ⇒ 촉매적 혁신(catalytic innovation)

| 표 8-3 | 혁신과 변화 정도

변화 정도 / 4Ps	점진적 혁신 (잘하는 것)	파괴적 혁신 (다르게 하는 것)
제품	제품개선	완전히 새롭게
프로세스	탁월성을 위한 프로세스 단축	급진적인 프로세스 변화
포지션	시장세분화, 확장	새로운 경쟁장소 탐색
패러다임	비즈니스모델 변화	새로운 규칙 만듦

크리스텐슨이 이야기하는 파괴적 혁신에 해당하는 촉매적 혁신은 마이크로소프트의 창립자 빌 게이츠가 이야기하는 창의적 혁신(creative innovation)과 창의적 자본주의(creative capitalism)와 일맥상통한다. 빌 게이츠는 창의적 자본주의에 대하여 "기업이 낸 수익을 빈민이라든가 사회에 환원하는 것"이라고 이야기한다. 캔터(Kanter) 교수는 "기업이 수익을 창출하는 것뿐만 아니라 시장에 책임을 다하고 사람들이 귀하게 여기는 제품과 서비스를 만들어내는 것을 가치에 기반한 자본주의(value based capitalism)"라고 이야기한다. 가치에 기반한 자본주의의 대표적인 회사인 남미 방코레알은행(Banco Real)은 기존 사명(mission)을 '고객에게 서비스하는 회사'에서 '사회에 서비스 하는 회사'로 바꾸었다(신지은, 2008).

파괴적인 혁신이라고 할 수 있는 것은 겨우 전체 혁신의 6~10% 정도라는 통계자료도 있다. 파괴적인 혁신을 통해서 변화와 혁신을 주도하는 기업만이 시장을 독식하거나 점유율을 높여 갈 수 있다. 듀폰(DuPont)과 같은 세계적인 기업은 급진적인 변화보다 누적적인 효율성이 큼을 인정하고 있다. 듀폰은 1802년 미국의 프랑스 자본유치 1호 기업으로 설립되었으며 초기엔 화약생산에 특화해 미국에서 가장 많은 화약을 생산하는 기업이었다. 70년 전에는 나일론 스타킹과 칫솔을 팔던 회사이다. 현재 듀폰은 화학

기업으로부터 종합과학 기업으로 변신을 하였다. 참고로 듀폰의 혁신 관련 신조는 "오래 붙들면 썩는다, 너무 빨리 점프하면 추락한다"이다.

정리하면, 기업은 점진적인 혁신을 하든 파괴적인 혁신을 하든 고객과 사회의 요구에 맞는 제품과 서비스를 제공할 수 있는 경쟁력을 확보해야 한다. 자원이 부족하면 외부인력을 끌어들이는 연구개발(R&D) 허브를 구축하거나 해외 고급인력, 기업을 집적시키는 데 최선을 다해야 한다. 혁신은 갑자기 이루어지는 것이 아니라 지속적인 노력 끝에 얻는 결과물이다. 개인이나 기업은 혁신을 통해서 지식을 창출하고 이 지식을 제품화하거나 서비스화할 수 있는 것이다. 인공지능(AI) · 자율주행차 · 사물인터넷(IoT · Internet of Things) 등 4차 산업혁명(정보통신기술과 제조업 융합 중심의 산업혁명) 흐름이 거세다. 기존 틀을 깨지 못하면 미래가 없다. 혁신이 승부처이다. 인공지능 등 각종 신기술은 새로운 사업기회를 만드는 혁신의 원동력이 될 것이다. 4차 산업혁명은 위기이면서 기회이다.

읽을거리

마윈이 전자상거래가 사라질 것이라고 한 이유

"전자상거래라는 말은 매우 빨리 사라질 것이다. 내년부터 알리바바는 전자상거래라는 단어를 다시 꺼내지 않을 것이다." 중국 최대 전자상거래업체 알리바바의 창업자 마윈(馬雲) 회장의 말이다. "전자상거래는 단지 이쪽 연안에서 다른쪽 연안으로 강을 건널 때 쓰는 배일 뿐이다. 순수한 전자상거래 시대는 곧 끝날 것이다. 미래 10~20년 내 전자상거래라는 말은 없고 단지 신유통이라는 말이 있을 것이다"라고 강조했다.

마 회장은 온라인과 오프라인 그리고 물류가 모두 합쳐진 것을 신유통으로 정의하고, 이를 포함 신제조, 신금융, 신기술, 신자원 등 5가지 신(新)이 중국은 물론 세계의 모든 사람에 깊은 영향을 미칠 것으로 내다봤다. 그는 온라인 기업은 오프라인으로, 오프라인 기업은 반드시 온라인으로 가야 하며, 물류와도 결합해야 신유통이 생긴다고 지적했다.

마 회장은 물류회사의 본질은 누가 더 빨리 (물건을) 보내느냐에 있지 않고 재고관리를 더 잘하고, 기업의 재고를 제로로 만드는 게 물류의 본질이라고 말했다. 특히 부동산개발식의 오프라인 유통업은 충격을 받을 것이라고 경고했다. 신제조는 과거 20~30년 규모화와 표준화로 대변되는 제조업이 향후 30년 스마트화와 개성화에 기반한 주문제작형으로 바뀌는 것을 의미한다. 이 흐름에 도태되지 않으려면 IoT(사물인터넷) 혁명을 주시해야 한다고 마 회장은 강조했다.

유통업과 데이터를 사용하는 미래의 인공지능 스마트기기 등은 원래의 B2C 제조모델을 C2B로 개조할 것이라는 게 그의 예측이다. 마 회장은 "시장과 소비자에 적응하기 위해 자기를 개혁하는 게 공급측 개혁"이라며 "창장삼각주와 주장삼각주에 있는 규모화와 표준화 제조업이 받을 충격은 상상을 뛰어넘을 것"이라고 장담했다.

신금융의 변혁도 마 회장이 강조한 대목이다. 과거 200년 공업경제의 발전을 지지한 금융은 28이론이 통했다는 게 그의 설명이다. 20%에 해당하는 대기업을 지지해 세계의 80% 발전을 이끌어냈다는 것이다. 하지만 미래 신금융은 82이론, 즉 80%에 해당하는 중소기업과 젊은이 소비자를 지지해야 한다며 더욱 공평하고 투명한 서비스가 가능한 인터넷 금융의 역할을 강조했다.

마 회장은 모바일 인터넷이 만들어내는 신기술 변화와 데이터 자체가 새로운 에너지가 되는 신자원 변화도 주시해야 한다고 말했다. 과거 기계는 전기를 먹었는데, 미래 로봇은 데이터를 먹는다는 것이다. 데이터는 인류가 처음으로 스스로 창조한 에너지로 옷을 누군가 입으면 가치가 떨어지지만, 데이터는 누군가 사용하면 더욱 가치가 있어진다는 것이다.

출처: 오광진, 마윈이 전자상거래가 사라질 것이라고 한 이유, 조선일보, 2016. 10. 15.

참고문헌

게리 하멜 지음, 이동현 옮김, 꿀벌과 게릴라, 세종서적, 2001.

매일경제 세계지식포럼 사무국, 부의 재편, 매일경제신문사, 2009.

신지은, 조선일보, 2008. 5, 9.

앤드 앤드루스, 오렌지 비치, 웅진지식하우스. 2009.

존 코터, 기업이 원하는 변화 리더, 김영사, 1999.

존 코터, 위기감을 높여라, 김영사, 2009.

주용석, 글로벌 사업 CEO가 직접 뛰어라, 한국경제신문, 2016.

짐 콜린스, 성공하는 기업들의 8가지 습관(Built to last), 김영사, 2002.

피터 드러커 지음, 이재규 옮김, 21세기 지식경영, 한국경제신문사, 1999.

Bessant, J., Tidd, J., *Innovation and Entrepreneurship*, Wiley, 2011.

Chrisensen, et al., 2006.

Carlson, C. R., Wilmont, W. W., Getting to "Aha," Crown Business, 2006.

Christensen, C. M., Baumann, H., Ruggles, R., Sadtler, T. M., Disruptive Innovation for Social Change, *Harvard Business Reveiw*, December 2006, pp.94–101.

Nelson, R. Winter, S., *An Evolutionary Theory of Economic Change*, Harvard University Press, 1982.

Schermerhorn, J. R., *Introduction to Management*, Wiley, 2010.

자가 진단표

다음 문항에 대하여 자기 자신이나 자신이 속한 조직을 평가해 보자. 강점과 약점은 무엇인지 서로 토의해 보자.

01 경쟁사가 절대 따라올 수 없는 '독특한 가치'를 제공하고 있는가?

02 해야 할 사업분야뿐만 아니라 포기할 분야도 명확히 알고 있는가?

03 차별화된 가치사슬을 구축하고 있는가?

04 생산, 광고, 판매 등 모든 과정이 유기적으로 연결되어 있는가?

05 당신의 전략은 5년 이상을 내다본 장기전략이 맞는가?

06 우리는 혁신 전담팀이 있는가?

07 우리는 자유롭게 혁신 아이디어를 공유하는가?

08 우리는 아이디어 교류장이 있는가?

90 제출한 아이디어에 대한 피드백은 빠른가?

10 아이디어에 대한 인센티브는 잘 이루어지는가?

평가방법

다섯 가지 질문에 대하여 모두 '예'라고 답변한 경우가 혁신역량을 갖고 있다라고 평가할 수 있다.

Chapter 09 고객관계경영

1. 고객의 중요성
2. 신뢰
3. 고객관계경영
4. 고객관계관리방법

CRM 톡톡

기업과 고객 간 감정자산인 신뢰쌓기가 중요하다.

Chapter 09

고객관계경영

읽을거리

일 서비스는 '오모이야리(思'いやり · 배려)로 통한다

전국에 220개의 점포가 있는 회전초밥 체인 '구라'에서 한 고객이 접시를 반환구에 넣고 있다(왼쪽). 이 업체는 초밥을 먹을 때 점점 접시가 쌓여 고객이 불편하다는 점에 착안해 먹은 뒤 바로 반환구에 넣을 수 있도록 했다. 이 접시에 붙은 바코드를 기계가 자동으로 읽어 먹은 접시수를 계산한다. 혼자 밥 먹을 때, 쑥스러움 없이 음식 맛을 음미할 수 있도록 라면체인 '이치란'은 독서실처럼 칸막이를 설치했다(오른쪽).

출처: 일본생산성협회 '이치란' 홈페이지

2003년 가을, 세탁소에 들어선 아주머니 한 명이 가게 주인에게 지나가듯 투덜댔다. "집도 너무 좁은데 겨울 외투가 어찌나 부피만 많이 차지하는지…. 누가 좀 가져갔다가 철돌아오면 되받았으면 좋겠네." 일본에서 보관료 없이 세탁물을 장기간 맡아주는 'e-closet' 서비스는 이 고객의 한마디에서 시작됐다.

■ **고객의 불편함을 읽어라**

올해로 창업 50주년을 맞은 세탁전문업체인 '기쿠야(喜久屋)'는 집안 수납공간 부족에 시달리는 고객들을 위해 전국 각지의 대형 창고를 개방했다. 인터넷으로 신청하면 기쿠야가 직접 방문해 드라이클리닝을 마친 세탁물을 걷어간다. 드라이클리닝을 마친 세탁물은 장기간 창고에 보관되는데, 좀먹거나 색이 변하지 않도록 온도 20도 이하, 습도 40~60% 유지를 비롯해 일광차단과 방충까지 전문적으로 관리해 준다.

옷보관서비스는 세탁공장 가동률을 높여 수익으로 연결시켜 주었다. 기쿠야 측은 "예전에는 1~3월, 7~8월에 일감이 적었는데, 옷보관서비스를 시작하자 1년 내내 100% 가동률을 기록한다"고 밝혔다. 이 업체는 또 퇴근시간이 늦은 맞벌이 부부를 겨냥해 밤 10시가 넘은 시간에도 세탁물을 수거 · 배달하는 '문라이트(moonlight)서비스'를 한다.

이 기쿠야의 사례는 일본 서비스경쟁력의 한 단면이다. 다른 사람이 무엇을 필요로 하는지, 무엇을 생각하는지 아주 작은 것이라도 읽어내 그것을 제공하는 것이다. 최근 일본 생산성협회가 공개한 '하이 서비스 일본 300선'에서 최고로 뽑힌 서비스업체들의 비결은 바로 이 '오모이야리(思'いやり · 남의 입장을 헤아림), 즉 '배려'다.

회전초밥 체인업체 '구라(くら)'는 1990년대 후반부터 업계 최초로 접시 뒷면에 전자 칩이 들어 있는 카드를 붙여 주방장이 만든 지 일정시간이 되는 초밥은 저절로 회전대 대열에서 빠지게 하는 시스템을 도입했다. '주방장이 금방 만든 초밥을 먹고 싶다'는 고객 마음을 읽은 것. 이 회사는 또 착색료나 인공감미료를 첨가하지 않아 안전하다는 '4무(無)' 첨가 마케팅을 하면서 성공을 거뒀다. 이런 노력으로 2004년에는 증권거래소에 상장됐다.

디지털사진 인화업체 '아스카넷'은 사람들이 디지털카메라로 사진만 찍고 인화는 귀찮아서 하지 않는다는 점에 착안해 저렴한 가격으로 거의 작품집에 가까운 고해상도 앨범을 만들어 줘 인기를 끌고 있다.

■ **남의 시선이 두려울 땐 '무인시스템'**

라면체인점 '이치란(一蘭)'의 좌석은 모두 독서실처럼 칸막이가 쳐져 있다. 밥을 먹고 싶어도 4인 좌석이 기본인 한국과는 달리 일본은 바(bar) 형태의 좌석을 기본으로 하는데 이 라면집은 아예 옆자리를 막아둔 것이다. 서로 얼굴을 볼 필요도 없이 고객은 식권 판매기에 돈을 넣고, 주문표를 뽑은 뒤 음식을 먹을 수 있어 20대 여성들에게 인기가 많다고 한다. 혼자 밥을 먹을 때 라면 맛도 제대로 즐기지 못한 채 남의 눈치를 보느라 서둘러서 먹는 사람들의 애로에 주목한 아이디어였다.

남의 시선이 신경 쓰이는 사람들의 심리를 가장 민감하게 읽는 사람들은 다름 아닌 러브호텔 관계자들이다. 매년 7월 일본에서 열리는 '레저 호텔 페어'는 '어떻게 하면 마음 편하게 고객들에게 서비스를 제공할 수 있을까'를 연구하는 아이디어의 총집합소다.

접수부터 계산, 비누나 칫솔 사기 등 서비스 일체를 사람을 대면하지 않고도 받을 수 있는 '무인시스템'부터 지금은 거의 모든 숙박업소에 일반화된 작은 병에 샴푸와 린스 등을 담아 비치해 두는 것 모두 일본 러브호텔에서 나온 아이템이다. 블룸버그통신에 따르면, 일본 내 최고급 호텔인 '웨스틴 저팬'은 최악에 빠진 점유율을 회복하기 위해 샴페인과 꽃을 제공하는 러브호텔 '로맨스 패키지' 상품을 따라하기로 했다. 부모님과 사는 좁은 집에서 벗어나 로맨틱한 공간을 체험하고 싶은 고객들의 마음을 러브호텔이 읽고 성공을 거두자 고급호텔까지 모방하기에 이른 것이다.

와세다대 비교사회학 프로젝트팀의 연구원은 "일본인들은 오모이야리와 기쿠바리(氣配り · 실수가 없도록 이리저리 마음을 씀) 자세를 중시하는데, 이런 배려의 일상화가 상대방이 불편하게 느끼는 것을 항상 연구하게 만든다"며 "고객의 불편함을 해결하려는 태도가 기발한 서비스 개발로 이어진다"고 분석했다.

출처: 노지현, 동아일보, 2009. 5. 30.

1. 고객의 중요성

'고객은 왕이다'라는 이야기가 있다. 군주제를 채택하고 있는 나라를 제외하고는 현대사회에서 '왕'이라는 존재는 상징성에 불과할 수 있다. 현대사회에서 고객은 '왕' 이상이다. 고객은 개인, 조직이 생존하는 데 반드시 있어야 할 동반자이다.

고객이 없는 개인, 조직은 존재의 의미를 잃는 것과 같다. 고객으로 인한 스트레스는 지금 당장 개인에게 손해를 미치는 것 같지만 문제를 해결해 주면 고객은 우리 개인과 조직을 위해서 충성하는 영원한 고객으로 남는다.

최근 고객은 왕보다 더 절대적이다. 살아 있는 모든 조직은 고객중심의 경영비전, 경영전략을 수립한다. 조직 내부의 발상으로 시작된 경영전략은 백전백패한다. 조직 내부 마인드로 시작한 사업은 개인이 허공에 펀치를 날리는 것과 같다.

개인이나 기업은 당사자의 고객이 누구인가를 명확하게 판단할 필요가 있다. 또한 고객에게 어떠한 가치를 제공할 수 있는가 고민해 봐야 한다. 또한 고객이 중요하게 여기는 가치에 대하여 탁월한 품질, 낮은 가격, 그리고 정시배달을 통해서 지속적으로 고객만족을 만족시키는 것이다. 이를 통해서 기업과 고객은 지속적인 관계를 맺을 수 있는 것이다.

기업과 고객과의 관계는 갑자기 좋아질 수 있는 것이 아니다. 사람들 간의 관계는 신뢰 속에서 싹튼다. 마찬가지로 기업과 고객과의 관계 또한 장기간의 신뢰를 통해서 형성된다.

최근 기업에서는 고객에게 신뢰를 형성하는 방법과 고객을 분류하는 방법에 대하여 관심이 많다. 이번 장에서는 고객관계경영에 있어서 기본인 신뢰와 디테일경영, 고객관계경영 방법과 수요매출관리방법에 대하여 집중적으로 알아본다.

2. 신뢰

2.1 신뢰의 중요성

"사랑받는 것보다 신뢰받는 것이 더 영광스럽다"고 조지 맥도널드(George Macdonald)는 이야기했다. 신뢰는 삶의 윤활유이고 접착제다. "신뢰(trust)는 경제적 번영의 원천이다. 한 국가의 경쟁력은 그 사회의 신뢰수준에 의하여 결정된다"(프랜시스 후쿠야마, 1992). 신뢰는 사회적 자본이다. 신뢰는 지식과 기술, 경험으로 인적자본을 효율적으로 네트워킹할 수 있는 핵심요소이다. 신뢰가 높은 사회일수록 효율이 높은 사회라고 할 수 있다. 기업이 고객에게 신뢰를 보내면, 고객 또한 기업에 신뢰를 보낸다.

신뢰 있는 거래는 고객만족과 공정한 거래를 가져온다(Hartley, 2005). 개인 간의 관계에서도 마찬가지지만 기업 간의 거래에서 단기간에 이익 극대화, 기업중심 이익확대 등은 차후에 문제를 불러 일으킬 수 있다. 고객들이 기업의 가치와 잠재역량을 고객 스스로 느끼거나 볼 수 있도록 깨우쳐 줄 때 신뢰는 행위가 되어 쌓이게 된다.

기업과 고객 간의 신뢰형성은 기업에게 있어 몇 가지 장점을 가져다 줄 수 있다.

첫째, 고객을 설득하는 데 필요한 마케팅비용을 줄일 수 있다. 경제학적으로 신뢰는 거래비용을 줄이고 일의 스피드를 높여주는 효과가 있다. 신뢰가 높으면 쌍방 간의 영향력도 커지게 마련이다. 마케팅비용의 증가는 그대로 제품이나 서비스 가격의 인상을 유발하는데 이는 고객에게 부담요인으로 작용할 수 있다. 신뢰의 속도는 인터넷보다도 빠르다. 신뢰는 조직, 문화, 관계를 이어주는 접착제이다. 모순되게도 신뢰는 느림에서 나온다.

사람들과의 관계에서는 빠른 것이 느린 것이고 느린 것이 빠른 것이다(스티븐 코비, 2005). 항상 함께하는 고객에 대해 도덕적 권위, 신뢰, 유대의 지속적인 예입이 이루어지지 않으면 시간의 흐름에 따라 사라질 수 있다. 고객의 기대는 항상 높다는 사실을 기억할 필요가 있다.

둘째, 신뢰는 언젠가는 성과물로 이어진다. 기업은 고객 지원책이 곧바로 금전적인 이익이 나타나는 것을 중요시 할 수 있다. 그러나 삶 자체가 이런 선형적인 사고(linear thinking)가 지배하는 것 같지만 비선형(non-linear thinking)도 지배한다. 즉, 대가를 바라지 않고 고객에게 베푼 직원의 친절행위가 단초가 되어 기업매출액에 크게 기여하는 경우가 있을 수 있어 기업은 개별고객 한 사람 한 사람에 대하여 신경써야 할 것이다. 이것이 소위 디테일경영이다.

읽을거리

라벨링전략과 신뢰

심리학이나 마케팅전략에서 라벨링(labelling) 기법이라는 것이 있다. 이는 한 사람에게 어떤 특색, 태도, 신념 등과 같은 라벨을 붙인 다음 그 라벨에 어울리는 바람직한 요구를 할 수 있다. 예를 들어, 교사가 아이들에게 "글씨를 잘 쓰는 일에 관심이 많구나!"라고 말을 했더니 아이들이 쉬는 시간에도 열심히 글씨 연습을 하는 것을 발견했다. 심지어 주위에 보는 사람이 없을 때도 마찬가지였다.

회사와 고객과의 관계 또한 이 방식을 사용하면 더 굳건해 질 수 있다. 우리는 이미 많은 항공사들이 사용하는 이런 방식에 익숙해져 있다. 비행을 마치면 승무원은 이렇게 말한다.

"여러분께서 선택할 항공사가 많다는 것을 알고 있습니다. 그럼에도 저희를 선택해주셔서 감사합니다."

승무원의 말은 그렇게 많은 항공사 중에서 우리가 자기 항공사를 선택한 데에는 그럴 만한 타당한 이유가 있다는 것을 암시하고 있다. 즉, 항공사에 대한 믿음을 가지도록 라벨링된 승객들은 스스로 자신의 선택과 항공사에 대하여 더 큰 신뢰를 느끼게 된다. 마찬가지로 거래를 결심한 고객에게 이 기법을 사용하면, 고객의 결정은 선택한 회사를 신뢰한다는 의미이고 회사는 고객의 이런 신뢰가 깨지지 않도록 노력할 것이라는 메시지를 전달할 수 있다.

출처: 로버트 치알디니 · 노아 골드스타인 · 스티브 마틴, 설득의 심리학, 21세기북스, 2007.

2.2 디테일경영 개념

휴렛패커드의 창업자 데이비드 패커드는 "작은 일이 큰일을 이루게 하고 디테일이 완벽을 가능하게 한다"라고 이야기하였다. 디테일한 차이가 명품을 만든다. 기업의 말단조직, 보이지 않는 부분을 바꿔야 하는 디테일경영은 말처럼 쉽지 않다. 기업문화, 리더십, 조직수준이 높아야 디테일경영을 완수할 수 있다.

디테일(detail)은 조직구성원의 입장이나 사장의 입장이 아닌 고객의 입장에서 느끼는 것이어야 한다. 사장에게 사소하게 보이는 것이 고객에게는 중요한 것이 될 수 있다. 사장 입장에서는 사장실과 로비, 접견실이 중요하겠지만 직원 입장에서는 식당, 휴게실, 사무실 등이 더 중요하다. 자동차 엔지니어에서는 엔진 성능과 조향장치가 중요하다고 할 수 있지만 뒷좌석에 타는 CEO 입장에서는 좌석의 촉감, 뒷문 닫히는 소리, 공기의 흐름이 더 중요하다고 할 수 있다.

기업들이 고객의 마음을 제대로 읽는 것은 중요하다. 예를 들어, 우리가 먹는 피자나 과자에서 '맛'이 전부가 아닌 것처럼, 고객들이 선택하는 속성은 다양하다. 고객들이 중요하게 여기는 속성을 섬세하게 발견해 내고 이를 개선에 반영하는 것이 기업이 해야 할 일이다. 이를 통해서 고객은 만족을 하게 되고 해당 기업의 경쟁력은 자연히 향상되게 된다.

우리 대한민국의 기업 중 말단조직까지 디테일이 완벽하게 갖춰진 곳은 찾기 힘들다. 경영자나 임원급에서 생각하고 말하는 수준은 글로벌기업 못지 않은 곳이 많지만 막상 아래로 가면 10년 전, 20년 전 문제를 그대로 안고 있는 경우도 허다하다. 최고를 지향하는 대기업의 지하 주차장에서 심심치 않게 고성이 오가는 것이 대표적이다(임석호 · 임성은, 2009).

기업들마다 철학 슬로건, 비전을 만들었지만 막상 그 기업들과 소비자의 접점인 기념품, 전단지 등을 보면 여전히 획일적인 것도 디테일 부족에서 기인한다. 인사에 의해 조직의 방향과 성과가 바뀌는 것도 일하는 과정에서 디테일이 부족해서 생기는 것이다. 조직에서 커뮤니케이션이 원활하지 못하고 조직의 수준이 균일하지 않으면 디테일이 나타나기 힘들다.

한국기업이 고객만족경영을 통해서 글로벌 톱 기업이 되기 위해서는 디테일이 강해야 한다. 개인들의 실력차이가 한끝 차이에서 발생하는 것처럼, 앞선 기업과 그렇지 못한 기업의 실력차이는 디테일에서 발생한다. 전략이나 철학에서 큰 변별점이 없는 글로벌 경영환경하에서 기업이 완벽한 디테일을 갖추고 있느냐 여부에 따라 승부가 갈리게 된다. 명품을 지향하는 업체는 '디테일'에 신경을 써야 한다.

2.3 깨진 유리창의 법칙과 고객불만

마이클 레빈(2006)은 저서『깨진 유리창의 법칙』(원제 Broken Windows Broken Business, 흐름출판)에서 바로 눈에 잘 보이지 않는 사소한 허점이 바로 비즈니스의 무덤이 될 수 있다고 강조한다. 사소한 실수, 즉 깨진 유리창은 기업경영의 브랜드관리, 마케팅, 고객서비스, 광고와 홍보, 조직관리 등 기업의 전반적인 경영전략에 적용할 수 있다고 조언한다. 그 핵심은 '너무 작아서 놓치기 쉬운 세부사항에 주목하라'는 것이다. 기업이 저지르는 큰 실수들은 대개 잘 보이지 않는 작은 실수들이 모여 일어난 것이다. 5년간 매일 방문한 단골 커피전문점에서 어느날 문득 페인트칠이 벗겨진 벽을 보고 음식의 위생 상태를 의심할 수 있다는 것이다.

깨진 유리창의 법칙은 범죄학에서 도입해 큰 성과를 거둔 이론이다. 범죄학자인 제임스 윌슨과 조지 켈링은 1982년 3월「월간 애틀랜틱」에 기고한 '깨진 유리창'이라는 제목의 글에서 건물 주인이 깨진 유리창에 큰 관심을 기울이지 않고 방치한다면 절도나 문서 훼손, 폭력 등과 같은 강력 범죄에 대한 대비 역시 미비할 것이라는 인식을 하게 되고 자칫 범죄의 온상이 될 수 있다고 얘기했다. 뉴욕의 줄리아니 전 뉴욕시장이 벽에 낙서하거나 지하철을 무임승차하는 사소한 범죄행위를 처벌하자 연간 2,200여 건에 달하던 살인범죄가 매년 1,000건 이상 감소하는 등 강력범죄가 크게 줄어들었다고 한다.

고객의 작은 욕구 · 수요 등을 찾아내 이를 고객이 예상했던 수준을 뛰어넘는 가치로 만들어 제공하는 것을 '마이크로 밸류 마케팅(micro value marketing)'이라고 한다. 작다고 생각하는 서비스 하나가 100−1=99 또는 100+1=101을 만드는 '1'이 아니라, '0' 또는 '200'을 만들 수 있는 차별화의 핵심요인이 될 수 있다. 마이크로 밸류가 성공할 수 있는 3가지 조건은 고객이 원하고, 지속가능하며, 독특한 것이다.

읽을거리

1966년 20병상의 정형외과 의원으로 출발한 대전의 선병원은 요즘 외국인 환자 유치에 관한 한 '떠오르는 스타' 대접을 받는다. 최근 3년 연평균 증가율이 무려 390%로, 전국 최고를 기록했다. 작년에도 2,323명의 외국인 환자를 끌어들여 전년도보다 2.7배가 넘는 실적을 올렸다. 이런 공로로 올 4월 정부의 '글로벌 헬스케어 유공 포상'에서 서울대학교병원 · 연세세브란스병원에 이어 동상 격인

장관 표창을 삼성서울병원과 함께 공동 수상했다. 지방 병원의 자존심을 세운 셈이다.

대전 시내와 유성에 흩어져 있는 병원 건물을 모두 합해야 900병상에 불과하고, 수도권에서도 꽤 먼 거리에 있지만, 이 병원의 '내공'은 전 세계 병원업계에서 연구대상이다. 지금까지 벤치마킹을 위해 이 병원을 다녀간 국내 종합병원이 100개가 넘는다. 지난해 서울대병원과 삼성의료원도 두 차례나 이 병원을 방문했다. 해외에서도 발길이 이어진다. 작년 한 해에만 일본 · 중국 · 러시아 · 베트남 · 태국 · 인도 · 몽골 등 해외 20개국의 병원과 기관이 병원경영을 배우러 왔다. 병원 업무에 지장을 받을 정도가 되자 아예 방문가능한 날을 월 1회, 마지막 주 금요일로 제한했다.

중국과 베트남에선 함께 일해 보자며 '러브콜'을 보내고 있다. 외국 병원들은 "건물 짓고 장비 사는 일은 우리가 할 테니, 그리고 충분한 비용을 지불할 테니 병원을 운영하는 시스템과 서비스정신을 전수해 달라"며 손을 내밀고 있다. 로열티를 받고 '병원 운영 노하우'를 수출하는 개념인 것이다.

무엇이 지방의 한 병원을 이토록 '작지만 강한' 존재로 만든 것일까? 선승훈 원장은 "무엇보다 디테일에 대한 집요함, 그리고 끊임없이 메모하고 매뉴얼화한 결과인 것 같다"고 말했다.

'선병원'에서 얻는 경영 시사점은 다음과 같다.

① 고객의 니즈(needs)를 빠짐없이 기록하고, 또 기록하라.
직원이 현장에서 입수한 정보를 기록하고, 저장하라. 나아가 중요 내용은 매뉴얼로 만들라. '평생고객'을 만들 수 있다.

② 동종 경쟁업체와 비교하지 말고 다른 업종에서 배워라.
동종 업계의 선두 기업은 이미 많은 관심과 주목을 받기 십상이다. 그럴 때 경쟁자들의 레이더에서 벗어나 있는 전혀 다른 업종의 성공 노하우를 살피면 남다른 전략을 창출할 수 있다.

③ 디테일에 집착하라.
큰 성공을 거둔 기업과 작은 성공을 거둔 기업의 차이는 바로 종이 한 장 차이, 즉 디테일에 있다.

④ 고객 입장이 돼서 똑같이 겪어 보라.
사자가 어떻게 사냥하는지 알고 싶으면 동물원이 아닌 정글로 가야 한다.

출처: 장일현, 디테일로 승부하는 대전 '선병원', 조선일보, 2013. 8. 8.

사소한 작은 실수가 큰 실패로 연결되는 것을 하인리히법칙이라고 한다. 예컨대 한 건의 엄청난 대형사고가 발생하기 전에는 29건의 가벼운 재해가 있었고 또 그전에는 다른 300건의 작은 실수가 벌어졌다는 것이다.

우리는 '흔히 사고가 일어나면 당사자는 설마 이런 일이 일어날 줄 몰랐다'며 마치 불의의 사고였던 것처럼 받아들이거나 변명한다. 그러나 이것은 사실이 아니다. 중대한 사고가 나기 전에는 반드시 어떤 징조가 있기 마련이다. 가벼운 재해, 작은 오류, 작은 실수가 생겼을 때 적절한 조치를 취한다면 치명적인 실패를 충분히 막을 수 있다. [그림 9-1]은 하인리히법칙에 관련된 그림이다.

그림 9-1 하인리히법칙

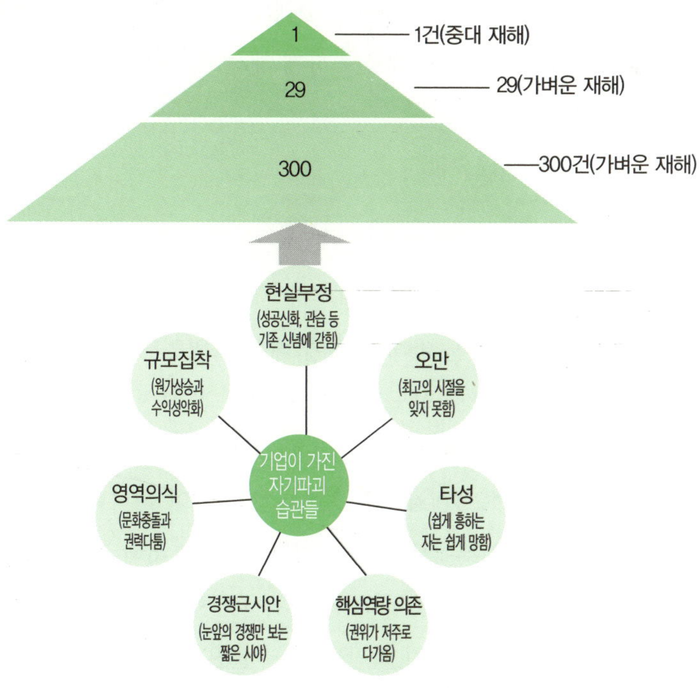

기업들은 흔히 고객의 기대에 부응해야 한다고 하는데 여기에 그쳐서는 안 된다. 고객은 '기대 이상'일 때에야 비로소 만족한다.

기업경영에서 중요한 것은 무엇보다도 '고객서비스'이다. 고객서비스도 기대에 부응하는 정도가 아니라 기대 이상이어야 한다. 더군다나 고객은 단 한 번일지라도 기대를 저버리는 서비스를 받으면 이탈하게 되고 그게 결국 기업을 쓰러뜨릴 수도 있다고 경고한다.

'깨진 유리창의 법칙'은 단 한 번의 불쾌한 경험, 한 명의 불친절한 직원, 매장 벽의 벗겨진 페인트칠 등 기업의 사소한 실수가 결국은 기업을 쓰러뜨린다는 이론이다. 언뜻 보기에는 하찮은 것, 작고 사소한 것, 잘 드러나지 않는 것처럼 보이지만 고객들은 이를 인식하며 그 인식으로 인해 기업에 대한 이미지를 갖게 된다는 것이다.

따라서, 경영자나 조직구성원은 고객의 관점에서 사소해 보이는 것, 즉 깨진 유리창에 주목하고 이를 신속하게 개선해야 한다.

2.4 디테일경영의 사례

이제 모든 휴대전화의 표준이 된 '통화(send)'버튼과 '종료(power)'버튼이 위에 있는 자판배열은 1998년부터 시작됐다. 그전에 모든 휴대전화는 이 두 버튼이 자판의 맨 아래 양쪽에 배치돼 있었다. 그 변화를 만든 사람은 휴대전화 기술자나 공학도가 아닌 이건희 전 삼성그룹 회장이다.

국내 최대 기업집단의 회장이었던 이 회장이 이러한 사소한 일에 신경을 쓸 여력이 있었을까? 2000년대 초반까지 삼성의 애니콜 신화를 이끌었던 이기태 전 삼성전자 부회장은 "이 회장은 1993년부터 '통화버튼을 위로 올리면 좋지 않겠는냐?'고 했다"고 말했다. 1998년에 '애니콜'이 자판을 바꾸자 전 세계 모든 휴대전화가 자판배열을 바꿨다.

1995년 미국의 시사 주간지 '타임'이 세계 제일의 서비스기업으로 선정한 MK택시는 1976년 네 가지 인사운동으로 택시업계의 기린아가 됐다. MK택시의 성장은 노후 차량을 새 차량으로 대대적으로 바꾼 것도, 연봉이 높은 베스트 드라이버를 영입한 것도 아니다. 그저 "MK입니다. 감사합니다"로 시작해 "오늘은 ○○○이 모시겠습니다." "○○○ 가시는 것이 맞는지요?"로 끝나는 인사운동만으로 세계 최고의 서비스기업으로 거듭났다.

이러한 사소한 변화가 MK택시를 미 · 일 정상회담 때 미국 정부대표단의 의전차로 쓰이게 했다. 또 지난해 말 세계 금융위기 속 모든 기업이 감원에 돌입할 때도 MK택시는 향후 1년간 1만 명의 정사원을 채용하겠다고 발표했다.

세계 최대 햄버거 체인인 맥도널드는 큰 덩치에 맞지 않게 사소한 규정이 많다. 특히 560쪽에 이르는 작업 매뉴얼에는 고기 굽는 하나의 과정에 대한 설명만 20쪽이 넘는다. 예를 들면 이렇다. 빵 두께는 17mm, 고기 두께는 10mm로 한다. 총 두께는 인간이 가장 편안해 하는 44mm로 한다. 음료수 빨대 두께는 4mm로 이는 아기에게 모유를 먹이는 어머니의 젖꼭지 크기다. 햄버거나 감자튀김을 시키면 무조건 "감사합니다"라고 말한 뒤 3초 내에 "콜라도 드시겠습니까?"라고 말한다. 카운터 높이는 사람이 가장 편안하게 지갑을 꺼낼 수 있는 72cm로 한다.

맥도널드는 초등학생이라도 작업 매뉴얼만 있으면 균일한 품질의 맛을 내는 햄버거를 만들 수 있게 한다. 덕분에 맥도널드는 세계 최대의 햄버거 업체로 클 수 있었다.

아우디는 냄새를 관리하는 후각 팀이 별도로 있다. 자동차를 구성하는 500여 개의 부품을 일일이 코로 냄새를 맡으며 확인한다. 완성된 차를 시각적 · 촉각적으로만 아니라 후각적으로도 만족도 높게 만들기 위해서다. 렉서스 역시 청각팀을 두고 자동차 문이 닫히는 가장 좋은 소리를 찾아내

1989년 LS400에 적용하였다. 일본차 렉서스가 자동차의 종주국인 미국에서 성공적으로 안착할 수 있었던 것은 미국인들이 놓친 디테일을 챙긴 덕분이다. 이처럼 자동차 회사도 '별나다'는 생각이 들 만큼 디테일에 치중한다. 만약 이들 회사가 '차는 잘 달리고 튼튼하면 그만'이라는 생각에 사로잡혀 있었다면 지금까지 명품자동차 그룹에 속하지 못했을 것이다.

현대카드캐피탈은 고객에게 주는 기념품에도 자기만의 감성과 디자인이 묻어나도록 관리하고 있다. "받는 사람이 아무런 느낌이 없는 선물은 낭비일 뿐이다"라는 게 이 회사의 생각이다. 사옥, 사장실, 로비처럼 보이는 부분뿐만 아니라 화장실, 지하주차장, 직원휴게실 같이 보이지 않는 부분까지도 고유의 정체성이 나타나도록 만들었다.

3. 고객관계경영

3.1 고객관계경영

고객관계경영(Customer Relationship Management)은 개인이나 기업이 전략적으로 고객에게 가치를 제공하고 관계를 지속하는 것을 말한다(Schermerhorn, 2010). 고객관계경영은 효과적인 마케팅, 판매 그리고 서비스 프로세스를 지원해 주는 고객중심의 사업철학과 문화이다(Tim Johnson, 2005). 고객관계경영은 기업의 생사를 좌우하는 핵심기능이다. 고객관계경영은 기존 고객과의 관계를 유지하고 강화하여 더 많은 비즈니스 기회를 만들어내는 데 초점을 맞춘다. 고객만족경영이 제대로 핵심경영 전략으로 자리매김하기 위해서는 올바른 리더십, 고객지향적인 문화, 실행 의지 등이 있어야 한다.

조직의 리더가 몸소 고객만족을 위해서 선도적으로 실천하면 조직구성원들도 자연스럽게 고객만족경영을 실천한다. 리더가 개별고객에 신경을 쓰면 구성원들도 개별고객에게 세밀한 서비스를 제공하기 위해서 노력한다. 새로운 패러다임이 작용하는 세상에서 고객을 단골로 만들기 위해서는 '보이지 않는 곳'까지 신경쓰는 세심함이 필요하다. 이것이 앞에서 언급한 디테일경영이다.

읽을거리

세인즈베리 사례

영국의 최대 슈퍼마켓 체인인 세인즈베리는 900만 명이 넘는 고객정보를 기반으로 전혀 새로운 분야인 은행업에 진출한다. 1990년 중반 영국의 슈퍼마켓 시장은 포화상태에 이르러 있었다. 세인즈베리는 기존 시장에서 더는 성장할 수 없음을 깨달았다.

세인즈베리는 방문고객들의 구매제품 목록을 분석한 결과, 이들에게 독특한 금융니즈(needs)가 있음을 알아냈다. 예를 들어 인테리어나 DIY(Do It Yourself) 제품을 많이 사는 고객들은 목돈이 들어가는 집수리나 리모델링을 하려는 욕구가 무척 높았다. 세인즈베리는 좀 더 자세한 고객의 니즈를 알아내기 위해 슈퍼마켓 고객의 구매패턴과 함께 각종 구성원수, 새로운 자동차 구매, 이사 등과 같은 인구통계학적 정보를 분석했다. 그 결과 부엌 리모델링, 차고증축, 집수리와 연계한 대출 및 손해보험과 같은 패키지상품을 개발할 수 있었다.

세인즈베리는 1997년 슈퍼마켓에 가장 잘 어울릴 듯한 '신선은행(Fresh Banking)'이라는 브랜드를 내걸고 약 400개에 달하는 슈퍼마켓 매장에서 은행업무에 돌입했다. 이 은행은 전통적 은행과 다른 참신한 방식으로 고객들의 호응을 얻었다. 이후 슈퍼마켓 상품과 연계한 금융상품을 계속 개발했다. 은행원 없이 진열대에 저축예금, 개인대출, 모기지론, 주택보험 등의 가입신청서만 진열하기도 했다.

세인즈베리은행은 출범 8주만에 10만 명의 고객과 1,900억 원 규모의 예금유치를 이뤄냈다.

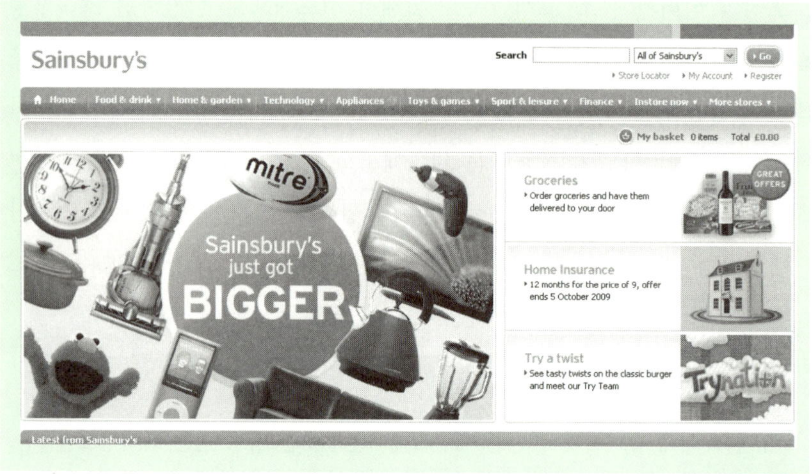

문화는 조직 전체를 둘러싸고 있는 큰 틀이라고 할 수 있다. 문화가 사람의 행동을 제어하기도 하고 운신의 폭을 결정하듯이 조직문화는 고객만족을 위한 개개인의 실행에 영향을 미칠 수 있다. 서비스조직이 개별고객을 만족시키기 위한 문화가 정착되어 있다면 조직구성원들은 자연스럽게 고객만족을 위해서 노력할 것이다. 서비스기업이 만나게 되는 고객을 개별적으로 대우하고 "고객과 함께 고객 속으로"라는 고객경영 키워드가 조직 구성원들의 마음과 뼛속까지 박혀 있어야 한다.

아무리 좋은 아이디어나 서비스전략도 꾸준하게 실천하지 않으면 일회성 행사, 보여주기에 지나지 않을 수 있다. 고객과 동반성장하기 위해서 지속적으로 꾸준히 고객의 어려움을 해결해 주려는 배려하는 마음, 고객의 아픔을 치유하려는 적극적인 자세가 고객관계경영의 지름길이다. 최첨단의 하이테크(high tech) 제품이나 서비스가 아니더라도 고객을 배려하고 마음을 파고 드는 하이터치(high touch)의 마음이 승부처가 될 수 있다.

서비스기업이 지구상에 존재하는 단 한 사람을 개별적으로 응대할 경우

고객은 친밀감과 신뢰감을 느끼게 된다. 고객으로부터 친밀감과 신뢰감을 확보한 기업은 고객과 장기적인 관계를 자연스레 형성할 수 있다. 이는 서비스기업이 지속적으로 성장하는 원천이 된다.

3.2 순추천고객지수

고객은 모든 비즈니스의 기반이다. 기업의 입장에서 보면 고객을 빼앗기는 것은 소위 '사망선고'를 당하는 것과 같다. 실제 고객들의 의중을 파악하고 고객의 속내를 정확하게 파악하느냐가 기업 성장의 밑거름이다.

실무부서에서 설문조사를 통해서 고객만족 정도를 파악하는 것은 한계가 있다. 기존 리커트 5점 척도에 의한 고객만족조사는 정확한 고객만족 정도를 파악하기 어렵고 만족 정도가 경영성과와 직접적으로 상관관계가 있는지에 대한 회의적인 시각이 많다.

최근 실무부서에서 관심을 갖는 고객만족도 측정방법이 NPS이다. NPS(Net Promoter Score · 순추천고객지수)는 고객과의 관계를 지속하고 관리하는 하나의 방법이다. NPS는 어떤 기업이 충성도(로열티) 높은 고객을 얼마나 보유하고 있는지를 측정하는 지표이다(Frederick F. Reichheld, 2006). NPS는 단순히 '만족해요'라는 것에서 벗어나 '제품을 써보니까 좋은데 친구나 동료에게 추천하는 고객,' 즉 진정한 충성고객을 가려내는 방법이다. 친구나 동료에게 추천하는 고객은 기업의 입장에서 보면 충성도가 높은 고객, 소위 감동고객(delighted customer)이다. 추천은 기업 성장에 기여하는 고객행동이라고 할 수 있다. '추천하겠다'는 고객의 비율에서 '추천하지 않겠다'는 고객의 비율을 뺀 것(추천고객 비중 – 비추천고객 비중)이 순추천고객지수이다. 이것을 그림으로 나타내면 다음과 같다.

그림 9-2 NPS 설문지

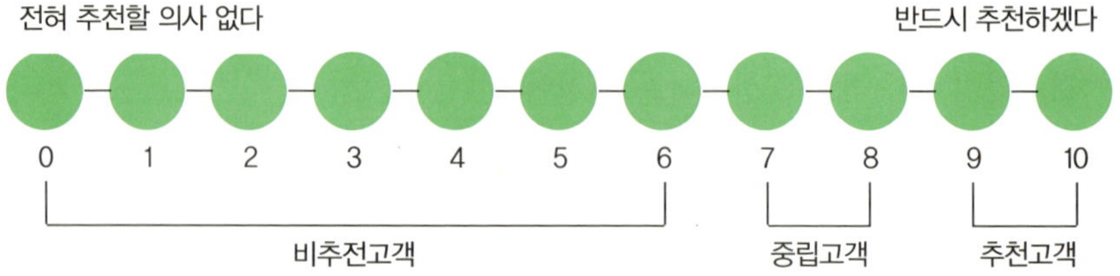

NPS를 계산하기 위해서는 먼저 '추천하겠냐'는 질문에 대해 고객이 0점(전혀 추천할 의사 없다)부터 10점(반드시 추천하겠다)까지 답하게 된다. 다음으로 9~10점으로 응답한 고객을 추천고객으로, 6 이하로 응답한 고객을 비추천고객으로 분류한 후 두 고객의 비율의 차이를 구하면 된다. 예를 들어 기업의 NPS가 마이너스이면 추천고객보다 비추천고객이 많다는 의미가 된다.

NPS는 고객의 실제행동과 매우 높은 상관관계를 보였다. 추천고객일수록 비추천고객에 비해 더 많이, 더 자주 구매하며, 높은 지갑점유율(자신의 총가용금액 중 특정 기업에 소매하는 비중)을 보이는 동시에 다른 사람들에게 매우 열성적으로 추천하고 다니는 것으로 나타났다. 또 NPS는 기업의 성장성과 밀접한 상관관계를 보였다. 미국 기업들의 평균 5~10%에 불과하지만 아멕스, 이베이, 델, 코스트코, 사우스웨스트항공 등 급성장해 온 기업들의 NPS는 50~80%로 월등히 높았다.

순추천지수(NPS)를 통해서 기업은 '좋은 이익'과 '나쁜 이익'을 구별해 낼 수 있다. 여기서 좋은 이익이란 고객에게 약속한 가치를 제공하고, 고객을 기쁘게 하며, 고객이 적극적으로 추천하게 만드는 것을 말한다. 좋은 이익은 추천고객에서 나온다. 나쁜 이익이란 기업의 성장에 장기적으로 독(毒)이 되는 것으로 비추천고객에게서 나오는 것이다. 나쁜 이익의 예는 터무

니없이 높은 호텔 전화요금, 단골고객보다 신규고객을 우대한 이동통신요금제도, 어쩔 수 없이 내야 하는 높은 은행수수료 등이 고객을 화나게 하는 나쁜 이익의 전형적인 예라고 할 수 있다.

3.3 수요매출관리

수요매출관리는 고객정보를 분석해 가장 이익을 많이 내는 집단을 찾아낸 뒤 이들을 집중적으로 관리하는 것이다. 언뜻 보면 고객을 데이터베이스(DB)로 만들어 관리하는 고객관계경영(CRM: Customer Relationship Management)과 유사해 보이지만 수요매출관리는 여기서 한걸음 더 나아간다.

수요매출관리(DRM: Demand and Revenue Management)는 이익이 날 수 있도록 고객수요를 창출해 수익을 최대화하는 수요관리 기법인 것이다. 즉 다양한 시나리오와 고객 데이터를 분석해 그 고객에 맞는 가격정보와 홍보방법을 도출한다. 이를 통해 새로운 수요를 창출하고 미래 기업 수익을 예측하는 것이다.

수요매출관리로 불리는 DRM(Demand and Revenue Management)은 수요관리에 고객정보를 반영해 최고 수익을 올릴 수 있도록 수요를 창출하는 수요관리 기법이다. 다양한 시나리오와 고객 데이터분석이 핵심이다. 가격변경이나 프로모션 등에 대한 시장반응은 복잡하고 또 고객에 대한 많은 정보를 필요로 하기 때문에 이러한 복잡한 시스템 체계를 수학적으로 모델화하고 시장흐름을 시각화한다.

그림 9-3 수요매출관리

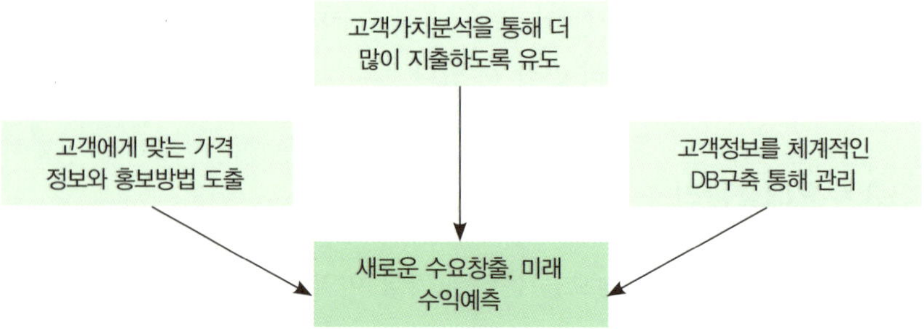

DRM은 제조원가를 낮춘다. 수요매출관리는 이처럼 △ 현재와 미래고객 수요 예측과 수요창출 △ 매출 · 이익최적화를 위한 판매 · 공급사슬 구성 △ 고객군마다 세세한 최적가격 설정으로 단가 · 판매량 최적화와 수요조절 등을 할 수 있도록 도와준다.

이러한 수요매출관리 사례는 국내에서 찾아볼 수 있다. 대표적인 곳이 극장이다. 극장은 주말에는 평일에 비해 관객이 2~3배 몰리지만 평일에는 현저하게 줄어든다. 또 조조와 심야시간대에는 관객이 적다. 관객수에 관계없이 똑같이 영화를 상영해야 하는 극장으로서는 고객을 분산시킬 필요성이 있다.

이를 위해 메가박스는 국내 영화관 가운데 최초로 시간별 · 요인별로 가격을 다르게 책정했다. 수요가 적은 요일과 시간대에는 요금을 낮추고 반대로 수요가 몰리는 주말에는 요금을 올렸다. 이러한 메가박스 전략은 피크타임에 집중되던 관객수요를 분산시켜 더 높은 수익을 창출하는 것으로 이어졌다.

| 표 9-1 | 수요매출관리의 대표적인 사례

메가박스	시간별 · 요일별 가격제 도입 조조할인 관객에게 특화 이벤트
LG전자	겨울철 에어컨 예약할인판매 첫 실시 수요분산과 생산설비 가동률 편차 감소
웅진코웨이	HEART서비스 선포를 통한 맞춤고객관리 점검이나 필터교체주기 스스로 선택
더페이스샵	멤버십 서비스 회원등급 4단계 세분화 6개월간 구매 없는 고객에게 SMS와 이메일 발송

수요매출관리(DRM)는 최근 유행하고 있는 서비스 사이언스 중 한 분야이다. 서비스 사이언스는 서비스 주도 경제가 요구하는 기술과 능력을 개발하기 위해 경영학, 컴퓨터공학, 산업공학, 사회과학, 법과학 등 학문을 응용해 서비스에 대한 과학적 시도를 하는 새로운 학문영역이다.

서비스 사이언스의 목적은 기업에 막연하게 자리잡고 있는 서비스를 발전시켜 나가기 위해 서비스를 과학의 한 분야로 본다. 이를 통해 서비스와 연관된 문제를 해결하고 서비스를 개발하고 측정하는 데 과학적이고 체계적인 접근과 방법론을 적용한다.

수요매출관리도 서비스산업 수요를 관리하는 컨셉에서 시작됐다. 단순한 수요창조 개념을 넘어 '돈이 되는 고객수요를 관리한다'는 것이 핵심이다. 즉 단순히 수요와 공급을 일치시키는 것이 아니라 수익성을 최고 수준으로 끌어올리는 방식으로 수요를 관리하는 것이다.

수요매출관리를 위해서 수요창출에 가장 성공할 확률이 높은 고객집단은 누구이며, 이 집단의 행동패턴이 어떠한지, 어떠한 방법으로 이 집단이 구매하도록 유도할 수 있으며, 이들에게 제시할 수 있는 적정가격은 어느 수준인지 등을 분석해 낼 수 있어야 한다. 즉 고객 전체 시장을 유의미한 기준으로 잘게 쪼개어 어떤 시장을 대상으로 어떤 프로모션과 가격정책을 써야 하는지를 분석해야 하는 것이다. 이때 단순히 감각에 의존하는 것이 아니라 과거 고객 데이터베이스(DB)를 철저하게 분석할 필요가 있다.

수요매출관리를 위해서 시장분석기법이 필요하다. 가장 대표적이고 실제로 금융회사나 카드회사에서 유용하게 사용하고 있는 것으로 RFM(Recency, Frequency, Monetary)기법과 클러스터링기법이 있다.

RFM기법은 고객이 미래에 구매하는 행위를 예측하는 데 가장 중요한 것은 과거 구매내용이라고 가정한다. 각 고객에 대한 R · F · M을 계산한 후 이를 바탕으로 고객군을 정의한 뒤 각 고객군의 응답확률과 메일발송비용을 고려해 이익을 주는 고객군에게 메일을 발송하는 것이다.

클러스터링기법은 높은 잠재력을 지닌 유망고객 집단을 찾아내는 것이 주요 목표다. 클러스터링 기법은 같은 집단에 속한 고객은 동질성을 지닌다는 점에 착안했다. 고객을 집단으로 분류한 뒤 커트라인보다 점수가 높은 집단을 선택해 이들을 중심으로 집중 마케팅을 전개하는 것이다.

3.4 RFM분석

진정으로 고객의 가치를 찾아내기 위해서는 고객을 확인해야 한다. 또한 고객기반 자료를 토대로 고객을 세분화하여 여기에 맞는 맞춤식 서비스전략을 강구하는 것이다.

중요한 고객을 분석하는 방법은 여러 가지가 있다. 고객 관련 과거 자료를 통해서 미래를 예측하는 방법, 고객의 일부를 선발한 모니터 그룹을 운용하는 방법, 경영자나 조직구성원이 고객접점(MOT: Moment Of Truth)에서 경영전략이나 제품아이디어를 마련하는 것 등이다.

잘되는 조직의 특징을 살펴보면, 경영자를 비롯한 모든 구성원이 일렬로 고객지향적인 마인드를 갖고 있다는 데 있다. 따라서 고객 관련 정보를 얻기 위해서는 여러 가지 방법을 다각도로 적용할 필요가 있다. 여러 가지 방법에 의해서 고객의 가치를 발견하고 고객이 소중하게 여기는 제품과 서비스를 제공하는 것이 개인과 조직이 해야 할 일이다.

"백화점 매출액의 80%는 20%의 단골에서 나온다." "회사의 전체 실적 중 80%는 20%의 우수인재가 올린다." 이는 '20 : 80법칙'이라고 불리는 '파레토법칙(Pareto's Law)'이다. 일설에 따르면 이탈리아의 경제학자였던 파레토는 20%만이 열심히 일하고 나머지 80%는 노는 일개미들의 모습에서 힌트를 얻었다고 한다.

이러한 파레토법칙이 인터넷시대를 맞이하여 도전을 맞고 있다. 미국 인터넷 비즈니스 잡지 「와이어드」의 크리스 앤더슨 편집장은 인터넷서점의 매출을 조사한 결과 다음과 같은 결론에 도달한다. "흥행성이 없어 보이는 80%의 책 매출이 잘 팔리는 책 20%의 매출을 추월하고 있다." 이를 소위 '롱테일(long tail)법칙'이라고 한다. 또는 '역파레토법칙'이라고 한다.

아무튼 파레토법칙이든 롱테일법칙이든 고객에 관련된 측정은 이루어져야 한다. 제대로 된 측정과 분석이 없는 조직은 급변하는 환경에서 사라질 것이다. 이제 고객정보를 이용하여 현상을 기술하고 미래를 예측하는 것이 무엇보다 중요해졌다.

고객관계경영은 고객분석을 통해 고객군을 세분화하고 이들 군(群)에 적합한 차별화전략을 구사하는 것이라고 할 수 있다. [그림 9-4]는 고객관계경영의 틀을 나타낸 것이다.

그림 9-4 **고객관계경영**

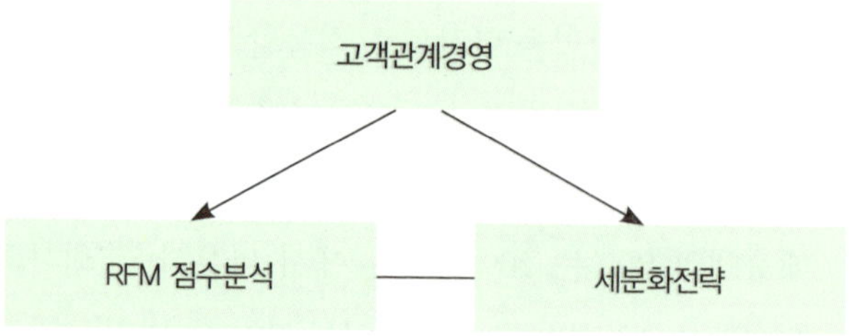

고객관계경영의 일환인 RFM분석은 고객거래 자료를 통해서 조직의 새로운 제안에 대해 반응할 잠재고객을 확인하기 위해서 사용하는 방법이다. RFM분석은 구입가능성이 있는 고객들을 걸러내는 방법이다. 이를 통해서 기업은 우수고객에 대해서 '지속적인 유지전략'을, 하위고객에 대해서는 장기적으로 '우량고객화전략'을 강구할 필요가 있다. 이 그림은 RFM에 대한 기본내용을 나타낸 것이다.

그림 9-5 **RFM분석 기본내용**

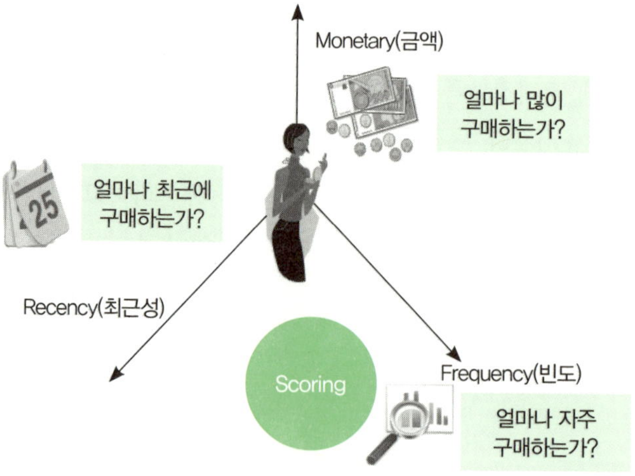

RFM(Recency, Frequency, Monetary)분석은 다음의 간단한 이론에 근거한다.

첫째, 새로운 제안에 반응할 가능성이 있는 고객을 확인하는 중요요소가 최근성(Recency)이다. 이는 과거에 구매할 고객들보다 최근에 구매한 고객이 더 구매할 가능성이 높다는 기본가정에 근거한다. 이에 알맞은 질문은 "고객은 최근에 얼마나 구매하였는가?"이다.

둘째, 고객관리에서 중요한 요인은 빈도(Frequency)이다. 이는 자주 구매한 고객은 구매경험이 적은 경우보다 더 구매할 가능성이 높을 것이라는 기본가정에 근거한다. 이에 적합한 질문은 "고객이 얼마나 빈번하게 우리 상품을 구입했는가?"이다.

셋째, 중요한 요소는 전체 소비금액(Monetary)기준이다. 과거 많이 구매한 고객들이 과거에 덜 소비한 고객보다 더 구매할 가능성이 높다는 가정에 근거한다. 이에 알맞은 질문은 "고객이 구매한 총금액은 얼마인가?"이다.

이와 같은 세 가지 기본질문에 근거하여 기업은 고객거래정보를 통해서 구매고객의 성향을 분석하고 고객관계경영 전략을 마련할 수 있다. 이에 대한 내용을 그림으로 나타내면 [그림 9-6]과 같다.

그림 9-6 RFM분석과 고객관계경영

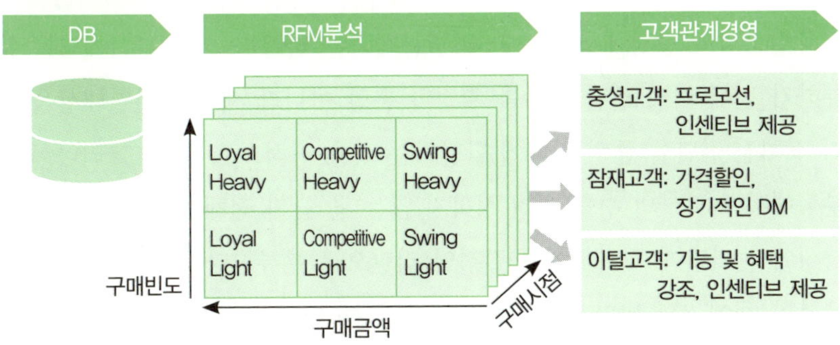

RFM분석에서 점수(score)를 구하는 것이 중요한데 이는 조직이 처한 환경에 따라 계산방식이 달라질 수 있다. 여기서는 RFM점수(score)를 산출하는 기본공식을 소개한다.

$$\text{RFM점수} = [(W_1 \times R) + (W_2 \times F) + W_3 \times M)] \ / \ \text{등급수} \times 100$$

여기서, W_i=가중치, R=최근성, F=빈도, M=금액을 나타냄.

의사결정자는 RFM점수에 의해서 고객을 세분화하여 이에 맞는 고객 관련 전략을 구사할 수 있다.

3.5 군집분석법

사물을 관찰하다 보면 다양한 특성들을 지닌 개체들을 동질적인 집단으로 분류할 필요성이 생긴다. 예를 들어, 동물의 경우 외형적인 조건에 따라 성별을 구분하는 경우에는 명확한 분류기준이 있어 비교적 쉽다고 할 수 있으나, 변수가 많거나 또는 명확한 분류기준이 없는 경우에는 관찰대상들을 분류하는 것이 쉬운 일이 아닐 것이다. 군집분석(Cluster Analysis)은 다양한 특성을 지닌 관찰대상을 유사성을 바탕으로 동질적인 집단으로 분류하는 데 쓰이는 기법이다.

군집분석은 앞장에서 설명한 판별분석과는 다르다. 판별분석에서는 분류하기 전에 미리 집단의 수를 결정할 뿐만 아니라 새로운 관찰대상을 이미 정해진 집단들 중의 하나에 할당하는 것을 목적으로 한다. 그러나 군집분석에서는 집단의 수를 미리 정하지 않는다. 단지 전체 대상들에 대한 유사성이나 거리에 의거하여 동질적인 집단으로 분류한다. 군집분석은 시장세분화 등에 사용된다. 분류규칙이 불명확하거나 또는 집단의 수를 미리

정하지 않는 경우에는 군집분석이 매우 유용하다. 군집분석은 자료탐색, 자료축소, 가설정립, 군집에 근거한 예측 등과 같은 여러 가지 목적을 가진다.

군집분석에 대하여 전문적인 공부를 하기 위해서는 통계 관련 다변량분석 책을 숙독하면 좋을 것이다. 군집분석 관련 예제를 다뤄보면 쉽게 군집분석을 이해할 수 있을 것이다.

4. 고객관계관리방법

고객과 관계를 지속하는 왕도나 비법이 있는 것은 아니다. 고객과의 관계를 지속하는 방법은 기본에 충실하는 것, 정성스러운 응대, 정보기술의 이용 등이다.

첫째, 기본에 충실하는 것이다. 우선 회사를 방문한 고객이나 영업매장을 방문한 고객들에게 먼저 인사하라. 그리고 고객의 이름을 기억해야 한다. 다음에 만날 때 반드시 이름을 불러줘야 한다. 이를 개인화서비스(personalization service)라고 한다. 영업소에서 회사에서 고객의 이름을 가장 많이 외우는 사람이 되어야 한다. 그리고 고객의 개별관심사를 기억하고 데이터베이스화하여 고객에게 적합한 서비스를 제공하려고 노력해야 한다. 고객 관련 일에 끊임없이 관심을 갖고 고객 관련 대소사를 빠짐없이 챙기려 노력해 보자. 고객들은 감동할 것이다.

둘째, 고객에게 정성을 들여야 한다. 조 지라드(Joe Girad)는 미국의 전설적인 자동차 판매왕으로 기네스북에 이름을 올렸다. 그는 한 사람의 인간관계 범위를 대략 250명으로 봤다. 한 사람의 고객을 감동시키면 이 사람이 관계를 맺고 있는 250명에게 자신의 홍보가 이루어질 수 있다는 것이다. 이것이 '지라드 250의 법칙'이다. 지라드처럼 한 사람을 250명처럼 생각하고 정성스레 대하면 파문이 번져나가듯 호의적인 평판을 얻게 된다. 한 사람을 통해 2~3명만 감동시켜도 남는 장사이다. 고객 만들기는 정성이다.

셋째, 최첨단 정보기술을 최대한 이용해 보자. 우리가 살고 있는 시대는 지식정보화시대이다. 고객과 접근할 수 있는 수단은 얼마든지 있다. 메신저를 통해서 대화를 나누거나 정보를 공유하며 고객과의 관계를 지속할 수 있다. 싸이월드, 온라인카페, 트위터(twitter) 등 인터넷을 통한 온라인 네트워킹은 중요한 고객관리의 수단이 될 수 있다. 어느 영업사원은 평소 좋은 문구를 메모해 놓았다가 고객들에게 메일을 보내주거나 문자를 보내어 자신의 존재감을 고객들에게 알리고 있다. 정보기술이 시간과 비용을 아끼면서 고객관계지도를 넓힐 수 있는 지름길이 될 수 있다.

읽을거리

스벅 사이렌오더 1,000만 명 '터치'
하워드 슐츠 회장
fantastic(환상적)!!"

2014년 5월. 스타벅스커피코리아 대표는 이메일을 받았다. '환상적'이라는 말과 함께 두 개의 느낌표가 찍혀 있었다. 발신자는 스타벅스 창업자이자 최고경영자인 하워드 슐츠 회장이었다.

슐츠 회장은 '사이렌오더'가 한국에서 시작됐다는 한국말 외신기사를 보고 아시아태평양 지역담당 사장에게 이메일을 보냈고, 이것이 그대로 이 대표에게 전달됐다. 모바일 앱(응용프로그램)을 통해 주문과 결제를 하는 사이렌오더는 스타벅스커피코리아가 시작해 다른 나라로 확산되고 있다. 국내에서 선보인 지 2년5개월 만에 이 서비스를 통해 주문한 건수가 1,000만 건을 넘어섰다.

사이렌오더 연령대별 비율 (단위: %)

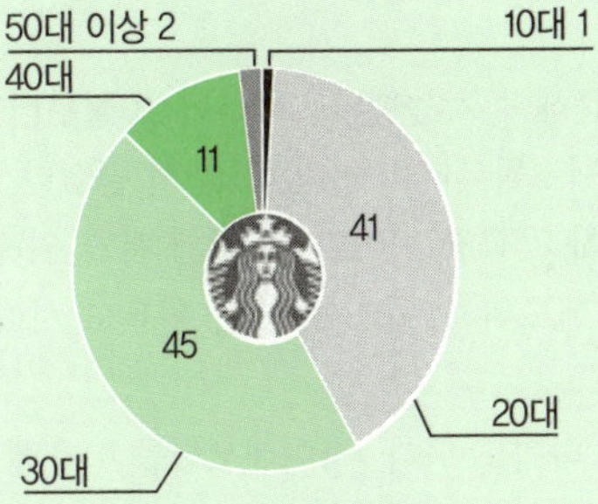

사이렌오더 사용성별 비율 (단위: %)

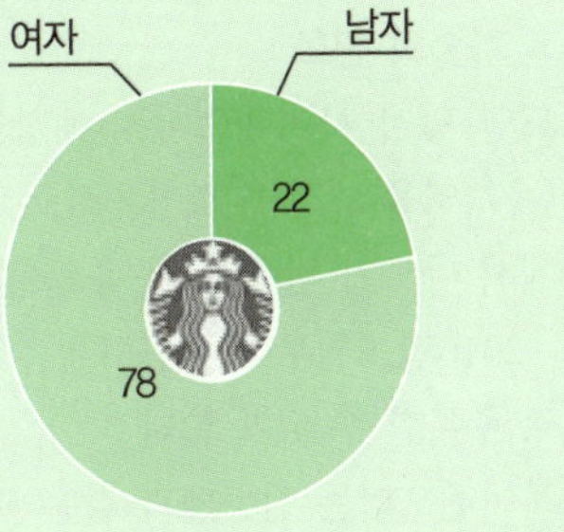

■ IT의 역수출

스타벅스커피코리아 대표가 어느 날 스타벅스 무교동 지점에 들렀다. 점심시간 직후였다. 대기줄이 너무 길었다. 이 줄을 보고 그냥 돌아가는 사람도 많았다. 조사를 시켰다. 점심시간에만 평균 30~40명이 발길을 돌리고 있다는 보고가 올라왔다.

해결책을 찾은 게 사이렌오더였다. 모바일 앱을 통해 주문 · 결제하면 대기인원이 줄고, 줄 서기 싫어 다시 나가는 사람도 감소할 것이라는 발상이었다. 스타벅스 관계자는 “매장 방문 전 또는 매장에 앉아서도 주문할 수 있게 한 아이디어가 통했다”고 말했다. 이 서비스는 정보기술(IT)에 익숙한 20~30대가 주로 사용한다. 사이렌오더 이용자 중 20대와 30대가 각각 41%, 45%로 전체의 86%를 차지한다. 사이렌오더 주문횟수가 가장 많은 매장은 20 · 30세대 유동인구가 많은 강남역점, 코엑스몰점, 강남비전타워점, 홍대역점, 타임스퀘어점 순이다.

슐츠 회장은 이메일만 보내지 않았다. 본사 IT 관련팀을 한국에 파견했다. 벤치마킹을 위해서였다. 팀은 미국으로 돌아가 2014년 12월부터 현지에서 서비스를 시작했다. 이후 캐나다, 영국 등으로 사이렌오더 서비스 지역을 넓혔다. 스타벅스는 올해는 중국, 일본에서도 서비스할 계획이다.

사이렌오더 주문 음료 메뉴 순위

1. 아이스 카페아메리카노
2. 카페아메리카노
3. 아이스 카페라떼
4. 카페라떼

5. 아이스 스타벅스돌체라떼

■ **기술의 진화**

도입 당시 사이렌오더는 매장을 방문해야 가능했다. 2015년 10월부터 주문 가능 지역을 매장 반경 500m로, 2016년 2월부터는 반경 2㎞까지 넓혔다. 사무실에서 나오기 전에 미리 음료를 주문하고 곧장 받아갈 수 있게 하기 위해서였다. 2016년 8월부터는 음료뿐 아니라 샌드위치 등과 병음료, 원두도 사이렌오더로 주문할 수 있게 했다.

사이렌오더는 진동벨과 같은 역할을 하기도 한다. 사이렌오더를 이용해 주문하면 음료가 나왔을 때 앱에 푸시알림이 뜬다. 모바일에서 주문 메뉴가 준비되는 과정도 실시간으로 확인할 수 있다.

이런 서비스 개선 덕에 주문건수는 빠르게 늘고 있다. 최근 2개월간 사이렌오더를 통한 하루 평균 주문수는 34,000건으로 2014년 도입 당시(2,000건)에 비해 17배 증가했다.

출처: 강영연, 스타벅스 슐츠 회장 "한국선 스마트폰으로 주문? 판타스틱!!,"
한국경제신문, 2016. 10. 11.

참고문헌

강혜승, 동아일보, 2009. 3. 1.

라이첼트 지음, 정지택 옮김, 지속적 성장을 위한 1등 기업의 법칙, 청림출판, 2006.

마이클레빈, 깨진 유리창의 법칙, 흐름출판, 2006.

스티븐 코비, 성공하는 사람들의 8번째 습관, 김영사, 2005.

이석호 · 임성은, 디테일은 힘이 세다, 이코노미스트, 2009. 5. 5, pp.35–37.

팀 존슨 지음, 박재희 · 김옥재 옮김, 이것이 고객만족경영이다. 도서출판 석정, 2005.

프랜시스 후쿠야마 지음, 이상훈 옮김, 트러스트, 한마음사, 1992.

Hartley, R. F., *Business Ethics Mistakes and Success*, Wiley, 2005.

Schermerhorn, J. R., *Introduction to Management*, Wiley, 2010.

자가 진단표

다음 문항에 대하여 자기 자신이나 자신이 속한 조직을 평가해 보자. 강점과 약점은 무엇인지 서로 토의해 보자. 채점방법은 '매우 동의 못함'은 1점, '보통'은 5점, '매우 동의함'은 10점으로 점수를 배점하면 된다. 항목별로 평가한 후 합산한 점수가 실제 개인과 조직의 현재 모습이 된다.

01 우리 조직은 배려하는 마음을 가진다.

02 우리 조직은 신뢰의 중요성을 이해한다.

03 우리 조직은 디테일경영의 중요성을 잘 알고 있다.

04 우리는 하인리히법칙을 이해한다.

05 우리 조직은 고객중심적인 문화를 보유하고 있다.

06 우리 조직은 순수추천고객지수(NPS)를 이용하여 고객만족도를 측정한다.

07 우리 조직은 수요매출관리방법을 터득하고 있다.

08 우리는 RFM방법으로 고객을 세분화한다.

09 우리는 군집분석방법으로 고객을 분류한다.

10 우리는 고객관계관리방법이 체계적이다.

Chapter 10

지식경영과 창조경영

1. 지식경영의 필요성
2. 지식경영시스템
3. 지식경영의 의의
4. 지식경영의 성과
5. 창조경영

CRM 톡톡

독서는 자기주도의 지식과 지혜 습득방법이다.

Chapter 10

지식경영과 창조경영

읽을거리

고객을 다시 연구하라

불황은 수요의 극심한 위축이다. 사려는 사람이 사라져 팔지 못한 상품이 쌓여간다. 금융에서 온 위기국면에선 당국의 각종 규제가 후폭풍처럼 밀려와 자금사정도 나빠진다.

업계 1등이라고, 내 지역에선 최고라고 안심할 수도 없다. 업종과 지역을 넘나드는 '블루오션 경쟁'이 본격화되면서 어디서 강적이 나타날지 알 수 없는 노릇이다. 이런 판국에 기업을 둘러싼 기술과 규제, 금융환경이 급변하면서 아무런 기반이 없는 신생업체들에 오히려 기회를 뺏기는 경우까지 생긴다.

변화가 빠르고, 위험요소가 많은 불황기에는 원래 기득권을 가진 기존업체들이 유리했다. 여차하면 팔아치울 자산이 있고, 인적자원이 풍부하며 기존 제품군으로도 충분히 버틸 수 있었기 때문이다. 그러나 전 세계적으로 공급이 넘치고 기술과 환경이 하루가 다르게 변하는 '인터넷+글로벌시대'가 되면서 기존업체들이 누리던 '기득권'은 사실상 사라져가고 있다.

현실이 그렇다. 아무리 작은 회사라도 비즈니스모델만 좋으면 글로벌 회사와 제휴를 할 수 있다. 제조기반이 전혀 없어도 세상에서 가장 싼 지역에서 만들어낼 수도 있다. 영업활동은 물론 자금거래도 모두 인터넷상에서 24시간 이루어질 수 있다. 이런 시대에 강자는 '큰' 회사가 아니라 '빠른' 회사다. 지금까지의 시장점유율이 하루아침에 의미가 없어지는 일이 이제 자주 일어나게 됐다. 그렇다면 이미 시장에 진출해 있고, 그래서 사업구조를 쉽게 바꿀 수 없는 기존업체들이 지금 취해야 할 전략은 무엇인가? 이런 때는 회사의 핵심 경쟁력 혹은 숨은 경쟁력을 다시 한번 살펴볼 필요가 있다. 오래 사업을 해온 덕에 신생업체들에 비해 절대적으로 유리한 분야가 있다. 그 답은 멀리 있지 않다. 바로 고객, 다른 이름으로는 거래처, 단골이라고 불리는 집단이다.

이미 개척한 고객이야말로 기존 업체들이 목숨을 걸고 다시 연구해야 할 자산이다. 기존업체들은 신생업체들이 꿈도 못 꾸는 경쟁력을 고객분야에서 갖고 있다. 우선 고객이 누구인지, 어떤 성격인지를 잘 안다. 그들이 내고자 하는 가격(WTP: Willing To Pay)까지 알고 있기 때문에 가격정책이나 새로운 영업패키지 구성에서 훨씬 유리하다. 매년 언제쯤 얼마의 물량이 필요한지도 인지하고 있고, 불만사항과 결제스타일에도 익숙하다. 장기고객사의 경우는 사장은 물론 담당자의 성향까지 파악이 돼 있다. 그간 쌓은 신용도 큰 자산이다. 이 모든 것을 어떤 벤처기업이 단기간에 이루어낼 수 있겠는가?

그러니 이왕에 비즈니스를 열심히 하고 있는 기업이라면 이 불황기를 고객을 다시 연구하는 기회로 삼아야 한다. 그들의 가려운 곳을 긁어줘서 우리 회사의 VIP로 만들어야 한다. 이왕이면 우리 회사에 충성스러운 집단으로 만들면 이상적이다. 꼭 가격할인이나 접대 같은 것이 필요한 게 아니다. 그간 개척해 놓은 고객을 정서적으로 묶어주는 조치가 중요하다. 추억, 습관, 자부심 같은 것이 그 연결고리다. 할리데이비슨을 부활시킨 것은 열정적인 고객그룹인 HOC, 즉 할리데이비슨오너스클럽이었다.

어려운 시절, 생존과 성장의 키워드는 이렇게 가까이 있다. 고객들을 참여케 하고 연대감으로 묶어주는 일, 이 시대의 '구식업체'들이 살아남는 생존수칙이다.

출처: 권영설, 한국경제신문, 2009. 7. 23.

1. 지식경영의 필요성

"지식은 중심적 자본이며 중심적 비용이고 경제의 결정적 자원이다." 이는 경영학의 대부인 피터 드러커(2002)가 한 이야기다. 피터 드러커는 일찍이 지식사회의 도래를 이야기하면서, 지식사회에서 정보와 지식이 중요한 경제자원이라고 강조했다. 지식은 휴대가 가능하고, 기본적으로 희소성이 높은 자원이다. 지식은 무형의 독특한 특성이 있다. 지식과 기술로 무장한 새로운 자본가, 지식노동자가 각광을 받는 시대가 눈앞에 있다.

"일일일책(一日一冊), 지금부터 경험하게 될 일은 모두 책에 있다." 이는 유니클로의 창업주이자 최고경영자(CEO)인 야나이 다다시(柳井正) 회장이 한 이야기다. 야나이 회장은 실제로 독서를 매우 중시하는 경영자이다. 스스로 책을 손에서 놓지 않을 뿐 아니라 직원들에게도 직접 책을 선물해가며 독서를 권장한다.

끊임없이 자기혁신을 강조하는 그는 "시장은 폭력적으로 변한다." "세상이 나쁘기 때문이라고 말하는 사람은 늘 실패한다"고 단호하게 말한다. 야나이 회장은 한 강연에서 다음과 같이 이야기하였다. "매장은 고객을 위해 있고, 점원과 함께 번영하며, 점주와 함께 망한다."

개인사업을 하든 조직에 몸담고 있든, 개인은 끊임없이 지식을 축적해야 한다. 자기만족에서이든 고객을 만족하기 위해서든 우리는 끊임없이 훈련하고 지식을 습득해야 한다. 하워드 가드너 교수는 『미래 마인드』에서 미래를 성공으로 이끌 다섯 가지 마음의 능력을 강조하였다. 다섯 가지의 마인드는 훈련된 마음(disciplined mind), 종합하는 마음(synthesizing mind), 창조하는 마음(creating mind), 존중하는 마음(respectful mind), 그리고 윤리적인 마음(ethical mind)이다. 이를 그림으로 나타내면 다음과 같다.

그림 10-1 미래 마인드

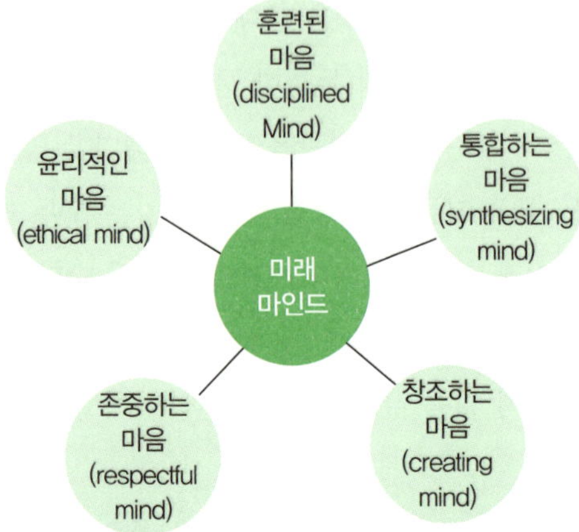

하워드 가드너 교수는 훈련된 마음에 대해 설명하면서 "최소한 한 분야에서 전문성을 갖추지 못한 개인은 남의 장단에 춤을 추는 운명이 된다."고 주장한다.

국내 통합적 인문학자인 다산 정약용 선생은 전방위적인 지식경영을 실천한 것으로 유명하다. 다산은 말한다. "문제를 회피하지 마라. 정면으로 돌파하라. 끊임없이 의문을 가지고 탐구해 들어가라. 처음에 우열을 분간할 수 없던 정보들은 이 과정에서 점차 분명한 모습을 드러낸다. 거기서 실마리를 잡아라. 얽힌 실타래도 실마리를 잘 잡으면 술술 풀리게 마련이다. 더 이상 파 껍질을 붙들고 씨름하지 않게 된다. 실마리를 잡지 못한 채 자꾸 들쑤석거리기만 하면 나중엔 아예 건잡을 수 없게 된다. 핵심을 놓치지 마라. 실마리를 잡아라"라고 우리에게 가르친다(정민, 2006).

저자는 정약용 선생을 존경한다. 정약용 선생을 알면 알수록 부족한 나 자신을 끊임없이 반성한다. 다산(茶山) 정약용은 1801년 신유사옥으로 18년 동안 유배생활을 하며 무려 500여 권의 저술을 남겼다. 유배생활 중 공부에 몰두하느라 방바닥에서 발을 떼지 못해 복사뼈에 세 번이나 구멍이 났다는 집념의 학자다. 다산 정약용 선생은 격물(格物)을 강조하였다. 격물이란 무엇인가? 어떤 사물의 의미에 대해 끝장을 보는 것이라고 했다. 격(格)은 '바룬다'는 말이다. 책상 위에 흩어진 종이를 주섬주섬 추려서 아래 위로 탁탁 추스르면 들쭉날쭉하던 종이들이 가지런하게 모인다. 탁탁 추스르는 것이 격(格)이다. 이를 달리 말한 것이 바로 파즐(爬櫛)이다. 격물을 통해 앎으로 나아가는 것이 격물치지(格物致知)이다. 이는 허투루 지나치기 쉬운 것들 속에 깊은 의미가 간직되어 있음을 깨닫는 누적되고 확산되는 것이다. 격물치지는 무엇을 먼저 하고 나중 할지를 아는 것이다. 우리는 배우면서 모르는 것을 하나씩 깨쳐나가는 동안 앎(知)이 내 안에 축적되고, 그 앎은 단순한 지식(知)을 넘어서 지혜(智)가 된다.

세상은 넓고 할 일은 많다. 특히 넓은 세상에 고객은 널려 있으며 이들 고객들에게 만족시켜주고 이들과 관계를 돈독하게 하기 위해 끊임없이 고객을 연구하고 고객에 대한 지식을 쌓아가야 한다. 다산 정약용 선생은 이야기한다. "배움은 마치 물을 거슬러 올라가는 배를 버팅기는 것과 같다. 평탄한 곳에서는 그저 가도 괜찮지만, 여울져 굽이치는 급류 가운데 이르면 뱃사공은 한 번이라도 노젓기를 느슨하게 하면 안 된다."

21세기 급변하는 환경 속에서 조직의 구성단위인 개인은 끊임없이 교육과 훈련을 통한 지식축적에 열정을 쏟아부어야 한다. 시장의 패러다임이 기술기반 생산자에서 문화 소비자로, 기술기반의 제조업에서 지식산업으로 바뀌고 있는 상황에서 끊임없는 자각을 통한 지식강화에 힘써야 한다. 점차적으로 개인의 수명이 늘어남에 따라 개인이 생애 동안 긴 시간을 조직 밖에서 보내게 될 날이 많아질 것으로 예상된다. '개인의 능력이 우선시되는 영역,' 소위 자신의 이름을 걸고 진행하는 비즈니스시대에서 끊임없이 지식역량 배양에 신경써야 한다. 설령 조직에 장기간 몸담고 있는 개인이라고 해도 예외일 수는 없다.

2. 지식경영시스템

최근, 경영패러다임의 변화가 지식사회 또는 지식경제로 가속화되면서 효과적인 지적자산의 확보 및 활용이 기업경영의 경쟁력 원천이자 성공의 핵심요인이 되고 있다. 피터 드러커(2002)는 새로운 사회에서는 지식만이 가장 중요한 역할을 하게 될 것이라고 천명하였다. 정보로서의 지식은 신제품 개발과 마케팅, 고객창출, 판매, 서비스, 연구, 전략적 계획, 예측, 위험관리 등에 결정적인 영향을 미친다.

지식경영은 향후 업무수행에 도움이 될 것으로 기대되는 정보와 경험, 선진사례 등의 학습내용을 전사적인 차원에서 체계적이고 용이하게 창출 · 수집 · 관리 · 활용하는 체계를 말한다고 할 수 있다. 따라서, 지식경영의 대상은 제안서와 보고서 등 사내의 주요한 문서와 업무 관련 기술 및 노하우, 특허권 등의 전문지식 및 접촉지점, 업무경험, 베스트플랙티스, 실패경험 등을 포괄한다. 또 고객정보와 협력업체정보, 제품정보 등과 같은 핵심적인 기업정보 또한 지식경영 체제 내에서 관리된다.

지식경영은 최고경영층의 강력한 리더십하에서 경쟁우위 창출을 위한 전략으로 활용될 때 가치를 십분 발휘할 수 있다. 이를 위해서 전사적인 입장에서 전략적으로 관리해야 할 지식요소를 도출하고 이를 체계화하는 노력이 필요하다. 지식경영이 성공하기 위해서는 먼저 지식창출과 공유의 프로세스가 각각의 업무프로세스 속으로 내면화되어야 한다. 이러한 활동의 결과가 업무흐름의 효율화로 귀결될 때 지식경영체제는 각 업무담당자들에게 하나의 부담이 아니라 자연스럽고 필요한 업무도구가 될 것이다.

성공적으로 지식경영이 정착되려면 사용자들이 손쉽게 지식경영시스템을 활용할 수 있도록 하여야 한다. 필요한 정보를 쉽게 검색할 수 있고, 언제 어디서나 지식경영시스템에 접근할 수 있으며, 새로운 정보기술의 성과들을 용이하게 접목시킬 수 있어야 한다. 이러한 모든 노력에도 불구하고 결국 지식경영의 관건은 지식을 창출하고 공유함으로써 이를 업무경쟁력 향상에 활용하고자 하는 조직구성원들의 자세에 있다고 할 수 있다.

사실, 지식경영의 성공은 최고경영자의 리더십과 조직구성원들의 참여와 함께 체계적인 지식경영시스템의 구축에 달려 있다. 기업은 생산요소의 비교우위보다는 지식을 활용한 효율성과 효과성 증대로 성장할 수 있다. 즉, 기업은 지식의 생산 및 공유의 경제적 단위가 되어야 한다. [그림 10-2]는 기업의 이와 같은 경영성과와 관련된 지식경영의 틀을 보여준다.

그림 10-2 지식경영의 틀

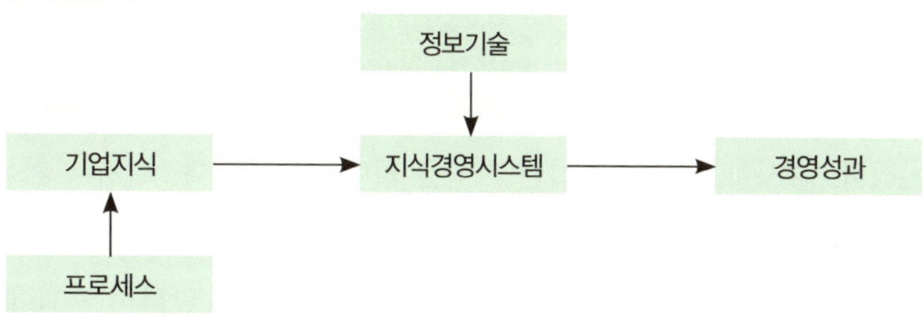

3. 지식경영의 의의

지식의 축적은 혁신의 발판이 된다. 자료(data)가 정리되고 체계화되면 정보(information)가 된다. 정보의 축적은 지식(knowledge)을 가져다준다. 지식은 결단력을 키워주는 지혜(wisdom)로 발전한다. 지혜의 발전은 무지를 깨닫는 열반(nirvana)에 도달하게 한다. 이를 식으로 나타내면 다음과 같다.

자료 < 정보 < 지식 < 지혜 < 열반

20세기 전반까지는 지식을 노동에 적용하여 생산성에 커다란 변화를 가져왔다. 대표적인 예로, 테일러의 과학적 관리방법은 작업을 분석할 때에 지식을 적용했던 것이다. 그런데 21세기에는 기업의 경쟁우위 확보에 있어 지식은 자본과 노동보다도 더 중요한 경제요소로 부상하고 있다. 부가가치 창출에서 지식이 차지하는 역할이 과거 어느 때보다도 소중해지고 있는 것이다. 따라서 흔히 21세기를 지식사회라고 한다. 지식이 사회를 지배하고 지식은 곧 권력이 된다. 이에 따라 개인도 기업도 국가도 저마다 지식의 주인이 되기 위해서 애를 쓴다.

지식에 관해서는 많은 정의가 있지만, 지식경영에서 의미하는 지식은 문법, 논리학, 수사학 같은 일반적인 지식을 의미하지 않는다. 여기서 지식이라고 생각하는 것은 스스로 행동을 증명하는 것이라고 할 수 있다. 즉, 지식이 의미하는 것은 행동을 하는 데 효과가 있는 정보를 말하며 결과에 초점을 맞춘다. 지식에 대한 또 다른 정의를 살펴보면 '강력한 정보'를 지식으로 규정하는 경우도 있다. 결국, 지식이란 보다 구체적이고 전문화된 성격을 가지고 있으며, 이를 통해 결과물을 산출해 내는 것이어야 한다.

많이 잘 알고 있어야 고객들에게 가치를 창출할 수 있는 도움을 줄 수 있다. 누구나 전문가를 꿈꾼다. 유년기 또는 청소년기 초기에 시작되어 전문가 수준에 도달할 때까지 10년 이상 노력이 필요하다. 그러나 거기서 끝이 아니다. 전문가의 중요한 특징은 분야 최고 대열에 합류한 뒤에도 계속 연습방법을 개선하며 앞으로 나아가려는 노력을 게을리 않는다는 것이다. 그리고 바로 여기 인간 잠재력의 한계에서 우리는 새로운 길을 만드는 개척자를 보게 된다(안데르스 에릭슨, 로버트 풀, 2016).

급속한 기술발전으로 일하고, 놀고, 살아가는 환경이 끊임없이 바뀌는 그런 세상에 대한 유일한 해법은 자신이 스스로의 발전을 통제할 수 있다는 것을 인식할 뿐만 아니라 그렇게 하는 구체적인 방법까지 알고 있는 사람들로 구성된 사회를 만들어내는 것이다. '의시적인 연습'에 대해서, 그로 인해 얻게 되는 스스로의 미래를 통제하는 힘에 대해서, 지금까지 우리가 배웠고 앞으로 배우게 될 내용의 궁극적인 결과는 연습하는 인간, 즉 호모 엑세르켄스(Homo exercence)들로 이루어진 세상일 것이다.

지식경영에 대한 방법은 예나 지금이나 다를 바 없다. 모든 지식의 시작은 연필 끝에서 시작된다. 다산 정약용 선생은 지식축적을 위해서 메모의 중요성을 강조한다. 정민(2006) 교수는 다산 정약용 선생에 대하여 이렇게 표현하고 있다. "다산 자신은 그야말로 끊임없이 메모하고 생각하고 정리했던 메모광이요 정리광이었다. 스스로도 궁벽한 곳에 살면서 할 일이 없어 육경과 사서를 여러 해 동안 궁구하고 탐색하면서 하나라도 얻으면 즉시 기록해서 보관해두곤 했다. 그 메모가 밑거름이 되어 수많은 저작으로 발전할 수 있었다. 메모도 해봐야 요령이 생긴다. 처음엔 두서가 없다가도 나중엔 방향이 생긴다. 방향이 생겨야 집중력도 생기고, 작업에도 가속도가 붙는다." 다산은 즉각적인 메모방법인 '질서(疾書)'를 강조한다. 고객에 관한 문제, 개선할 문제, 생활 속에서 배운 지식을 빠르게 메모하는 것이 지식경영의 시작이다.

철학자 베이컨은 이런 말을 했다. "독서는 완전한(full) 사람을, 토론은 준비된(ready) 사람을, 쓰기는 정밀한(exact) 사람을 만든다." 독서와 토론

론과 쓰기는 지식경영을 위한 기본이다. 생각의 근육을 강화하는 독서 · 토론 · 쓰기는 지식경영의 원천이다.

일본식 경영이 유행한 적이 있다. 1980년대 GM, 제록스, 웨스팅하우스 등 미국 기업들이 도요타, 캐논, 소니 등 일본 기업들에 의해서 무너지기 시작하자 전 세계는 일본 기업의 경영방식에 관심을 갖기 시작하였다. 평생고용에서 전사적 품질경영, 협력업체 관리, 도요타 생산방식에 이르기까지 다양한 일본식 경영기법들은 새로운 경영방식의 모범사례로 확산됐다.

지식경영에서 중요한 것은 종업원들이 스스로 아이디어를 낼 수 있도록 조직 내 분위기를 조성하는 일이다. 이를 통해서 제안제도를 운영하고 제안한 아이디어를 적극 반영하려고 노력하는 것이 중요하다. 캐논의 저가 복사기나 혼다의 신차개발의 성공사례는 결국 최고경영자의 탁월한 안목보다는 현장 연구원들의 끊임없는 시행착오에서 나온 결과이다.

지식창출과 활용과정에서 지식변환 활동은 신제품이나 신기술 개발과 관련된 지식창출 역량이 매우 중요하다. 지식창출을 성공적으로 이행한 선진기업들은 대부분 의식적인 조직과 프로세스를 구축하는 데 심혈을 기울인다. 다양한 지식창출지원제도와 활동을 구축하는 이론적인 토대를 마련하고 있다.

| 표 10-1 | 지식변환의 흐름

구분	암묵지로	형식지로
암묵지에서	공동화(Socialization)	표출화(Externalization)
형식지에서	내면화(Internalization)	연결화(Combination)

[표 10-1]의 지식변환 흐름은 공동화, 표출화, 연결화, 내면화의 영문 머릿글자를 따 일명 'SECI'모형이라고 부른다. 먼저, 공동화 과정을 살펴보

면 암묵지의 지식이 암묵지로 바뀌는 과정으로 타인의 감이나 이해차원의 지식을 습득하는 과정이라고 할 수 있다. 표출화 과정은 암묵지에서 형식지로 지식이 변화되는 과정을 의미한다. 말로 표현되지 않은 감이나 이해를 문서나 데이터베이스로 형식화하는 과정이다. 연결화 과정은 형식지에서 형식지로 지식이 변화되는 과정을 나타내며 문서나 데이터베이스에 축적되어 있는 지식을 서로 결합하는 과정이 해당된다. 내면화 과정은 형식지에서 암묵지로 변화되는 과정을 나타낸 것으로 문서나 데이터베이스에 있는 내용을 학습하는 과정을 나타낸다. 이를 '지식창조의 소용돌이'라고 한다. 지금까지 설명한 지식창조의 소용돌이를 [그림 10-3]과 같이 나타낼 수 있다.

그림 10-3 지식창조의 소용돌이

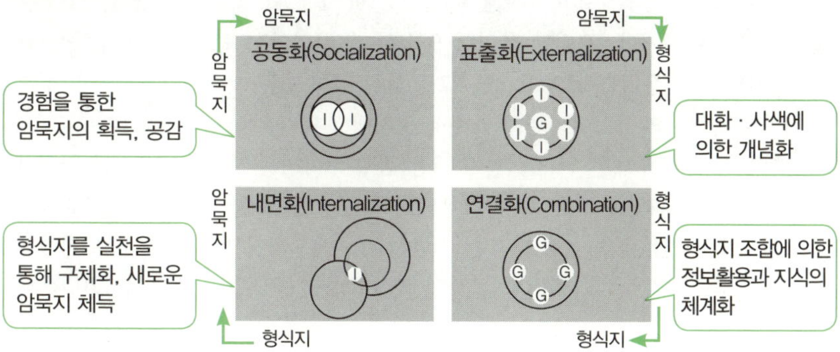

* I=개인(Individual), G=집단(Group)을 나타냄.

이와 같은 지식의 전환과정을 통해 지식의 창출과 활용이 더욱 활발해진다. 또한 최근에는 컴퓨터통신기술, 데이터베이스기술의 발전으로 이러한 지식의 장이 기하급수적으로 늘어남에 따라 지식의 획득, 창출, 활용 등의 개인의 능력을 넘어서게 하는 결과를 가져왔다. 이는 지식의 소유자 및 활용자를 개인 혹은 단일조직차원에서 내 · 외부조직으로 확장하여 생각해야 함을 의미한다.

읽을거리

노나카 이쿠지로 日 히토쓰바시大 명예교수 "일본은 스피드 느리지만 매일 매일 혁신 쌓아가 … 한국과 달리 우린 초식성"

"일본은 한국에 비해 속도가 느립니다. 하지만 혁신을 매일 매일 축적해 매우 질 높은 기술력을 갖고 있습니다. 그래서 부품이나 소재 같은 게 매우 강합니다. 그것은 지속적인 노력을 필요로 하니까요."

3 · 11 대지진 이후 일본이 세 번째의 '잃어버린 10년'을 맞는 게 아니냐는 비관론이 높아지고 있다. 하지만 '일본의 피터 드러커'로 불리는 경영 석학 노나카 이쿠지로(野中郁次郎 · 76) 히토쓰바시(一橋)대 명예교수는 일본의 숨은 힘을 은근히 자랑했다. 그를 만나니 영화 스타워즈의 요다가 떠올랐다.

노나카 교수는 일본과 한국이 서로 다른 점이 뭐냐는 질문에 "일본이 초식계(草食系)라면 한국은 육식계(肉食系)라고 말할 수 있죠"라고 대답했다. "일본은 육식계는 아니지만, 끈질긴 측면이 있습니다. 끊임없이 탁월성을 추구하는 쇼쿠닌(職人 · 전문기술자)의 도(道), 그런 강한 점이 있는 것 같아요. 디지털이 아니라 아날로그의 프로세스이기 때문에 좀처럼 흉내를 낼 수도 없습니다."

한국의 기업에 대한 의견을 묻자 그는 삼성 이야기를 꺼냈다. "삼성은 철저하게 일본에서 배웠습니다. 동시에 철저하게 분석했습니다. 삼성은 글로벌화와 스피드에서 일본을 넘어섰습니다. 지역전문가 제도까지 두면서 정말로 현장에 밀착했지요. 일본은 글로벌과 현장의 지(知)에서 삼성을 당해낼 수 없었습니다."

하지만 노학자는 한국과 삼성의 약점을 점잖게 지적했다. "삼성의 '빨리빨리' 문화는 속도가 빠르면서 동시에 매우 엄격합니다. 항상 '푸시(push)' '푸시' 합니다. 하지만 앞으로 지속가능성은 어떨까 하는 생각이 듭니다. 사람이 계속 긴장만 하면 피로가 오게 마련이니까요." 그는 삼성에 소재와 부품, 상품을 모두 아우르는 지(知)의 종합력이 필요하다고 덧붙였다. 단순히 모듈(module)을 조합해 내는 이상의 것이 필요하다는 것이다.

한국에서는 창업자를 중심으로 톱다운(top-down)구조를 가지고 있기 때문에 속도가 매우 빨랐던 반면, 일본은 바텀업(bottom-up)구조라 속도가 느렸다. 그러나 그는 "혁신이라고 하는 것은 톱다운보다는 바텀업이 아닐까요"라고 반문했다.

그는 일본에 한 가지 부족한 것은 리더라고 말했다. "지금 일본에는 중장기 경영의 지(知)가 많이 있습니다. 다양한 회사와 다양한 지식이 있습니다. 그것을 종합할 수 있는 리더 혹은 프로듀서, 프로젝트 리더를 얼마나 빨리 조직적으로 육성하느냐에 일본의 장래가 달려 있습니다." 노나카 교수는 메이지유신의 영웅 사카모토 료마(坂本龍馬)나 혼다 소이치로(本田宗一郎) 혼다자동차 창업자처럼 지(知)를 종합할 수 있는 리더가 없다는 점이 아쉽다고 말했다.

그는 또한 일본이 그동안의 '모노즈쿠리(장인정신을 발휘해 최고의 물건을 만드는 것)'에서 '고토즈쿠리(애플과 같이 디자인 · 소프트웨어 · 서비스를 종합해 소비자에게 높은 가치의 체험을 주는 것)'로 옮겨가야 하는 과제가 남았다고 말했다.

출처: 이지훈, 조선일보, 2011. 7. 9.

4. 지식경영의 성과

지식경영의 실천 성공사례는 제조업과 서비스업 등 다양한 분야에서 나타나고 있다. 지식경영의 활용은 제품이 경쟁우위를 확보하고 핵심역량을 키워갈 수 있는 발판을 쌓은 것이다. 지식경영을 통해 지식의 손실방지, 향상된 의사결정, 유연성향상, 경쟁우위 확보, 지적자산의 증가, 제품과 서비스의 품질향상, 고객만족 달성, 인적자원의 효율적인 관리 등의 성과를 거둘 수 있다.

지식경영의 도입은 기업의 변화 역량도 제고하여 준다. 지식의 창출과 활용을 토대로 한 역량 구축이 바로 이러한 변화역량을 길러주며, 그 결과 다음과 같은 경영성과를 얻을 수 있다(Sanit-Onge, 1995).

- 시장상황과 고객니즈의 변화에 빨리 반응할 수 있다.
- 이머징마케팅, 새로운 비즈니스를 창조할 수 있다.
- 새로운 아이디어를 만들고 이러한 아이디어가 혁신으로 연결된다.
- 새로운 가치를 부가하는 비즈니스 프로세스를 창조하고 조직구조를 만들 수 있다.
- 서비스와 품질의 개선을 가져온다.

기업이 경쟁우위를 실현하기 위해서는, 단순하게 제품 차원의 경쟁력만이 아니라 제품의 배후에 있는 조직구성원의 지식, 기술개발력, 지적 경영자원 등을 체계적으로 전개할 수 있는 조직적 지식과 능력이 요구된다. 이것을 제대로 활용하여 환경에 능동적으로 대처하면서 기업발전의 시나리오를 모색해야 한다. 이러한 것이 가능하기 위해서는 지식관점에서 경영과 조직을 파악하는 새로운 사고의 틀이 요구된다.

효율우위 사고의 틀에서 탈피

⇩

조직역량을 토대로 한 혁신

⇩

창조우위 확립

이상에서 살펴본 바와 같이, 개인이나 기업은 지식경영을 통해 환경변화에 대하여 민감하게 변화할 수 있고, 프로세스 개선을 통한 서비스의 품질향상으로 고객만족을 달성할 수 있게 된다. 다음으로 지식경영과 깊은 연관이 있는 창조경영에 대해 알아보자.

읽을거리

'모범은행' 에서 '반면교사'로 … 웰스파고가 놓친 것

우리는 고객의 재무적 요구를 충족시키고 고객이 재무적으로 성공하도록 돕고자 한다."

작년 말 기준 시가총액 세계 10위에 오른 한 은행의 '비전 선언문'이다. 기업이 오직 고객을 위해 존재한다니 약간 닭살이 돋고 작위적이지만 그야말로 고객 중심 경영철학의 진수가 담긴 문구다.

역설적인 것은 바로 이 은행(웰스파고)이 고객 몰래 200만 개의 가짜 계정을 만들어 수수료를 인출하는 등의 행위로 지난 9월 미국 연방소비자금융보호국(CFPB)에서 1억 8,500만 달러 벌금을 부과받았다는 점이다.

웰스파고는 얼마 전까지 전 세계 금융회사가 보고 배워야 하는 모범 은행으로 꼽혔다. 미국발(發) 글로벌 금융위기 당시 세계적인 신용평가회사 스탠더드앤드푸어스(S&P)가 미국 은행 가운데 유일하게 웰스파고에만 신용등급 AAA를 부여했다. 지난해 말까지도 전 세계 은행 중 시가총액(2,770억 달러 · 약 316조 원) 1위였다.

국내에서도 웰스파고를 배우자는 목소리가 높았다. 한 명의 고객에게 예금은 물론 대출, 카드, 보험 등 다양한 금융상품을 두루 판다는 웰스파고의 교차판매(cross-selling)전략은 저금리 · 저수익 환경을 뚫고 나갈 새 무기로 여겨졌다.

하나금융경영연구소가 2014년 7월 낸 보고서는 새로운 수익의 80%를 기존 고객에게서 창출한다는 웰스파고 전략을 언급하며 국내에서도 고객정보를 수집하려는 노력과 철저한 직원교육, 금융지주 계열사 간 정보공유 규제완화 등이 필요하다고 강조했다.

KB금융지주 경영연구소도 그해 11월 보고서에서 '적극적 교차판매로 수수료 수익을 창출하고 저원가성 수신을 확보한 것, 은행 점포를 고객에게 다양한 금융상품을 파는 스토어 형태로 운영하고 목표고객에 따른 맞춤형 서비스를 제공한 것' 등을 웰스파고의 성공요인으로 꼽았다.

그러나 웰스파고가 자랑하던 교차판매 중 상당수는 실적 압박에 내몰려 생긴 '가짜 계좌'였다는 것이 만천하에 드러났다. 지난 10여 년간 직원들이 수차례 회사에 잘못을 지적하고, 소송을 걸고, 지역신문이 보도하고, 최고경영자(CEO)에게 투서를 냈지만 모두 무시당했다는 것도 공개됐다.

교차판매전략 자체가 잘못된 것은 아니다. 고객 1인당 비용을 절감하고, 다양한 계열사 간 시너지를 기대할 수 있다. 티머시 슬론 웰스파고 신임 CEO가 지난 3일 "교차판매전략을 버릴 생각은 없다"고 한 이유다.

웰스파고의 패착은 교차판매전략의 한계를 인정하지 않은 데서 비롯됐다. 기존고객에게 더 많은 상품을 팔 수 있다는 자신감을 끝까지 버리지 않았다. 하지만 월스트리트저널이 컨설팅회사 AT커니 자료를 인용한 내용에 따르면 은행 고객은 주거래은행이라 해도 평균 3개 이하의 상품에만 가입한다. 웰스파고(평균 6개)가 애초에 비현실적인 목표를 잡았다고 여겨지는 이유다.

온라인 금융이 발달하면서 금융상품 간 비교도 쉬워졌다. 다른 금융사에서 더 높은 금리에 예금 계좌를 개설하거나 더 좋은 조건으로 카드를 만들 수 있는데도 오직 거래은행의 영업사원을 위해 고객이 최선이 아닌 선택을 해줄 것이라는 믿음은 잘못됐다. 이제는 국내 금융사들이 웰스파고의 교차판매가 '왜 실패했는가'를 진지하게 탐구해야 할 때다.

출처: 이상은, 한국경제신문, 2016. 11. 5.

5. 창조경영

5.1 창조경영의 개념

20세기가 전문가의 시대였다면 21세기는 통합의 시대이다. 이제 어느 것 하나만 잘 해서는 살 수 없는 시대가 도래하였다. 지식사회를 살아갈 개인과 조직은 분야를 자유롭게 넘나드는 창조적 사고를 해야 한다.

주변환경이 하루가 다르게 변화하는 상황에서 개인과 조직은 기존의 지식의 종합에서 한 걸음 더 나아가 새로운 문제를 제기하고 새로운 방안을 끊임없이 모색해야 한다. 창조와 창조경영 하면 거창하게 생각하는 사람들이 많다. 창조는 삶의 주변에서 기존의 것을 개량하거나 기존과 전혀 다른 것을 만들어 내는 행위이다. 창조경영은 개인이나 조직이 기존의 것을 확장하거나 새로운 제품이나 서비스를 개발하는 것이다.

앞에서 설명한 것처럼, 하워드 가드너 교수는『미래 마인드』에서 훈련된 마음(disciplined mind), 종합하는 마음(synthesizing mind), 창조하는 마음(creating mind), 존중하는 마음(respectful mind), 윤리적인 마음(ethical mind) 등의 다섯 가지 마인드를 중요시 하였다.

그는 창조하는 마음을 이렇게 설명하고 있다. "훈련된 마음과 종합하는 마음을 토대로 새로운 경지를 개척하는 마음이다. 창조하는 마음은 새로운 아이디어를 내고, 익숙하지 않은 질문을 제기하며, 참신한 사고방식을 불러일으키고, 예기치 못한 해답에 도달한다. 결국 이러한 창조물들은 지식이 있는 소비자들에게 받아들여지게 된다. 창조하는 마음은 아직 어떠한 규칙이 지배하지 않은 영역에 머물러 있기 때문에, 가장 발달된 컴퓨터나 로봇보다 적어도 한 걸음 이상 앞서려고 노력한다."

또한 하워드 가드너 교수(2008)는 창조력이 없는 사람은 이런 행동을 보일 것이라고 설명한다. "창조하는 능력이 없는 사람은 컴퓨터가 그 자리를 대신 차지할 것이며, 그런 사람은 창조적 영감을 가진 사람을 몰아내려 할 것이다." 그러나 창조자는 기질과 개성, 자세가 남들과는 확연히 다르다. 창조자는 현재의 작업, 현재의 기준, 현재의 문제, 현재의 답에 끝없이 불만을 느낀다. 창조자는 낯선 길을 개척하며, 자신이 무리와 다르다는 사실을 인정하고 더 나아가 오히려 즐긴다. 이례적인 일이 발생하면(낯선 화음, 예기치 못한 실험결과, 낯선 지역의 상품판매에서 급등이나 급락) 창조자는 그 뜻밖의 현상 앞에서 움츠러들기는커녕 그것을 이해하려 하며 그것이 사소한 실수인지, 일회성 요행인지, 혹은 중요하지만 지금까지 밝혀지지 않았던 사실인지 확인하려 든다.

5.2 창조경영방법

우리는 엔터프라이즈 2.0시대를 살고 있다. 엔터프라이즈 2.0은 웹 2.0과 마찬가지로 '참여와 공유'를 기반으로 한다. 엔터프라이즈 2.0은 기업 내에서 혹은 기업 간이나 협력사와의 관계에서 창발적인(emergent) 형태의 소셜 소프트웨어 프로그램(블로그, 위키, RSS)을 사용하여 기업과 개인이 4C활동(연결 Connection, 협업 Collaboration, 커뮤니케이션 Communication, 협동 Cooperation)을 촉진하는 것을 말한다. 즉 엔터프라이즈 2.0은 기업의 가치창출을 위해서 웹 2.0도구들을 이용하여 기업경영에 적극적으로 적용하는 것이다.

엔터프라이즈 2.0시대를 맞이하여 기업에 가치를 제공하는 창조경영을 실천하는 방법을 알아보기로 한다.

첫째, 리더는 새로운 비전을 명확히 하고 비전을 끊임없이 조직구성원들에게 전파하여야 한다. 삼성전자 이윤우 부회장이 취임사에서 던진 첫마디는 '상상력'이었다. 아인슈타인도 "지식보다 중요한 것은 상상력"이라고 강조한다. 버진그룹 리처드 브랜슨 회장은 창조경영의 아이콘이다. 창조경영을 위해서 그는 조직구성원들에게 이런 메시지를 던진다. "도전하라 그러면 얻을 것이다." "최고의 항공사, 최고의 호텔, 최고의 클럽은 절대 도산하지 않는다. 아무리 경영환경이 어려워져도 최고는 건재하기 마련이다. 오히려 기회가 찾아올 것이다." 상상력과 창의력이 조직에 둥둥 떠다니도록 하기 위해서 리더는 끊임없이 자유로운 분위기를 조성하여야 한다. 실제 브랜슨 회장은 버진그룹을 "재미를 새로운 가치로 만드는 회사"로 정의한다. 즐겁고 재미있게 일할 수 있는 근무환경 속에서 새로운 성장동력을 만들어낸다는 의미이다. 이를 위해서 직원들을 신바람 나게 일할 수 있도록 만들어야 한다는 것이 그의 생각이다(매일경제 세계지식포럼 사무국,

2009). 지식과 지혜가 마치 공기처럼 자유롭게 떠다니는 조직의 경제적 성과는 당연히 높을 수밖에 없다.

둘째, 틀 밖에서 생각하여야 한다(think out of box). 개인에게 있어 발전의 저해요소는 고정관념이다. 자신의 생각을 가둬둔 감옥에서 자신을 해방시켜야 한다. 직관, 영감, 통찰이라는 단어는 개인이 사회생활을 하는 동안 끊임없이 개발해야 하는 역량이다. 우리는 생활 속에서 고객에 대하여 진정으로 이해하기 위해서 수동적인 고객관찰이 아닌 적극적인 고객관찰을 하여야 한다. 우리는 가슴속의 열정으로 고객을 이해하고 머릿속의 열정이 서로 연합하도록 하여야 한다. 이럴 경우 고객을 진정으로 이해하게 된다. 고객을 이해하고 고객의 요구사항에 응대하기 위해서 이전과 다른 발상으로 차별적인 서비스를 제공하기 위해서 끊임없이 고민해 봐야 한다.

결국, 개인과 조직의 구성원이 지식경영과 창조경영에 힘써야 할 이유는 간단하다. 주변 경영환경이 급속도로 변화하고 있다. 이에 대비하여 자신과 조직을 혁신하는 방법으로 지식경영과 창조경영이 필요하다. 개인이 정신을 바짝 차리고 자신의 영혼을 살리고 나아가 조직을 살리는 방법이 지식경영과 창조경영인 것이다. 조직을 지식경영으로 활성화하기 위해서는 사람들의 창조적 욕구를 자극하고, 감정에서 우러나는 원동력을 이끌어내는 경영이 필요하다. 진정한 발전의 매개는 창조적인 지식과 능력, 그리고 조직에서 중요하게 공유된 지식의 비전이다. 특정 소비자들의 취향과 요구를 완벽히 이해한 제품이나 서비스를 전달하기 위해서는 지식축적과 창조경영이 지속적으로 이루어져야 한다.

읽을거리

생산성 높이려면 직원의 집중력을 관리해야

제때 퇴근하면 '칼퇴(정시퇴근)'한다고 눈총받는 야근 공화국…

경제협력개발기구(OECD)에 따르면, 지난해 국내 근로자 1인당 평균노동시간은 연간 2,113시간이다. OECD 평균보다 1.2배 길다. 힘들게 일한 만큼 생산성도 좋을까. 그렇지 않다는 게 문제다. 국내 근로자의 노동생산성은 31.9달러로 OECD 평균보다 낮다.

올해 초 미국과 캐나다에서 이 문제를 직접 실험한 내용을 담은 책이 나와 돌풍을 일으켰다. 제목은 『The Productivity Project(생산성 프로젝트)』. 국내에는 『그들이 어떻게 해내는지 나는 안다』는 제목으로 번역됐다.

저자인 크리스 베일리(Bailey · 28)는 2013년 캐나다 칼턴대 경영학과를 졸업한 후 시간과 생산성의 상관관계를 파악하는 다양한 실험을 진행했다. 매일 아침 5시에 일어나기, 주 90시간 근무와 주 20시간 근무 비교하기 등의 실험을 했고, 그 결과와 관계자 인터뷰를 자신의 블로그에 올렸다. 처음 0명이었던 방문자는 프로젝트가 끝날 무렵에는 25만 명에 이르렀고, 뉴욕타임스 등 주요 매체가 앞다투어 보도해 화제가 됐다. 베일리가 1년간의 실험으로 얻은 결론은 무엇일까? 그는 전화 인터뷰에서 "업무시간이 생산성의 주요 요소였던 과거 '공장 기반의 경제'와 지금은 다르다"며 "회사가 더 많은 이윤을 남기고 싶다면 직원의 근무시간보다는 에너지와 집중력을 관리해야 한다"고 말했다.

▪ 주 90시간 근무와 주 20시간 근무의 결과는 어땠나?

"내 경험으로는 주 35~40시간 이상 근무하면 생산성이 급격히 떨어졌다. 사회학자 피어스 스틸이 진행한 연구에서도 주간 근무시간이 55시간을 넘어서면 일에 전혀 집중하지 못한다는 결과가 나왔다."

▪ 야근이 필요 없다는 말인가?

"하루 중 사람이 생산적으로 일할 수 있는 시간은 고작 4~5시간 정도다. 야근은 '어차피 늦게까지 근무하니 나중에 해야지'라는 안도감을 준다. 오후 6시에 강제로 컴퓨터가 꺼진다면 어떻게든 주어진 시간 내에 일을 끝내려 할 것이다."

▪ 아침형 인간이 더 생산적이라는 속설은 맞나?

"아침형 인간이 되기 위해 매일 아침 5시에 일어나는 실험을 했다. 죽을 맛이었다. 기상 직후 한두 시간은 비몽사몽이었다. 결국 오후가 돼야 일에 집중할 수 있었다. 이렇듯 생체리듬은 사람마다 다르다. 다른 연구 결과에서도 아침형 인간과 저녁형 인간 사이에는 사회경제적 지위 차이가 전혀 없다고 나온다."

■ 기업에서 직원들의 생산성향상을 위해 어떻게 해야 하나?

"자율근무제를 도입해야 한다. 모든 사람의 생체리듬이 오전 7시에 일어나서 오전 9시까지 회사를 가는 상황에 최적화된 것은 아니기 때문이다."

■ 개인적으로 업무효율을 높이려면 어떤 방법이 좋나?

"인터넷 사용 시간을 제한하는 방법을 추천한다. 인터넷은 우리의 뇌를 유혹하는 달콤한 사탕과 같다. 책상 위의 마우스를 클릭할 때 우리의 손과 귀, 눈은 화려한 화면과 스피커 소리에 점령당한다. 내가 처음 인터넷을 제한했을 때 사탕을 끊은 어린아이처럼 힘들었다. 하지만 적응되고 나니 이메일을 쉴 새 없이 확인하는 버릇이 없어졌고, SNS 중독도 사라졌다. 그 시간과 에너지를 독서, 인터뷰 준비, 명상 등에 투자할 수 있게 됐다."

출처: 배정원, '생산성 프로젝트' 저자 크리스 베일리, 조선일보, 2016. 10. 22.

참고문헌

하워드 가드너 지음, 김한영 옮김, 미래마인드, 재인, 2008.

정민, 다산선생 지식경영법, 김영사, 2006.

Saint-Onge, H., Learning Strategy at CIBC, CIBC Leadership Center, 1995.

매일경제 세계지식포럼 사무국, 부의 재편, 매일경제신문사, 2009.

피터 드러커, Next Society, 한국경제신문, 2002.

안데르스 에릭슨, 로버트 풀, 1만 시간의 재발견, 비즈니스북스, 2016.

임원기, 한국경제신문, 2009. 8. 20.

자가 진단표

나는 '창의적 인재'인지 우리 조직은 창의적 인재가 일하는 조직인지 스스로 평가해 보자.

문항	답변
1. 많은 생각들을 끌어 모은다.	① 예　　② 아니오
2. 몇 번이라도 실험한다.	① 예　　② 아니오
3. 자신의 창조성을 굳게 믿는다.	① 예　　② 아니오
4. 긍정적인 자기 이미지를 갖는다.	① 예　　② 아니오
5. 팀과 동료에 열정을 갖고 있다.	① 예　　② 아니오
6. 쉽게 결정하지 않는다.	① 예　　② 아니오
7. 남들이 한다고 순응하지 않는다.	① 예　　② 아니오
8. 문제를 풀어내며 결과를 통제한다.	① 예　　② 아니오
9. 꿈을 꾸지만 사리를 분별한다.	① 예　　② 아니오
10. 질 높은 상품을 만들어 낸다.	① 예　　② 아니오
집계	예:　　아니오:

자료: 코넬대학교

적어도 8가지 이상은 '예'라는 답을 할 수 있어야 창의적인 인재, 창의적인 인재가 일하는 조직이라고 할 수 있다.

Chapter 11

고객경험경영

1. 고객경험경영 개념
2. 경험경제와 체험과학
3. 고객경험경영 사례

CRM 톡톡

고객을 대하는 다양한 경험은 안주인이다.

Chapter 11

고객경험경영

읽을거리

머드축제와 블루오션

얼마 전 가족과 함께 휴가 겸해서 서해안 대천해수욕장을 찾았다. 당시는 장마가 한창이어서 비가 오락가락했는데도 머드축제 장소에는 우리 피서객과 외국인들로 발 디딜 틈이 없었다. 예상보다 많은 관광객을 눈으로 확인하고 나서 머드축제가 지난 1학기 경영학원론 시간에 학생들에게 자주 언급한 블루오션 전략의 전형적인 예가 아닌가 생각해 봤다.

블루오션전략의 요지는 경쟁자들이 우글거리며 치열한 경쟁이 벌어지는 곳(레드오션)에서 탈피해 경쟁이 없는 새로운 시장(블루오션)을 창출, 경쟁우위를 확보하는 데 있다. 그간 서해안의 해수욕장은 동해안과 남해안에 비해 각광받

머드축제행사 사진

지 못했던 것이 사실이다. 피서객 사이에는 서해안의 바닷물이 동해안이나 남해안에 비해 깨끗하지 못하다는 인식이 깊이 자리잡았었다.

그렇다면 이렇게 불리한 여건이던 대천해수욕장이 성공적인 글로벌 문화축제로 성장한 머드축제로 유명해진 이유는 무엇일까? 보령 머드축제를 통해 올해 250만 명 이상 관광객을 끌어들일 수 있다고 하니 분명 머드축제는 여러 비슷한 지역 문화축제의 차별적 성공을 위해 고민하는 관계자들에게 좋은 벤치마킹 대상일 것이다.

제품이나 서비스가 블루오션군이 되기 위해서는 다음 필요조건을 충족해야 한다.

첫째, 제품이나 서비스가 고객 입장에서 효용성을 인정받아야 한다. 효용성은 고객이 얻은 효용과 고객이 희생한 것의 차이를 말한다. 머드축제는 곳곳에 다양한 볼거리, 놀거리가 준비돼 있다. 주간에는 머드탕, 머드슬라이딩, 머드보디 페인팅, 해변 셀프 마사지 등을 마련해 고객들을 축제마당으로 유인했다. 야간에는 머드미스터선발대회, 해외 5개국의 불꽃경연대회 등이 있었다. 이런 이벤트와 공연을 체험한 고객들은 머드, 즉 진흙이 혐오의 대상이 아니라 인간과 가장 가까운 것이며 두고두고 생각할 수 있는 추억의 대상으로 가치가 있음을 인정하고 있었다.

둘째, 블루오션전략이 되기 위해 고객 입장에서 지갑을 열 수 있는 적당한 가격이어야 한다. 기업 내부적으로 보면 기업이 성공하기 위해서는 고객이 지불하는 가격이 투입원가보다 커야 한다. 각 부스와 안내소에서 일하는 도우미들은 활기차 보였으며 귀찮은 질문에도 친절하게 답변하는 모습이 정말 아름다웠다. 행사마다 시스템적으로 잘 진행되는 것도 엿볼 수 있었다. 이런 측면에서 보면 보령 머드축제는 지역 문화축제의 성공 모델이다.

셋째, 비용요소도 고려해야 한다. 축제장은 편리한 교통으로 전국 어디서나 쉽게 접근할 수 있었고 교통비도 상대적으로 저렴했다. 민박과 콘도 등이 잘 갖춰져 피서철 다른 지역에서 종종 볼 수 있었던 상인이나 업소 주인들의 호객행위를 찾아볼 수 없었다. 무덥고 지치기 쉬운 여름, 보령 머드축제를 추억 삼아 더위를 블루오션적으로 피할 수 있는 방법은 없는지 궁리해 본다.

출처: 김계수, 한국경제신문, 2005. 7. 27.

1. 고객경험경영 개념

사람들은 이성과 감성 중 어느 것을 이용하여 주로 의사결정을 할까? 경험주의자들은 이성보다 보고 듣고 느낀 감각들은 우리에게 믿어줄 만한 것을 준다고 생각한다. 경험주의자들은 주장한다. "보는 것이 믿는 것이다(seeing is believing). 하는 것이 믿는 것이다(doing is believing)."

최근 들어, 고객의 오감을 자극하여 고객에게 만족을 주려는 노력이 증가하고 있다. 인간은 직접 체험하고 느껴야 느낀 결과에 대하여 타인에게 이렇다 저렇다 이야기할 수 있는 것이다.

우리가 살고 있는 사회는 끊임없이 변천한다. 인간들은 과거 농업이 중심이던 사회에서 산업사회를 거치면서 현재 경험경제사회를 맞이하고 있다. 향후 사회는 농경사회, 산업사회, 후기산업사회를 거쳐 경험경제사회로 발전할 것이다. [표 11-1]은 농업사회에서 경험경제사회로의 변화에 따라 고객이 중요하게 여기는 가치의 변화를 표로 정리한 것이다.

| 표 11-1 | 시대에 따른 가치고려

	농업문화	산업문화	후기산업문화	경험경제사회
공급	토지	제품	서비스	체험
경제적 기능	수확, 창출	생산	배달	연출
공급자 특성	자연적	표준화	고객중심	개인중심
구매자 특성	사람	사용자	고객	손님
근본적인 수요요소	사용가치	품질	유용성	감흥

출처: Pine II, Gilmore(1988)의 자료

경제의 발전단계를 살펴보면, 가치가 유형적이고 가시적인 것에서 무형

적이고 눈에 보이지 않는 것으로 진화해 온 것을 알 수 있다. 경험경제하에서 체험은 단지 제품이나 서비스에 따른 오락적인 첨가물이 아닌 고객이 독창적 의미를 느낄 수 있도록 만들어 준다.

경험은 고객의 내부 '마음'에서 일어나는 것이다. 경험은 개별적이고 기억에 깊이 남게 하는 방식으로 고객을 참여시키고 연계시킴으로써 부가가치를 창출하게 된다. 서비스기업은 감동적이고 기억에 남을 수 있는 연출을 통해서 고객에게 신선한 경험을 제공할 수 있다. 이에 대한 반대급부로 고객은 요금을 지급함으로써 서비스경제는 새로운 경험경제로 옮겨가게 된다(서비스경영연구회, 2006).

까다로운 고객들에게 만족을 높여주기 위해서 고객의 오감을 자극하는 '감각(sense)', 즐거움과 자부심에 영향을 미치는 '감성(feel)', 지적인 기능에 호소하는 '인지(think)', 육체적인 체험에 호소하는 '행동(act)', 고객과의 관계를 형성하게 하는 '관계(relate)' 등의 다섯 가지 요소에 의존할 필요가 있다. 또한, 사람들에게 이러한 각각의 체험들에 따른 5가지의 총체적인 경험을 제공했을 때 최상의 가치를 창출할 수 있다. 기업경영에서 경영이익은 고객이 제품이나 서비스가 아니라 그와 연관된 경험 때문에 특별 가격을 지불하는 경우에 생긴다(Pine, Gilmore, 1998).

소비자들은 제품과 서비스를 소비하면서 제품 및 서비스환경, 종사원(직원)과 상호작용을 한다. 따라서 고객의 감정을 이해하는 것은 중요하다. 정보기술의 발달에 따라 제조업과 서비스업의 영역구분이 모호해지면서 제조업에서도 소비자의 체험을 통한 호의적인 감정(주관적인 경험)을 중요하게 생각한다. 주관적인 경험에서 체험참여자의 만족과 행동의도에 대한 연구가 강조되고 있다. 서비스운영관리와 응용 사회과학의 목적은 소비자의 행동에 미치는 요인에 대한 지식을 개발하는 데 있다고 할 수 있다.

고객의 참여 정도와 환경과의 관계로 경험 매트릭스를 만들 수 있다

(Pine, Gilmore, 1998). 오락과 영화관람은 수동적인 고객참여과정이며 몰입의 형태이다. 반면에 스쿠버 다이빙이나 골프 같은 운동은 적극적인 고객참여와 환경과 일체화가 필요한 것이다.

그림 11-1 **경험 매트릭스**

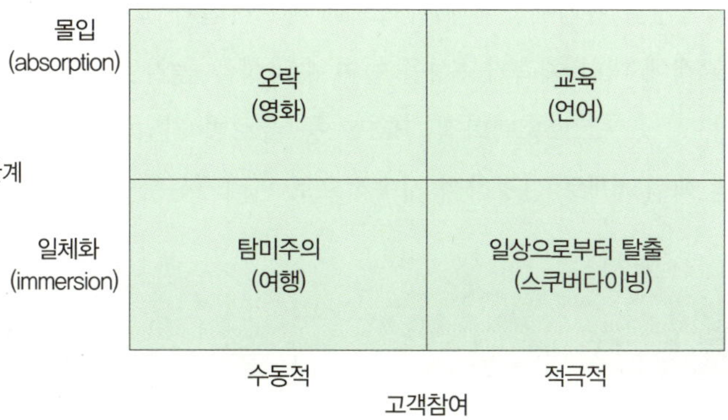

고객은 인지, 상호작용, 기억에 따라 의식적, 무의식적, 감성적, 이성적, 감각적 단서들로 총체적인 경험을 한다. 즉 고객은 제품이나 서비스, 만나는 접점에서의 사람, 물리적 환경, 경험시스템과의 상호작용, 그리고 과거의 경험까지 총체적 경험의 연계에 따라 제품이나 서비스를 구매하는 행동이 나타난다.

고객경험경영(CEM: Customer Experience Management)은 고객의 긍정적인 경험요인을 오감을 통해서 이해하고 이를 끊임없이 피드백하여 고객에 가치를 창출하는 것이다. 즉 고객경험경영은 기업에 대한 고객행동에 영향을 주는 고객경험이 긍정적인 방향으로 전개되도록 관리함으로써 고객의 로열티를 증대시키는 것이다. 의미와 상징이 가치를 발하는 고객경험의 체계적인 관리는 기업성장의 한 축이 될 수 있다.

고객경험경영을 위해서는 우선 전략을 수립하는 것이다. 다음으로 고객이 중요시하는 핵심가치를 정립하고 고객접점에서 핵심서비스와 주요경험이 무엇인지 이해하는 것이 중요하다. 다음으로 지속적으로 모니터링하여 긍정적인 고객경험은 더욱 강화하며 부정적인 경험은 긍정적으로 전환하는 노력이 필요하다.

고객에게 가치제공은 지속적으로 파트너십과 고객충성도를 향상시켜 주고 고객에 대한 예측가능성을 높여 수익성을 높일 수 있다. 디즈니랜드, 맥도날드, 노드스트롬백화점, BMW 등 글로벌 기업들은 고객경험경영을 기업의 핵심과제로 선정하여 지속적으로 관리개선하여 성공을 거두고 있다.

읽을거리

GE = SW기업 … 경험과 솔루션 팔지 못하면 제조업 생존 못한다

미국 제너럴일렉트릭(GE)은 138년 전통을 가진 제조기업이다. 발명왕 토머스 에디슨이 1878년 세운 조명회사가 모태다. 지금도 세계 항공기 엔진 시장의 60%를 장악한 절대 강자다. 이런 GE가 요즘은 미국 실리콘밸리에서 가장 주목받는 기업 중 하나가 됐다. 1년 전 이맘때 세운 GE디지털이 그 중심에 있다.

GE는 지난해 "2020년까지 세계 10대 소프트웨어 기업이 되겠다"고 선언했다. 이어 세계 정보기술(IT) 산업 중심지인 실리콘밸리 북부 샌라몬에 GE디지털을 세웠다. GE 내 모든 디지털 역량을 이곳에 모았다. 연간 5억 달러(약 5,500억 원) 이상을 소프트웨어 분야에 투자했다. 소프트웨어 개발자만 1만 5,000명에 달한다. 세계 최대 소프트웨어 기업 구글(2만 3,000명)의 65% 정도다. 단순히 숫자만 많은 게 아니다. 실리콘밸리 IT 기업들이 GE디지털 인력을 빼가려 할 정도다.

지난달 29일 GE디지털을 찾았다. 업무시간이었지만 가발을 쓴 직원들이 한쪽에서 요란스럽게 생일파티를 하고 있었다. 회의실 벽면 곳곳에 화이트보드와 펜이 비치돼 있었다. 아이디어가 나오면 즉석에서 메모하거나 그림을 그리며 협업할 수 있는 구조다. 구글, 애플, 페이스북 같은 IT기업에 온 느낌이었다. 셀비 아이크맨 GE디지털 홍보담당은 "GE 같지 않다는 말을 자주 듣는다"며 웃었다.

그의 말처럼 GE디지털은 GE 안에서 매우 이질적인 조직이다. GE 브랜드를 빼고 모든 것을 바꿨다고 해도 과언이 아니다. 기업문화뿐 아니라 업무방식도 스타트업(신생 벤처기업)을 닮았다. 원래 GE 경영의 핵심은 '식스시그마'다. 불량률을 끌어내려 완벽한 제품을 만드는 데 초점을 맞춘 전략이다. GE가 지난 30여 년간 전 세계 기업의 '경영전도사'로 군림한 비결이기도 하다.

GE디지털은 식스시그마를 버렸다. 대신 스타트업이 구사하는 '패스트 웍스(fast works)'를 채택했다. 현안부터 해결해 빠르게 성과를 내고 이후 다음 문제를 해결하는 방법이다. 속도와 소통에 방점을 둔 전략이다.

사무실도 이를 극대화하는 구조다. 회의실 곳곳에 터치 스크린이 설치돼 원격 화상회의를 할 수 있다. 3D(3차원) 프린터도 준비돼 있다. 회로와 어댑터 등 각종 전자부품을 파는 자동판매기도 놓여 있다. 전자부품은 개당 1~5달러 선이다.

■ 3D 프린터로 제작한 시제품

아이디어가 떠오르면 즉석에서 자판기로 전자부품을 뽑아 조립하거나 3D 프린터로 시제품을 만들어 테스트할 수 있다. 그만큼 고객의 요구에 재빨리 대응할 수 있다. 유데이 테너티 디자인담당 책임자는 "과거에는 고객이 원하는 제품을 만들기 위해 수년에 걸쳐 제품을 개발했지만 지금은 한 달여 만에 새 제품을 내놓을 수 있다"고 말했다.

단순히 업무방식만 바꾼 게 아니다. GE디지털은 '프리딕스(Predix)'라는 핵심 제품을 갖고 있다. 세계 최초의 산업인터넷 운영체제(OS)다. 프리딕스는 PC 시대 마이크로소프트(MS)의 윈도, 스마트폰시대 구글의 안드로이드나 애플의 iOS에 비견되는 제품이다.

이유는 이렇다. GE는 항공기 엔진, 발전기 터빈 등에 센서를 달아 판다. 예컨대 항공기 엔진 한 개에 250개의 센서가 달린다. 여기서 데이터를 수집해 실시간으로 고장 여부를 파악한다. GE가 판매한 항공기 엔진 중 60~70%는 고장 나기 전에 원격수리를 받는다. 유지보수비용을 획기적으로 줄일 수 있다. 거대한 항공산업에서 이런 식으로 생산성을 1%만 높여도 약 10조 원의 비용을 절감할 수 있다. 프리딕스는 여기에 딱 맞는 제품이다.

이미 인텔, IBM, 오라클, 인포시스 등 글로벌 IT기업 200여 곳이 '프리딕스 진영'에 합류해 산업인터넷 컨소시엄을 꾸렸다. 그레그 페트로프 GE디지털 최고경험책임자는 "과거에는 물건만 팔았다면 지금은 소비자의 이용패턴과 경험을 읽고 그에 맞는 서비스를 제공해야 한다"며 "경험과 솔루션을 팔지 못하는 제조업은 살아남기 힘들다"고 말했다.

출처: 주용석, 한국경제신문, 2016. 10. 18.

기업들은 비즈니스도 잘하고 기업의 사회적 책임도 다하기를 바란다. 이 목표를 달성하기 위해서 기업은 체험프로그램 제공을 통해서 이윤창출과 사회적 의무이행이라는 전략적인 차원을 고려할 필요가 있다. 일부 기업에서는 체험이나 경험 제공이 직접적인 매출증가와 기업의 이미지 개선에 유의한 영향을 준다는 명징한 연구가 없는 상태에서 기업들은 체험 프로그램을 무분별하게 도입하고 있는 것이 사실이다.

효과적인 체험관 운영은 브랜드 홍보와 판매효과를 동시에 거둘 수 있다. 기업은 체험이나 경험을 중시하는 프로그램을 성실하게 이행함으로써 기업 이미지를 제고시킬 수 있다. 체험을 통해서 충성고객을 늘려갈 수 있으며 종국에는 판매의 증가로 수익창출과 연계될 수 있다. 기업이 체험프로그램을 적절하게 운용하면 고객들은 기업의 선의를 이해하고 반드시 호의적으로 받아들일 것이다. 기업은 체험 프로모션에 참여하는 소비자의 인적사항을 자연스럽게 획득하여 이들 데이터베이스를 통해서 다양한 프로모션전략을 통해서 잠재적 고객을 확보할 수 있다.

2. 경험경제와 체험과학

체험소비에 대한 욕구충족은 불황과 저성장의 침체 분위기를 벗어날 수 있는 하나의 방법이 될 수 있다. 고객들은 종전에 '받는 즐거움'에서 벗어나 스스로 움직이면서 즐거움을 스스로 느끼는 '능동적 즐거움'을 선호하고 있다.

단지 몇 알의 커피원두가 스타벅스에서는 3달러에, 레스토랑 후식으로는 1달러에, 슈퍼마켓에서는 10센트에, 콜롬비아 커피 재배농가에서는 단 1센트면 살 수 있다. 이를 설명할 수 있는 핵심적인 내용은 '경험'이다. 고객들은 스타벅스의 품질이 우수한 커피와 함께 멋진 커피 소비경험을 산다.

제품과 서비스의 개념이 전통적인 거래방식에서 경험(여기서는 체험이라는 표현이 적당할 것임)의 개념으로 변화해 가고 있다(Fitzsimmons, Fitzsimmons, 2004). 체험은 제품을 사용하고 경험해 보는 것이다. 체험은 높은 수준의 경험품질로 분류된다. 기업은 경험을 통해서 고객들에게 기억을 저장시킨다. 감동적인 기억은 기업의 부가가치로 연결된다. 기업들은 경험고객들을 품질의 만족도가 높은 고객으로 세분화하여 관리하는 경우도 있다. 원료와 원자재는 제품화 과정을 통해서 서비스로 전달된다. 서비스상품은 고객이 참여하는 체험과정을 통해서 고객이 유형적으로나 심리적으로 변화하는 과정을 거친다. 원료부터 서비스 변환과정을 거치면서 부가가치는 증대된다(Pine & Gilmore, 1999). 이를 좋은 레스토랑은 서비스품질 이상의 것이다. 즐거움, 디자인, 상호작용, 풍경, 공연 등 서비스가 체험이 되고 결국 오래 기억되는 추억으로 완성된다. 가치창출 고리의 마지막 단계는 그 효용도에 있어서 모든 것을 월등하게 뛰어 넘는다. 체험은 즐거움, 흥겨움을 주게 된다.

그림 10-2 체험상품의 가치창출 비율

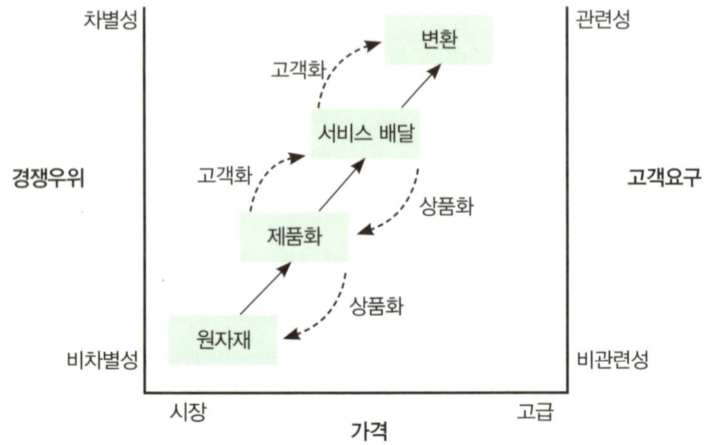

제조업이나 서비스기업들은 개인적이고 인상적인 방식을 통해서 고객에게 봉사하고 관계를 맺음으로써 부가가치 창출을 위해 노력하고 있다. 체험을 통해 경험한 고객은 회사에 대한 신뢰를 형성하고 합리적인 기대를 형성하게 된다.

기업들이 체험이나 경험을 중요시하는 것은 인지부조화이론, 즉 '믿음과 사실이 충돌할 때 믿음을 정당화하려는 고객의 마음의 시도'로 설명할 수 있을 것이다. 기업들은 소비자들을 체험이나 경험을 통해서 기업의 제품이나 서비스를 사용할 수 있도록 유도할 수 있다. 이를 통해서 우선적으로 소비자들이 문간에 발을 들여놓게 하는 효과를 얻을 수 있다. 이어 상대적으로 소비자들의 심리적인 진입장벽은 낮아지게 된다. 차후에 소비자들은 제품이나 서비스에 대하여 호기심을 갖게 된다.

영국의 버진항공은 브리티시에어라인과 규모나 인프라 면에서 비교가 안 되었다. 하지만 버진항공은 경쟁요소를 다르게 가져가면서 성장률을 높여가고 있다. 버진항공은 비행기를 탄 고객들은 어떤 경험을 하고 싶을까를 생각하고 획기적인 서비스 변화를 도모했다. 우선 편하고 친근한 서비스를 선보이는 데 주력했다. 항공기 내부 인테리어부터 고객에게 긍정적 경험을 주기 위해 바꿨고 기내에 욕조까지 구비했다. 새로운 컨셉의 라운지를 구성하기도 했으며 기내에서 마사지 서비스도 제공했다. 이런 다양한 고객경험관리에 대한 아이디어를 리차드 브랜슨 회장이 직접 제시하면서 직원들의 자율적 제안을 유도할 수 있었다.

'서비스경험'은 고객과 서비스제공자 사이의 거래건수 또는 발생상황건수와 관련이 있다. 기업측면에서 볼 때, 경험은 전체 고객과의 거래에서 발생하는 상황의 합이라고 할 수 있을 것이다. 고객들은 체험을 통해서 제품이나 서비스공급자에 대한 정보를 심층적으로 탐색하기를 원한다. 고객은 체험을 통해서 제품과 서비스가치에 대한 신뢰감을 높여갈 수 있다. 또한, 고객은 체험과정에서 얻은 정보를 바탕으로 위험회피전략을 강구하게 된다. 제품/서비스군에 대한 체험이 많으면 많을수록, 별다른 상황(판매촉진, 편의성, 금전적인 여건, 변경된 욕구)을 제외하고 제품과 서비스 구매상황에서 시간을 덜 소비할 것이다.

일본의 아사히야마동물원은 고객경험관리를 위해서 끊임없이 혁신하는 것으로 잘 알려져 있다. 일본의 아사히야마동물원은 삼성전자에서 벤치마킹할 정도로 주목받고 있는 곳이다. 이 동물원의 방문객들은 언제나 똑같고 구경만해서 재미가 없다는 응답을 했다. 사람들이 원하는 동물원을 만들기 위해 자발적 창의 혁신팀을 구성해 동물원을 바꿔나갔다. 이들은 동물원의 이상적인 모습을 스케치로 그리고 이를 실천하고자 했다. 이런 가운데 첫 스케치였던 새들의 마을을 오픈했고 반응이 뜨거웠다. 또 방문객이 투명한 아크릴 터널을 지나가면서 위를 볼 때 마치 펭귄이 하늘을 나는 것처럼 보이는 펭귄관을 오픈하기도 했다. 눈높이 북극곰관, 하늘에 열린 침팬지 숲, 투명한 창을 통해 볼 수 있는 맹수관 등을 통해 폐쇄위기였던 동물원은 호황을 누리기 시작했고 지역경제에 파급효과도 커졌다.

고객경험경영을 통해 고부가가치경험을 체계적으로 관리하는 기업은 그리 많지 않다. 제대로 된 고객경험경영은 정확한 고객비전 정립, 고객경험경영전략, 고객과의 접점현장에서 체계적인 관리 등이 시스템으로 정착될 때 정착되는 것이다.

3. 고객경험경영 사례

다음은 SKY72의 고객경험경영 관련 사례이다. 이는 저자가 직접 이 회사의 사장님과 관계자분들의 면담을 통해서 수집한 자료이다. 저자의 판단으로는 이 회사는 고객경험경영을 위해서 전체와 부분조화를 체계적으로 관리, 소위 시스템경영을 전개하고 있는 대표적인 회사라고 볼 수 있다.

읽을거리

SKY72(주)(http://www.sky72.com)는 2002년 4월에 자본금 380억 원으로 시작하였다. 이 회사는 '한국의 작은 두바이'와 비견될 수 있다. 이 골프장은 영종도에 공항을 건설하기 위해 돌을 채취한 뒤 황량한 바닥을 채워 이루어졌다. SKY72 골프장은 골프고객의 경험관리를 위해서 노력하고 있다. 조직원은 730명(정규직원 161명, 외주용역 및 기타직원 637명)이다. 이 회사는 '고객에게 남다른 가치 제공'이라는 미션과 '세계 최고의 종합 골프 리조트 그룹'을 비전으로 설정하고 있다. SKY72는 고객들이 '골프를 하면서 즐거움을 발견하자(Discover fun in golf)'라는 핵심키워드로 고객경험경영(Customer Experience Management)에 최선을 다하고 있다.

SKY72의 '고객경험경영' 관련 주요성공요인(KSF: Key Success Factors)은 김영재 사장의 열정리더십, 고객가치중심 조직문화, 전문인력 채용, 적극적인 마케팅 홍보활동, 사회공헌활동 등에서 찾을 수 있다.

첫째, 김영재 사장의 고객 관련 열정리더십을 들 수 있다. 김영재 사장은 고객들이 '골프' 하면 제일 생각나는 곳, 꼭 한번 가보고 싶은 곳을 만들기 위해 열정을 불태우고 있다. 김 사장은 고객의 눈과 마음으로 내부종업원만족과 외부고객만족에 노력하고 있다. 직원만족을 위해서 SKY72가 1등 직장으로 인식할 수 있도록 업계 최고수준의 연봉체계를 유지하고 자기계발을 촉진하고 개인의 개성과 의견을 최대한 표현할 수 있는 장을 마련하여 준다. 내부고객이 내부 커뮤니티에 제안한 내용은 일일이 체크하고 신속하게 경영에 반영하는 열정을 보여주고 있다. 김영재 사장은 외부고객만족의 원천인 '펀경영(Fun Management)'을 지속적으로 실시한다. 고객들에게 즐거움을 줄 수 있는 모든 요소를 생각해 내고 이를 적용함으로써 고객들로부터 호평을 받고 있다. 국내 최초로 하계 반바지 라운딩 허용, 코스 내 아이스크림 · 요구르트 · 호떡 · 오뎅 국물 · 잉어빵 · 목토시 제공 등을 통해 재미와 추억이 있는 SKY72를 만드는 것이 김영재 사장의 꿈이며 희망이다.

둘째, 고객가치중심의 조직문화이다. SKY72는 "고객을 대하는 직원이 즐거워야 고객도 행복하다"라는 생각하에 4가지 경영키워드를 중요시한다. SKY72는 열정(Passion), 창의성(Creativity), 펀경영(Fun Management), 꿈(Dream),

사랑(Love) 등을 중요시한다. 이는 모두 고객가치와 관련 있다. 이러한 경영키워드는 SKY72의 핵심 경영전략이다. SKY72는 이런 경영전략을 통해 고객가치를 실현하고 고객들로부터 끊임없이 사랑받는 기업을 이루는 것을 꿈꾸고 있다. 이를 다음과 같은 함수식 ⊿L=f(P, C, F)로 나타낼 수 있다. ⊿=Dream(꿈), L=사랑(Love), P=열정(Passion), C=창의성(Creativity), F=재미(Fun Management)이다. 고객에 대한 꿈과 사랑은 SKY72 조직구성원의 열정, 창의성, 재미에서 생성됨을 나타낸다.

셋째, 전문인력 채용이다. 최근 인적자원관리의 흐름은 '올바른 인재를 버스에 태워 버스를 몇 배로 늘리는 인재'채용이다. SKY72는 고객경험경영을 체계적으로 하기 위해서 통계학을 전공한 4명을 정식직원으로 채용하였다. 이 회사는 고객경험경영의 중요성을 인식하고 전산시스템을 지속적으로 업그레이드(DB자동화시스템 구축)하고 고객의 소리(VOC)를 끊임없이 경청하고 있다. 인터넷, 그룹웨어, 오프라인 등의 다양한 정보수집 채널을 통해서 모아진 정보는 전담인력에 의하여 빠른 피드백이 이루어지고 고객관계관리(CRM: Customer Relationship Management)로 이루어진다. 고객은 홈페이지에서 그간 자신의 골프실력 향상 정도를 확인할 수 있다. 캐디는 매일 컴퓨터망에 접근하여 서비스할 골퍼의 스코어를 확인하고 고객에게 맞춤식 서비스를 제공하기 위해서 최선의 노력을 하고 있다. 지속적인 고객경험경영을 통해서 얻은 정보는 20 : 80 법칙(파레토법칙), 소위 20%의 고객이 회사매출 80%에 기여한다는 사실이다. 즉 20%의 만족한 고객은 20회 이상의 골프장 재방문을 통해서 80% 이상의 매출에 기여한다는 점이다.

넷째, SKY72는 나눔 골프를 통해 사회공헌활동에도 주력하고 있다. SKY72는 사랑의 그린피 모금활동, 국제백신연구소 후원, 어려운 인근 소외계층을 방문하는 행사, 저소득층 자녀를 위한 골프강좌 개최, 영어캠프 개최 등 다양한 사회공헌 프로그램을 전개하고 있다. SKY72는 온 세상에로 퍼져 곳곳의 소외된 이웃들에게 푸른 미래를 열어 주는 일에 정성을 쏟고 있다.

1964년 창립한 나이키는 세계 최대의 스포츠용품 회사이다. 나이키는 2015년 10월 자동차 부품, 전자제품, 의료기기 제조회사인 플렉스와 협력

관계를 맺었다. 나이키가 제조공정 자동화와 개인 맞춤형 생산을 위해 선택한 것이다. 나이키는 플렉스와의 협력으로 맞춤형 생산과 빠른 판매와 배송이 가능해졌다. 소비자가 제품과 서비스를 접하는 통로가 인터넷으로 점차 바뀌면서 나이키는 디지털 전략을 총괄하는 최고 디지털책임자(CDO)를 맡아 디지털 제품과 서비스 개발을 지휘한다. 나이키는 나이키플러스(http://www.nike.com/us/en_us/c/nike-plus) 서비스를 통해 소비자가 건강기록을 확인하고 자신에게 맞는 트레이닝 프로그램을 찾을 수 있게 하고 있다. 나이키는 디지털 사업을 강화하기 위해 애니메이션 제작사 드림웍스와 협력에 나섰다. 나이키는 온라인 판매 등 디지털부문 수익을 늘릴 계획이다. 디지털과 모바일은 단순히 현재의 사업역량을 높이기 위한 수단이 아니라, 앞으로 소비자가 나이키의 발전을 경험하는 방식의 매개체가 될 것이다.

참고문헌

서비스경영연구회, 글로벌 시대의 서비스경영, McGraw-Hill Korea, 2006.

Chief Executive, 2009. 8.

Fitzsimmons, J. A., Fitzsimmons, M. J., *Service Management*, McGraw-Hill, 2004.

Pine II, B. J., Gilmore, J. H., "Welcome to the Experience Economy," *Harvard Business Review*, July-August 1998.

Pine, J., & Gilmore, J. H., The Experience Economy: Work is theatre & every business a stage: goods & services are no longer enough, Boston: Harvard Business School Press, 1999.

자가 진단표

다음 문항에 대하여 자기 자신이나 자신이 속한 조직을 평가해 보자. 강점과 약점은 무엇인지 서로 토의해 보자. 채점방법은 '매우 동의 못함'은 1점, '보통'은 5점, '매우 동의함'은 10점으로 점수를 배점하면 된다. 항목별로 평가한 후 합산한 점수가 실제 개인과 조직의 현재 모습이 된다.

01 우리 조직은 경험경제 도래를 인정한다.

02 우리 조직은 고객만족을 위해 오감을 중요시한다.

03 우리는 고객경험경영의 중요성을 인정한다.

04 우리는 부가가치의 창출원은 체험이라 생각한다.

05 우리는 국내의 우수 경험사례를 배우고 있다.

06 우리는 고객경험경영을 자율적으로 실시한다.

Chapter 12

성공을 부르는 고객관계경영 습관

1. 혼을 담은 개인
2. 기업의 일곱 가지 습관

CRM 톡톡

행복한 삶을 사는 사람들은 대부분 노력가이다.
이들은 수확하는 재미를 얻는다.

Chapter 12

성공을 부르는 고객관계경영 습관

속도의 시대에는 환경이 너무 빨리 바뀌고 복잡하여 변화를 정확하게 예측하기가 불가능하다. 게다가 게임의 룰이 수시로 바뀐다. 언제 어떤 경쟁자가 어디서 새로운 제품과 서비스를 통해서 우리의 고객에게 다가올지 모르는 형국이다.

이런 상황에서 경영학의 아버지라고 일컫는 피터 드러커(2006)의 고객에 대한 이야기로 제12장을 시작할까 한다.

"기업의 목적은 고객과 더불어 외부관점에서 시작한다. 기업이 무엇인지, 기업이 무엇을 생산하는지 그리고 기업이 번영할 것인지 결정하는 사람은 오직 고객이다." 고객에 대한 지식과 지혜 쌓기는 기업경쟁력의 원천이다. 성공을 부르는 고객관계경영의 시작은 고객지향적인 삶과 습관이다. 어려운 세상을 헤쳐나가는데 기본은 고객관계경영 관련 습관 쌓기이다.

1. 혼을 담은 개인

우리 인간들이 하는 공부, 일처리, 인간관계, 사회생활 등을 보면 크게 네 부류로 나눌 수 있다. 첫 번째 부류는 입으로 하는 사람이다. 두 번째 부류는 지식으로 일하는 사람이다. 세 번째 부류는 가슴으로 일하는 부류이다. 마지막으로 혼(魂)을 불어넣기 위해서 노력하는 부류이다.

혼을 갖고 고객을 만족시키기 위해서 노력하는 사람이 앞서갈 수 있다. 영혼을 울리는 제품과 마케팅을 선보이는 예는 스티브 잡스와 같은 사람이다. 그는 모든 음악은 전자매체를 통해서 거래될 것이고, 휴대폰은 하드웨어 기술보다는 소프트웨어 기술이 승부를 낼 것이라는 패러다임을 읽고, 무엇보다 고객에게 감동을 주는 제품을 만들겠다는 전략을 세웠다.

혼을 갖고 고객을 감동시키기 위해서는 전략(戰略, strategy)을 가져야 한다. 눈에 보이는 것이 비교우위라면, 전략은 경쟁자는 못하고 나만이 할 수 있는 방법을 말한다(송병락, 2009). 전략은 경쟁자에 대하여 경쟁우위를 가져다준다. 개인이 가질 수 있는 경쟁우위를 확보하는 방법을 제시하면 다음과 같다.

첫째, 구체적인 비전을 가져야 한다. 개인은 분명한 비전과 목표를 가지고 있어야 한다. 개인이 가져야 할 올바른 비전은 자신과 주변의 소중한 사람들에게 이득과 가치를 제공하는 것이다. 마더 테레사 수녀는 “다른 사람을 위해 선한 일을 하지 않고 사는 하루는 가치없는 하루다”라고 말했다. 타인에게 이득이 되는 것이 진정한 비전이라고 할 수 있다. 분명한 비전은 올바른 전략을 통해서 결과물을 도출할 수 있다. 무엇인가를 이루기 위해서 노력하는 자세, 어제보다 낫은 자신을 만들기 위해서 부단히 담금질하는 자신이 중요하다.

『허클베리 핀의 모험』과 『톰 소여의 모험』으로 유명한 소설가 마크 트웨인은 다음과 같이 이야기하였다. "앞으로 20년이 지나면 당신이 한 일보다 하지 않은 일들 때문에 더 후회할 것이다. 그러나 닻을 올려 포구를 떠나라. 당신의 돛에 무역품을 가득 안고 출발하여 탐험하라. 꿈꾸라. 그리고 발견하라." 우리는 미래를 꾸준히 고민하고 현재에 충실해야 한다. 미래에 후회하지 않기 위해서 꿈을 꾸고 닻을 올리고 떠나야 한다. 끊임없이 주변 고객을 발견하고 고객들을 만족시키기 위해서 노력해야 한다.

자신이 좋아하는 일을 하고, 자신의 꿈을 다른 이들의 꿈과 비교하는 일은 바람직하지 않다. 나의 꿈의 고유한 것이다. 존 휘티어는 이런 이야기를 하였다 "혀와 펜에서 나오는 모든 슬픈 단어 중 가장 슬픈 것은 '그렇게 될 수도 있었을 텐데…'이다."

마틴 셀리그먼 교수는 개인이 행복하기 위한 'PERMA'공식을 제시하였다. PERMA는 긍정적 정서(Positive emotion), 몰입(Engagement), 관계(Relationship), 의미(Meaning), 성취(Accomplishment) 등이다. 긍정적 정서(Positive emotion)는 기쁨, 희열, 따뜻함, 자신감, 낙관성을 갖는 것을 말한다. 몰입(Engagement)은 시간 가는 줄 모르는 것, 어떤 활동에 빠져든 동안 자각하지 못하는 것, 자발적으로 업무에 헌신하는 것을 말한다. 관계(Relationship)는 타인과 함께하는 것을 말한다. 말할 수 없이 기뻤던 순간, 자신의 성취에 엄청난 자긍심을 느꼈을 때를 생각해 보면 거의 타인과 함께했을 때이다. 의미(Meaning)는 자신보다 더 중요하다고 믿는 어떤 것에 소속되고 거기에 기여하는 것에 기초한다. 성취(Accomplishment)는 남에게 이기기 위해서이거나 돈을 벌기 위해서가 아니라 성취 그 자체가 좋아서 추구하는 것을 말한다. 사람들이 특별한 이유 없이 '그 자체가 좋아서' 하는 행위들을 행복의 조건이라고 할 수 있다.

그림 12-1 PERMA

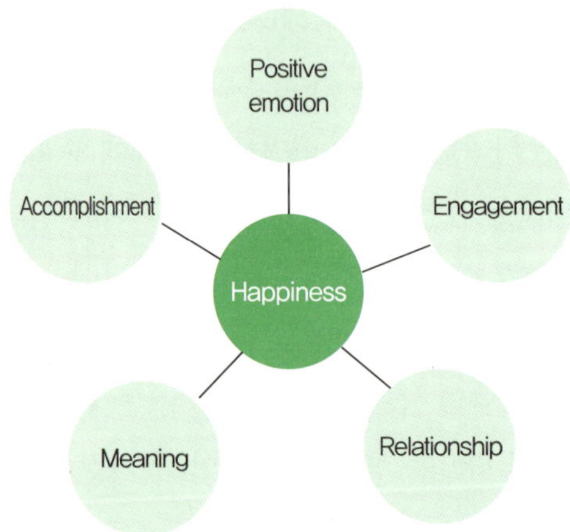

둘째, 끊임없이 역량을 개발해야 한다. 그간 학생들을 지도하면서 아쉬운 점이 있다면, 학생들은 취업을 준비하기 위해서 소위 스펙 5종 세트(학점, 자격증, 토익점수, 해외연수, 인턴경험)에 치중하는 경향이 강하다. 그러나 기업의 인사담당자나 최고경영자들은 커뮤니케이션능력, 기획서와 제안서 등 문서작성능력, 프레젠테이션능력, 대인관계와 비즈니스 예절, 회사와 관련된 업무지식역량 등을 원한다. 학생들이 생각하는 바와 기업이 요구하는 인재상에서 괴리가 발생함을 알 수 있다.

영국의 유명한 경영전문가 찰스 핸디는 가치창출을 위해서 끊임없이 재능을 보유하는 것은 개인의 도리라고 주장한다. 앞으로 조직생활을 하는 사람들이 독립하여 새로운 일을 시작할 경우가 많을 것으로 전망한 찰스 핸디(2008)는 가치창출을 위해 노력하는 프리랜서와 같은 개인을 '포트폴리오 인생'이라고 명명한다. 이어 찰스 핸디(2009)는 "항상 학습하는 자세를 잃지 않는 이들은 변화의 파도를 탈줄 아는 사람들이며, 변화하는 세상의 나쁜 점을 보지 않고 오히려 좋은 기회로 간주하는 사람들이다"라고 이야기하였다.

실제 기업이나 조직에 필요한 인재는 기업에 성과를 가져다 주는 인재이다. 미국의 하버드대학 교수이자 헤이그룹 창업자인 데이비드 매클러랜드 박사는 기업에서 성과에 영향을 미치는 개인의 특성을 기술, 지식, 가치, 자기 이미지, 특질, 동기 등 6가지로 정의했다. 이 여섯 가지의 개념은 소위 개인의 '역량(competency)'이라는 개념으로 표현할 수 있다.

- 기술(skills): 개인이 할 수 있는 것
- 지식(knowledge): 개인이 알고 있는 것
- 가치(values): 사회적으로 자신이 중요하게 생각하는 것
- 자기 이미지(self image): 자신이 되고자 하는 기대상
- 특질(traits): 장기적으로 형성된 성격
- 동기(motives): 천성적으로 즐거움을 주는 것

셋째, 개인은 자신에게 잘 맞는 일, 의미있는 일, 가장 잘할 수 있는 일인지 차근차근 따져봐야 한다. 이런 조건이 모두 충족되면 개인은 신들린 듯이 일을 하게 되고 탁월한 성과를 얻게 된다. 『성공하는 사람들의 8번째 습관』의 저자 스티븐 코비 박사는 지속적이고 체계적인 규율 있는 연구와 교육을 강조한다. 그는 "우리가 강하고, 적극적이고, 기민하고, 성장하고, 학습하는 지성을 갖고 있다면 어려운 상황에서도 살아남을 수 있다"고 단언한다. 이를 위해서 TV를 멀리 하고, 책을 가까이 할 것을 강조한다. 안전지대와 전문분야에서 벗어나 광범위하고 깊이있게 독서하는 습관을 들여야 한다. 주변환경 변화를 끊임없이 탐지하고 자기 자신을 끊임없이 바꾸려고 노력해야 한다.

끊임없이 읽고 배우다보면 어느새 성장해 있는 자신을 발견할 수 있다.

성장하는 가운데 생존할 수 있고 사회에 기여하게 된다. 따라서 끊임없는 교육과 훈련은 아무리 강조해도 지나치지 않다. 교육과 훈련은 교육받는 사람의 선택기회를 늘려주며, 훨훨 날아 둥지를 떠날 수 있는 가능성을 열어준다.

개인은 지금 하고 있는 일에 몰입하는 순간 물흐르듯 모든 것이 자연스럽게 이루어진다는 것이 '플로(flow)'이다. 칙센트미하이(2009)는 『몰입의 재발견』에서 "몰입은 창조를 완성하는 원동력이며, 전문지식과 창의적인 사고력을 갖춘 개인이 몰입할 때 창조성이 극대화된다"고 하였다. 그는 삶은 노력없이 저절로 이루어지지 않는다는 것을 전제로 스스로의 삶의 길을 발견할 것을 주장한다.

칙센트 미하이는 그동안 대기업 총수, 노벨상 수상자처럼 자기 분야에서 한가락 한다는 인물을 수없이 만났지만 가장 기억에 남는 사람은 기관차공장의 용접공 조라고 소개한다. 기관차공장은 격납고처럼 거대한 먼지가 많고 시끄럽기 짝이 없는 곳이다. 그곳에서 일하는 용접공들의 대다수는 자기가 하는 일에 애정이 없었고 시계만 보면서 빨리 퇴근시간이 오기를 기다렸다. 그리고 일단 공장 문을 나서면서 술집으로 우르르 몰려갔다. 그런데 그렇지 않은 사람이 한 명 있었다. 그는 조라는 이름의 60대 초반 남자였다. 조는 크레인이면 크레인, 컴퓨터 모니터면 모니터, 그 공장 안에 있는 기계 설비의 구조를 모조리 독학으로 꿰뚫은 사람이다. 같은 공장에서 일하는 사람들은 희한한 양반이라고 혀를 차면서도 모두 조를 존경했다. 문제가 생기면 누구나 조에게 먼저 달려갔다. 직원들은 그가 없으면 공장 문을 닫아야 할 판이라고 이구동성으로 말했다.

인간은 '플로' 상태에서 최고의 능력을 발휘할 수 있으며 행복을 경험하게 된다. '플로'는 개인의 행복을 넘어 세상을 변화시키는 힘이 된다.

"참다운 삶을 바라는 사람은 주저하지 말고 나서라. 싫으면 그뿐이지만,

그럼 뭣자리나 보러 다니든가.” 이는 위스턴 고든의 시 한 구절이다.

넷째, 우리는 열정(passion)을 가지고 있어야 한다. 열정은 강력함이다. 내 꿈이 이끌리지 않을 수 없을 정도로 매혹적인 정도가 열정이다. 열정은 꿈을 이룰 수 있도록 에너지를 주며 모든 장애, 후회, 실망에도 불구하고 목표를 달성하도록 돕는다. 열정은 역경을 극복하는 데 필요한 끈기를 주고 결심에 불을 지피고 더 많은 것을 성취하기 위해 창의적으로 생각하도록 하고 성공확률이 높은 유리한 입지에 서게 한다.

일본전산이야기에서는 ‘밥 빨리먹기,’ ‘큰소리로 말하기,’ ‘화장실 청소하기’ 등과 특이한 입사시험을 통해 구성원들에게 가장 필요한 기질인 열정과 자신감을 갖도록 노력한다(김성호, 2009).

다섯째, 균형감각이다. 사회가 원하는 인재는 균형감각을 갖춘 열성적인 인재이다. 이러한 인재는 회사의 안과 밖을 이해하면서 고객들에게 어떤 가치를 줄 것인가 끊임없이 고민하는 인재이다.

발명가 토머스 에디슨은 “1%가 상상력이고 나머지 99%가 꾸준한 노력이다”라는 말을 남겼다. 우리는 지속적인 노력은 꿈이 현실이 될 때까지 계속하는 것이다. 진정한 챔피언은 일어날 수 없을 때도 일어나는 것처럼, 부단히 자신의 꿈을 이루기 위해서 오뚜기 인생처럼 넘어져도 일어나는 자세가 필요하다.

여섯째, 차별화전략이 필요하다. 무한경쟁시대에서 개인이 성공하기 위해서는 남과 다른 차별성을 보유해야 한다. 전략은 단순한 모방이 아니라 자신이 가진 강점들을 융합하여 차별성을 개발하는 것이다. 차별성은 책임감, 신뢰감, 소통능력 등이다(김윤종, 2009). 코레일 장재기 기관사는 2006년 열차를 운행하면서 선로에 진동이 있다든지 낙석이 우려된다든지 하는 등의 각종 이상징후를 100회 이상 보고해 회사로부터 ‘열차 안전운행 최우수 기관사’에 뽑혀 상을 받았다. 이재기 기관사는 꼼꼼한 성격이어서 조금이라도 이상하다 싶으면 바로 보고해 개선될 수 있도록 한다고 인터뷰 기사에서 밝혔다(정동헌, 2009).

『멀리 가려면 함께 가라』의 저자 이종선(2009) 대표는 성공의 조건을 '사람'에서 찾는다. 세상에는 똑똑한 사람이 정말 많다. 그러나 좋은 인간관계와 공감능력이 뛰어난 사람은 드물다. 그는 성공을 꿈꾸는 사람들에게 "사람에게 최선을 다하라. 그것이 모든 것의 시작이고 끝이다"라고 강조한다. 마찬가지로 개인은 자신이 현재 만나는 고객에게 최선을 다할 경우는 좋은 평판을 얻게 되는 것이다. 고객에 대한 존중과 배려가 개인이 성공하는 지름길이다. 고객에 대하여 진정성을 갖고 대하면 지금 당장의 보상으로 돌아오지는 않더라도 차후에 서로 좋은 관계를 유지할 수 있고 이것이 발전하여 큰 성과로 이어질 수 있는 것이 인간사이다.

세계 최대 방문판매 화장품회사인 에이본 안드레아 정 CEO는 자사의 모든 제품 카탈로그에 "보세요. 이렇게 싼 가격으로도 예뻐질 수 있다니까요"란 홍보문구를 실었다. 그리고 경쟁사들이 정리해고에 몰두하는 사이 직장을 잃은 여성들을 대거 신입사원으로 채용하며 오히려 직원수를 더 늘리는 '모험'을 했다. 정 CEO는 "중요한 건 아름다움에 대한 꿈은 불황에도 변치 않는다는 확신을 고객들에게 심어주는 일"이라며 "실업경험이 있는 여성들은 경제난의 슬픔을 누구보다 잘 알기 때문에 고객들의 마음을 깊이 파고들 수 있어 높은 실적을 올리고 있다"한다(이미아, 2009).

일곱째, 배려심을 가져라. 성공에는 두 가지가 있다. 하나는 이기적인 성공이고 또 다른 하나는 이타적인 성공이다. 이기적인 성공은 권력과 부를 추구하고 개인의 야망을 달성하는 과정에서 이룬 성공을 말한다. 이타적인 성공은 일에 몰두하는 과정에서 부와 명예를 얻을 뿐만 아니라 사회에 기여하는 것을 말한다. 이나모리 가즈오는 『카르마 경영』에서 '이타적 경영'을 강조한다. 이나모리는 일본에서 가장 존경받는 경영자이며 '경영의 신'으로 불린다. 27세에 3,000만 원으로 교세라를 창업해 세라믹을 기반으로 세계 100대기업으로 일궈낸 그는 회장직에서 물러나 불교에 귀의하였다. 그는 '씨없는 수박'으로 유명한 고 우장춘 박사의 사위이기도 하다.

이나모리 가즈오는 늘 인생은 마음에 그리는 대로 이루어진다는 믿음을 가졌다. 좋은걸 생각하면 운명이 바뀌고, 이것이 또 좋은 결과를 낳은다는 것이다. 또 원인과 결과는 놀라울 만큼 정확히 일치하므로 최선을 다했다면 결과에 노심초사할 필요는 없다. 이를 '카르마 경영'이라고 한다. 여기서 카르마란 업(業)이라고도 하며, 생각한 것이 원인이 되어 그 결과가 현실로 나타나는 것을 말한다.

이나모리 가즈오는 지방대를 졸업하고 은사의 추천으로 교토의 초자 제조업체에 입사를 한다. 이 회사는 당장 망할 것 같았다. 다들 푸념하기 일쑤였고 하나 둘 사표를 내고 떠나갔다. 그때 이나모리는 문득 다른 생각이 들었다. 이 상황을 벗어난다고 해도 별다른 방법이 없을 것 같았다. '차라리 180도 마음을 바꿔 일에 정성을 들이고 필사적으로 연구해 보자'고 마음먹었다. 연구실에서 먹고 자면서 매일 실험에 열중했다. 그랬더니 그 마음의 변화가 반영이라도 된 듯 연구성과가 나타나기 시작했다. 상사들이 칭찬해 주자 점점 더 일에 열중하고 신이 났다. 그러자 또 계속 좋은 결과가 나오는 지속적인 선순환이 반복됐다. 그는 독자적인 방법으로 텔레비전 브라운관의 전자총에 사용하는 파인 세라믹 재료를 일본 최초로 합성·개발하는 데 성공했다. 이는 후일 그가 교세라를 창업하는 데 성공한 원동력이다.

세계적인 마케팅전문가인 말콤 그래드웰(2009)은 『아웃라이어』라는 책에서 성공의 공식을 '타고난 재능+부단한 노력+우호적 주변환경'으로 정의하였다. 그는 재능 있는 개인이 우호적인 주변환경의 도움으로 약 1일 세 시간씩 10년 동안(소위 1만 시간법칙이라고 함) 꾸준히 노력하면 성공한다는 사실을 발견한다.

호감 가는 개인은 타인에게 꿈, 희망, 사랑, 신뢰를 줄 수 있는 사람이다. 타인에게 호감 가는 사람이 되기 위해서 자신의 일에 신념을 갖고 목숨을 던질 정도로 열심히 공부하는 학생, 신념을 갖고 일하는 직장인이 되어야 한다. 자신의 업에 목숨을 거는 사람과 직장인이 많이 늘어날 때 조직과 국가경쟁역량은 높아지게 된다. 조직구성원인 개개인이 전문가정신과 원리원칙에 충실할 때 조직역량은 자연히 높아진다.

『하버드에서는 무엇을 배우는가』라는 책을 저술한 쑤린 교수는 "야망의 크기가 성공을 좌우하며 야심은 포부이고 성공을 향한 욕망"이라고 했다. 또 "야망을 가지려면 나보다 나은 사람들을 가까이하고 더 높은 목표를 가지라"고 조언했다.

소위 자기분야에서 성공의 가도를 달리는 사람들은 이야기한다. "성공을 좇으면 안 된다." "돈을 벌겠다는 생각으로 죽자 사자 달려들면 성공하기 어렵다." "어깨에서 힘을 빼라" 등등. 고객에 대해서 뇌로 생각하고 심장으로 결정을 하는 연습을 하면 성공에 근접한 자신을 발견하게 될 것이다.

읽을거리

윤동한 '인문학이 경영 안으로…'

'삼포 세대'는 연애 · 결혼 · 출산을 포기한 세대라는 의미의 신조어다. 여기에 '오포' 세대는 인간관계와 내 집 마련까지 포기한 세대다. 그리고 꿈과 희망까지 포기하면 칠포 세대란다. 포기란 단어 자체가 가슴이 답답해지게 만들지만 포기에 대해 다른 의미를 부여하는 기업인이 있다.

바로 윤동한 한국콜마 회장이다. 그가 세운 한국콜마는 ODM(제조자개발생산) 방식으로 연매출 5,000억 원을 넘긴 강소기업이다. 최근 중국 · 동남아 각지에서 부는 화장품 한류를 타고 국내뿐만 아니라 전 세계 500여 기업에 완제품을 공급하면서 순항 중인 회사이기도 하다. 그의 꿈은 역사 선생님이었다. 하지만 고등학교 시절에 부친을 여의고 아래로 동생을 넷이나 두었던 그는 역사 선생님이란 꿈을 포기했다. 학창 시절엔 돈을 벌어야 했기에 또래들과 추억을 쌓는 활동을 포기했다. 사회에 나와서는 첫 직장이었던 농협을 그만두면서 괜찮은 직장을 포기했다. 40대에 5평짜리 공장에서 직원 4명인 화장품 회사를 창업했으니 제약사 부사장이란 갑으로 사는 인생도 포기했다. 그는 포기하는 삶이 지는 것이 아니며 '무엇을 포기할 것인가'와 '이 포기가 무엇을 가져다 줄 것인가'를 함께 생각하라고 조언해준다.

저자는 성공하기 위해서는 속도보다 방향이 중요하다고 말을 한다. 방향은 정도(正道)를 말한다. 정도를 지키면서 가는 인생이 빨리 가고 오래가는 삶이다. 그래서 저자는 '우보천리(牛步千里)'를 자신의 경영원칙으로 삼았다. 『인문학이 경영 안으로 들어왔다』(프리이코노미북스)는 윤 회장의 삶과 경영이야기를 들려주고 있다. 그는 기업가라는 꿈을 이루려면 누구나 선망하고 안정적인 대기업보다 중소 · 중견기업 취업을 '강추'(강력 추천)한다. 규모가 아주 큰 회사에서는 분할된 업무를 맡아 단편적인 일밖에 배울 수 없지만 작은 회사로 가면 여러 가지 일을 두루 배울 수 있기 때문이란다. 그가 떠올리는 경영방침과 전략의 원동력은 인문학이다. 그는 성공 경영의 요체인 철학적 사고, 문학과 역사에 대한 이해를 회사 경영 곳곳에 심어두는 인문학의 실사구시화를 위해 하루에 꼭 한 번은 책을 읽고 일주일에 두 권 이상을 읽으며 한 번에 책 세 종류를 읽는 '123 독서습관'을 권한다. 창업으로 큰 기업을 이루고자 꿈꾸는 독자라면 한번쯤 윤동한 회장의 경영철학을 엿보는 것도 좋을 듯하다.

출처: 윤동한, 인문학이 경영 안으로 들어왔다, 프리이코노미북스, 2016.

2. 기업의 일곱 가지 습관

기업조직은 개인이 아닌 살아있는 유기체이며 생명체이다. 기업이 경쟁력을 가지고 있어야만 영속적으로 발전할 수 있다. 영속적인 발전은 조직을 구성하는 개인의 삶의 질을 향상시킬 수 있는 것이다.

개인이 삶을 영위하기 위해서 전략이 필요하듯 조직도 영속하기 위해서는 전략이 요구된다. 송병락(2009) 교수는 전략의 원칙을 10가지로 요약한다. 첫째, 항상 더 좋은 방법이 있고 다른 방법을 찾아라. 둘째, 자신의 강점을 알고 단점보다는 강점을 보완하라. 셋째, 패러다임 변화를 읽고 리드하라. 넷째, 공통점과 차이점을 파악하고 차이점은 차별화전략으로 승화하라. 다섯째, 팀 조직 시스템의 힘을 알고 활용하라. 여섯째, 자신만의 문화를 창조하라. 일곱째, 혁신하되 쓸데없는 짓은 하지 말라. 여덟째, 나도 남도 모두 승자가 되게 하라. 아홉째, 어떤 종류의 우월감이나 열등의식에서 벗어나라. 열 번째, 하늘이 보고 있음을 알고 항상 최선을 다하라.

기업은 고객을 만족시키고 지속적으로 감동시키기 위해서 모방전략이 아니라 끊임없이 혁신하고 독창적인 고객지향적인 전략을 개발하여야 한다.

첫째, 리더십의 중요성은 아무리 강조해도 지나치지 않다. 리더는 경영환경변화를 정확하게 인지하고 모든 조직구성원이 열정적이고 창의적으로 일할 수 있도록 분위기를 조성하여야 한다. 만약, 애플이 자동차를 만든다면 고객들은 어떤 반응을 보일까? 행복한 상상이 아닐 수 없다. 애플이 자동차를 만든다면 누구나 사고 싶은 자동차를 제작할 것이다. 앞으로 우리가 살아갈 미래는 스토리, 공감, 디자인을 중요시하는 시대가 될 것이다. 스토리가 있는 제품이나 서비스는 지속적으로 경쟁력을 보유할 것이다. 영국의 프리미어 리그의 대표주자 맨체스터 유나이티드는 끊임없이 스토리를 개발하고 있고 이를 상업화하고 있다.

공감능력은 자기 시선이 아닌 다른 사람의 눈과 심장으로 사물을 보는 것이다. 소위 자기의 신만 신는 것이 아니라 타인의 신도 한번 신어봐야 한다. 그래야 타인의 사정을 이해할 수 있는 것이다.

디자인 능력은 아무리 강조해도 지나치지 않는다. 삼성의 제품은 과거에 값싼 이미지의 제품이었다. 그러나 디자인 혁신을 통해 이를 극복하고 세계 가전시장에서 경쟁력을 구가하고 있다.

리더는 경영환경 변화를 정확하게 인지하고 직원의 목소리에 귀를 기울이고 새로운 생각을 유연하게 받아들여야 한다. 델컴퓨터의 창업자 마이클 델은 "리더는 자신의 조직에서 가장 똑똑한 사람이 되지 말라"고 강조한다. 마이클 델은 자신을 포함한 직원들에게 "자신의 조직에서 가장 똑똑한 사람이 되지 말라. 당신이 가장 똑똑한 사람이라면 더욱 똑똑한 사람을 채용하든가, 아니면 다른 곳으로 옮겨라"는 말을 반복해 강조하기 시작했다. 기업의 성공을 위해서는 전체 운영 프로세스에 걸쳐 많은 사람들의 관심과 관여가 필요하다. 리더가 자신이 완벽하다고 믿으면 다른 구성원들의 관여도가 떨어진다. 스스로 완벽하다고 생각하는 리더 밑의 직원들은 리더에게 심리적 거리감을 둘 뿐만 아니라 그를 도우려 하지 않고, 일이 잘못되더라도 자신의 의견을 제공해주지 않기 때문이다. 델컴퓨터는 1989년 '올림픽(Olympic)'이란 신제품을 시장에 내놓았으나, 회사 역사상 가장 큰 실패를 하고 만다. 델은 이 실수를 통해 중요한 학습기회와 교훈을 얻었다. 엔지니어는 자신의 기술적인 우위나 견해를 시장에 강요해서는 안 되며, 언제나 고객의 판단에 초점을 맞추고 고객을 위한 가치창출을 해야 한다는 점이다. 그 후 델컴퓨터는 제품개발 프로세스에 고객을 끌어들이는 노력을 지속적으로 해오고 있다.

둘째, 적합한 사람을 채용하라. 『좋은 기업을 넘어 위대한 기업으로』의 저자 짐 콜린스(2002)는 위대한 기업들의 경영자들은 버스를 어디로 몰고 갈지 먼저 생각하고 난 다음에 버스에 사람을 태우지 않고 버스에다 적합한 사람들을 먼저 태우고(부적합한 사람들은 버스에서 내리게 하고) 난 다음에 버스를 어디로 몰고 갈지 생각했다는 연구결과를 발표하였다. 이는 당초 콜린스와 연구진이 생각한 것과 정반대로 나타났다. 즉, 콜린스는 좋은 기업을 위대한 기업으로 도약시키는 첫 단계는 아마도 회사의 새로운 방향, 새로운 비전과 전략을 세우고 난 후 사람들을 그 새로운 방향에 헌신, 복무케 하는 것임을 발견하게 될 것으로 당초에 예상하였다. 위대한 기업들의 리더들은 세 가지 특징을 갖는다. 첫째, 이들은 '무엇'보다 '누구'로 시작할 경우 변화하는 세계에 보다 쉽게 적응할 수 있다고 생각한다. 둘째, 적합한 사람들을 버스에 태운다면 사람들에게 어떻게 동기를 부여하고 사람들을 어떻게 관리할 것인가 하는 문제가 대부분 사라진다. 적합한 사람들은 빡빡하게 관리할 필요도 해고할 필요도 없다. 그들은 내적 동력에 따라 스스로 동기를 부여하여 최선의 성과를 일구어 내며 뭔가 큰 일을 창조하는 한축이 될 것이다. 셋째, 부적합한 사람들을 데리고 있을 경우, 올바른 방향의 발견 여부는 문제가 되지 않는다. 어쨌거나 위대한 회사를 만들지는 못할 테니까. 큰 사람들이 없는 큰 비전은 쓸모가 없다고 콜린스는 판단하고 있다. 리더들은 적합한 사람을 버스에 태우고 이들에게 매출확대 목표가 아닌 관행을 깰 수 있는 도전적인 업무를 부여하는 데 신경을 써야 한다. 기업에 종사하는 종업원들은 미래 불확실성으로 인해 자기계발에는 열심이지만 그간 갈고 닦은 역량을 사용할 기회가 없어 좌절하는 경우가 많다.

셋째, 기본(품질, R&D)에 충실하라. 앞에서 이야기한 개인적 성취를 넘어 '플로'가 전체조직에 걸쳐 일어날 때 더욱 빛을 발하고 성공적인 조직으로 거듭나게 된다. 우리는 글로벌 금융위기를 통해서 글로벌 1위 기업들의 아성이 흔들리는 것을 목격하였다. 규모경제를 대표하던 노키아는 38%의 시장점유율을 지켰으나 매출액과 순이익이 25%, 66% 감소하며 입지가 흔들리고 있다. 반도체에서 1위를 구가하던 인텔의 매출도 감소하고 있는 상황에서 대안을 마련하기 위해서 부심하고 있다. 77년간 세계 자동차 시장에서 1위를 구가하던 GM의 파산보호신청, 10여 년 전 휴대폰시장 1위 모토로라의 5위로 추락 등 말이다. 이를 통해서 우리는 '영원한 일등은 없다'

라는 평범한 진리를 배우게 된다. 또한 고객을 만족시키기 위해서 기본을 위해 노력하는 기업만이 시장에서 지속적인 성장을 할 수 있다는 사실 말이다. 기업의 기본은 해야 할 일은 하고 하지 말아야 할 일은 하지 않는 것이다. 우리의 일은 고객을 기쁘게 하는 일에 정신을 파는 일이다. 우리의 정성과 노력이 녹아 있는 제품과 서비스는 우리가 식탁에서 즐겁게 식사를 할 수 있는 기회를 누리게 한다. 기업이 해야 할 일은 우선 고객의 요구에 적합한 품질경쟁력을 확보하는 것이다.

넷째, 끊임없는 혁신을 추구해야 한다. 우리가 살고 있는 지구상에는 공룡처럼 한동안 번성한 종도 있었지만 지금까지도 끊임없이 번성하고 있는 포유류나 곤충류들이 있다. 이들의 생존비결은 무엇일까? 아마도 끊임없이 환경에 적응하기 위한 전략구사에 있다고 할 수 있을 것이다. 이는 우리에게 강자가 살아남는 것이 아니라 자연환경에 적응하는 자가 살아남는다는 생존법칙을 자연스레 알려주고 있다. 조직구성원은 경영환경 변화나 자기 자신을 바꾸려 노력해야 한다. 예를 들어, 고객만족도나 고객충성도가 낮은 경우, 고객응대방식을 바꿔 고객만족도를 올리고 시스템의 문제점을 찾아내야 한다. 리엔지니어링의 창시자 마이클 해머는 다년간 컨설팅 경험을 통해서 '자신이 잘한다고 생각하는 순간 죽은 사람이다'라는 사실을 깨달았다고 한다. 과거에 성공한 경험이 있는 사람이나 조직은 세상이 변하고 있는데 이전 방법을 고집하는 경우가 있다. 혁신은 변화하는 세상에서 현재 처지를 극복하고 보다 나은 방법으로 고객만족을 창출하는 것이다. 혁신을 통한 고객만족은 조직이 존재하는 이유이며 조직의 비전이기 때문이다.

다섯째, 결정적인 순간에 극단적으로 변화하라. 하버드 비즈니스 리뷰지는 1등기업의 성공비결에 대하여 4가지로 요약하고 있다. 첫째, 뛰어난 기업은 가진 자원부터 활용한다. 둘째, 뛰어난 기업은 제품, 고객층, 시장 등을 다양화하며 변화하는 환경에 적응한다. 이를 위해 적절한 타이밍에 맞춰 문어발식 확장도 시도한다. 세 번째, 같은 실수를 반복하지 않는다. 네 번째, 결정적인 순간에만 극단적인 변화를 시도한다. 즉 변화는 보수적으로 접근한다. 특히 1등기업들은 조급하지 않고 여유를 가지면서 지속적인 변화를 시도한다.

여섯째, 전략적인 민첩성을 보유해야 한다. 우리가 살고 있는 사회에서 속도(speed)가 중요한 경쟁요소로 자리매김하고 있다. 기업은 전략적 민첩성을 보유해야 한다. 전략적 민첩성이란 경쟁자와 다른 방식으로 생각하고 행동하여 새로운 비즈니스모델 혁신을 이끌어내는 역량을 말한다(이브 도즈, 미코 코소넨, 2008). 기업이 전략적인 민첩성을 확보하기 위해서는 전략적 감수성, 집단적 몰입, 자원유동성 등 세 가지가 필요하다. 전략적 감수성이란 복잡한 상황을 인식하는 능력이라고 말할 수 있다. 집단적 몰입은 공통의 목표를 위해 함께 일하는 것을 말한다. 자원의 유동성은 부족한 기업의 자원을 새로운 기회에 적극적으로 투입하는 역량을 말한다.

일곱째, 고객을 끊임없이 감동시켜야 한다. 고객들은 평범한 것에는 금방 싫증을 낸다. 지속적으로 개선되고 있는 제품과 서비스를 원한다. 기업 내에서 고객 관련 정보를 축적하고 고객만족경영의 노하우를 끊임없이 공유하여야 한다. 또한 과감한 보증제도를 펼치도록 노력해야 한다. 현대자동차가 미국시장에서 펼친 '불확실성한 시간의 확실성'이라는 캠페인은 효과 만점이었다. 새 고객이 자동차를 할부로 구입한 뒤 실직하면 구직기간 3개월 동안 현대자동차가 할부금을 대신 내주는 방식이었다. 직장을 구하지 못하면 자동차를 돌려주면 그만이다. 현대자동차의 어슈어런스 프로그램은 '보증'을 통해 고객이 느끼는 공포와 위험을 줄여준 대표적인 사례이다. 한 연구기관의 초청으로 우리나라를 방문한 마케팅의 아버지라고 일컫는 코틀러는 이 제도에 대하여 극찬을 아끼지 않았다. 기업은 끊임없이 고객을 감동시킬 새로운 제품과 서비스개발에 노력해야 한다.

결국, 경쟁기업과 다른 독특한 고객만족프로그램을 제공하는 기업만이 고객으로부터 지속적인 사랑을 받을 수 있다. 차별적인 고객만족경영전략을 끊임없이 개발하여야 하는 것이 어찌보면 기업의 숙명이라고 할 수 있다.

읽을거리

매일 30km 전진의 기적

갤럭시노트7의 단종 사태를 보며 4년 전 세계적인 경영전문가 짐 콜린스를 인터뷰했을 때 사용했던 취재수첩을 다시 꺼내보았다. 기업의 흥망을 연구해온 그는 기자에게 대뜸 '남극점을 누가 최초로 정복했는지 아느냐'고 물었다. 답이 아문센인 것은 알고 있었지만 정복 비사(秘史)는 그때 처음 알았다.

1911년 10월 인류사의 첫 남극점 정복을 놓고 로알 아문센과 로버트 스콧이 세기의 대결을 벌였다. 아문센은 1911년 12월 14일, 스콧은 아문센보다 한 달 늦은 1912년 1월 17일 남극점에 서는 데 성공했다. 패배한 스콧 팀엔 더 큰 비극이 기다리고 있었다. 남극점에 뒤늦게 도착한 후 지친 나머지 눈 속에 갇혀 전원 사망했다. 아문센 팀은 안전하게 복귀했다.

무엇이 둘의 운명을 갈랐을까. 콜린스가 내린 결론은 '하루 20마일(약 32㎞)의 꾸준한 행군'에 있었다. 스콧은 날씨 좋은 날은 체력이 고갈될 때까지 속도전을 펼치며 대원들을 혹사했다. 하루에 30마일도 전진했다가 날씨가 나빠지면 텐트 안에 있었다. 아문센은 날씨가 좋아도 매일 20마일, 날씨가 험해도 사투를 벌여가며 20마일을 전진했다. 스콧 팀은 날씨가 나쁘면 당연히 힘들었고 날씨가 좋아도 조금이라도 더 앞으로 나가려다 보니 힘들 수밖에 없었다. 그러나 아문센 팀은 날씨가 좋은 날은 자신감과 여유를 가지고 눈보라가 칠 때를 대비했다.

남극점 이야기는 기업의 흥망성쇠에도 적용된다고 본다. 1~2년의 단기가 아니라 30년 이상의 시간을 놓고 볼 때 살아남고 성공한 기업은 시장의 새로운 기회를 포착하고 차세대 히트상품을 계속해서 내놓는 '날쌘 돌격자'가 아니었다. 인텔 · 암젠 · 사우스웨스트항공 등과 같은 기업은 분명한 목표를 세우고 '일정한 전진의 규칙'을 가지고 있었다. 심지어 이들은 호황기에도 불황기를 대비해 성장을 절제하는 원칙도 견지했다.

적어도 노트7 단종 사태만 보면 삼성전자는 아문센이 아니라 스콧을 닮아 있다. 삼성전자는 노트5에서 '6'을 건너뛰고 노트7로 신제품을 내놓았다. 아이폰7 시리즈를 의식한 명칭이면서 그전 모델을 훌쩍 뛰어넘는 혁신 제품이라는 메시지가 들어 있었다. 삼성 내부에서도 "아이폰을 완전히 추월하기 위해 '무조건 전진'을 외쳤고, 그 바람에 이번 일이 터졌다"는 자성의 목소리가 나온다.

삼성의 노트7 단종으로 말미암은 손실액은 7조 원대라지만 실제론 그 이상이 되리라 전망한다. 삼성은 이번 사태를 기점으로 모든 제품에 대해 내부품질 프로세스를 다시 점검한다고 발표했다. 신제품 출시에 앞서 기업의 사활을 걸고 원인 파악에 들어갔다. 삼성을 지켜보는 사람들은 이번 사건이 스콧경영에서 벗어나 '아문센경영'으로 전환하는 기점이 되길 바라고 있다. 원칙에 바탕한 아문센의 20마일 행군은 비단 노트7에만 해당하는 경구(警句)는 아닐 것이다. 우리 사회 모두가 곱씹어봐야 한다.

출처: 호경업, 조선일보, 2016. 10. 22.

참고문헌

김성호, 일본전산이야기, 샘앤파커스, 2009.
김윤종, 차별화가 성공의 비결, 매일경제신문 매경춘추, 2009. 8. 15.
말콤 그래드웰, 아웃라이어, 김영사, 2009.
미하이칙센트, 몰입의 재발견, 한국경제신문사, 2009.
송병락, KMA 최고경영자 조찬회 강연, 2009.
스티브 코비 지음, 김경섭 옮김, 성공하는 사람들의 8번째 습관, 김영사, 2005.
이나모리 가즈오 지음, 김형철 옮김, 카르마경영, 서돌 CEO 인사이트 시리즈 1, 2005.
이미아. 포천 美 CEO 불황대처법 소개, 한국경제신문, 2009. 8. 15.
이브도즈, 미코 코소넨, 신속게임, 비즈니스맵, 2008.
이종선, 멀리가려면 함께 가라. 갤리온, 2009.
정동헌, 생생인터뷰, 한국경제신문, 2009. 8. 15.
짐 콜린스, 좋은 기업을 넘어 위대한 기업으로, 김영사, 2002.
찰스 핸드, 포트폴리오 인생, 에이지 21, 2008.
찰스 핸디, 비이성시대, 21세기북스, 2009.
피터 드러커, 경영의 실제, 한국경제신문, 2006.

자가 진단표

다음 문항에 대하여 자기 자신이나 자신이 속한 조직을 평가해 보자. 강점과 약점은 무엇인지 서로 토의해 보자. 채점방법은 '매우 동의 못함'은 1점, '보통'은 5점, '매우 동의함'은 10점으로 점수를 배점하면 된다. 항목별로 평가한 후 합산한 점수가 실제 개인과 조직의 현재 모습이 된다.

01 우리 조직은 혼을 담아 일하는 개인이 많다.

02 우리 조직은 전략이 어떤 의미인지를 잘 알고 있다.

03 우리 조직은 적합한 인재가 많다.

04 우리 조직은 몰입하여 일할 수 있는 분위기를 조성한다.

05 우리 조직은 고객에게 배려심을 갖는 인재가 많다.

06 우리 조직은 리더십의 중요성을 강조한다.

07 우리 조직은 기본에 충실한다.

08 우리 조직은 끊임없이 혁신한다.

09 우리 조직은 전략적 민첩성이 있다.

10 우리 조직은 고객을 끊임없이 감동시킨다.

■ 찾아보기 ■

저자소개

김계수

경희대학교 경영학과 졸업
고려대학교 대학원 경영학 석사
경희대학교 경영학 박사
연세대학교, 경희대학교, 한국외국어대학교 일반대학원, 인덕대학교, 백석문화대학교 강사
현, 세명대학교 경영학과 교수

[주요저서]

- HWP(한글)을 이용한 SPSS/PC+(공저, 무역경영사, 1997)
- 통계분석을 위한 SPSSWIN Easy(공저, 법문사, 1997)
- 사회과학 통계분석(공저, SPSSKOREA 고려정보산업(주), 1998)
- EXCEL 2000을 이용한 경영과학(편저, 법문사, 2000)
- SPSS와 인터넷을 이용한 현대통계분석(공저, 무역경영사, 2000)
- AMOS 구조방정식모형분석(SPSSKOREA 고려정보산업(주), 2001)
- 한국경영혁신대상 베스트프랙티스(공저, 한국품질경영학회/중앙일보포브스, 2003)
- 21세기 기업과 경영(공저, 도서출판 범한, 2003)
- 21세기 Web기반의 ERP구축 이론과 실무(공저, 우용출판사, 2004)
- Amos/Lisrel 이용 인과분석연구방법론(도서출판 청람, 2006)
- Amos7.0 구조방정식모형분석(한나래출판사, 2007)
- 프로세스 중심의 경영혁신(공저, 도서출판 대경, 2008)
- 글로벌시대의 기업경영(공저, 도서출판 청람, 2009)
- Amos18.0 구조방정식모형분석(한나래출판사, 2009)
- SPSS17.0 사회과학통계분석(한나래출판사, 2009)
- 잠재성장모델링과 구조방정식모델분석(한나래출판사, 2009)
- AMOS 18.0구조방정식모형분석(한나래출판사, 2010)
- EXCEL이용 EASY 경영과학(도서출판 청람, 2011)
- 조사연구방법론(한나래아카데미, 2011)
- 보건복지연구를 위한 구조방정식모형(공저, 한나래아카데미, 2012)
- SmartPLS이용 쉬운 구조방정식모델(도서출판 청람, 2013)
- 알기쉬운 경영학(공저, 도서출판 청람, 2013)
- 빅데이터 분석과 메타분석(한나래아카데미, 2015)
- R-구조방정식모델링(한나래아카데미, 2015)

〈연락처〉
연구실: 043-649-1242
http://venus.semyung.ac.kr/~gskim
e-mail id: gskim@semyung.ac.kr

성공을 부르는 고객관계경영(제2판)

2010년 3월 10일 1판 1쇄 발행
2018년 8월 20일 2판 2쇄 발행

저　자 | 김계수
발행인 | 이수영
발행처 | 도서출판 청람
서울시 마포구 독막로 288(대흥동, 세양상가 109호)
전　화 | 02)3272-2601(대)~2
팩　스 | 02)3272~2603
이메일 | crbooks@daum.net
홈페이지 | http://www.crbooks.co.kr
등　록 | 2000년 8월 26일 제6-0509호

ISBN 978-89-5972-564-9 93320　　[정가 20,000원]